Christian Thieme

Opas Zettelkasten Band 1

Christian Thieme

Opas Zettelkasten Band 1

Wachsen und wachsen lassen

Fromm Verlag

Imprint
Any brand names and product names mentioned in this book are subject to trademark, brand or patent protection and are trademarks or registered trademarks of their respective holders. The use of brand names, product names, common names, trade names, product descriptions etc. even without a particular marking in this work is in no way to be construed to mean that such names may be regarded as unrestricted in respect of trademark and brand protection legislation and could thus be used by anyone.

Cover image: Vom Autor bereitgestellt

Publisher:
Fromm Verlag
is a trademark of
Dodo Books Indian Ocean Ltd., member of the OmniScriptum S.R.L Publishing group
str. A.Russo 15, of. 61, Chisinau-2068, Republic of Moldova Europe
Printed at: see last page
ISBN: 978-613-8-37493-0

Vorwort

Wenn ein Ehemann, Papa und Opa anfängt, immer weitere Zettel vollzukritzeln und ständig hinter die Klappe seines Laptops abzutauchen, statt wie gewohnt am familiären Diskurs teilzunehmen, bleiben die Nachfragen nicht aus. *Was schreibst du da die ganze Zeit? – Och ... mal sehen …* Nein, so billig komme ich nicht davon. *Also, ich schreibe über Erfahrungen, die ich in meinem Leben gesammelt habe, und verdichte sie zu lesbaren Texten – Also deine Autobiografie? – Nein, um Himmels willen. Wen würde die denn interessieren! – Aphorismen? – Nein, Texte – Ja, was denn dann für welche?*

Mein Thema sind die Beziehungen zwischen Menschen, insbesondere die Beziehungen innerhalb der Familie. Der vorliegende Band I widmet sich den Herausforderungen der ersten Lebenshälfte. Selber (noch) wachsen, andere (schon) wachsen lassen und beides miteinander zu verbinden: Geht so etwas eigentlich? Die Antwort ist einfach: Es muss gehen, weil es dazu keine Alternative gibt. Wer es genauer haben möchte, findet im Rest des Buches mehr dazu. Der zweite Band wird sich um alles kümmern, was danach noch kommt, und das ist nicht wenig.

Am Ende dieses zweiten Bandes beleuchte ich weitere Aspekte des Zusammenlebens: *mit_Menschen* nenne ich diesen Teil. Er wird u.a. einen Kranz von Geschichten enthalten, in denen ich die Beziehungen eines Ausländers zu den Einheimischen auslote – auch dies ein Weg zu lernen und etwas über sich zu erfahren. Der Ausländer in den Geschichten bin natürlich ich selbst.

Erfahrungen und Reflexionen. Gesammelt im Kopf, seit etlichen Jahren sporadisch notiert. Nun habe ich den ganzen Zettelkasten ausgeschüttet, geordnet und seinen Inhalt zusammenhängend niedergeschrieben.

Dank zu sagen habe ich, das ist wohl etwas untypisch, einem einzigen Menschen, Herrn Dr. Stefan Koch, Pfarrer an der Friedenskirche in Starnberg. Ihm hatte ich, einer spontanen Eingebung folgend, die erste Hälfte dieses Bandes gezeigt, um vielleicht von ihm, dem in diesen Themen Erfahrenen, ein paar gute Ratschläge zu bekommen. Stattdessen bekam ich konkrete Hilfe in einem nicht erwartbaren Umfang. So stellt man sich einen guten Coach vor: Ermuntern, lenken, Kritik anbringen – alles so, wie es gerade benötigt wird. Warum er das für mich tat? – Ich weiß es nicht. Er hat es einfach getan, einfach so. Ohne ihn gäbe es Texte, aber kein Buch.

Wir beide haben nicht versucht, meine Thesen Stück für Stück durchzugehen. Hätten wir es, so hätten sich wohl etliche gefunden, die mein Ratgeber so nicht teilen würde oder zu denen er sich zumindest ein paar relativierende Kommentare vorgestellt hätte. Nicht nur hatte er die Größe, darauf gänzlich zu verzichten. Sondern obendrein tat er alles dazu, um den Texten auch in allen Gestaltungsfragen den Weg zu ebnen. Für dies alles danke ich ihm von Herzen.

Normalerweise würde sich hier der Dank an die Unbestechlichen in meiner Familie anschließen, denen kein fehlendes und kein überflüssiges Komma entrinnt und kein stilistischer Mangel verborgen bleibt. Schade drum! Denn diesmal wollte ich mich ihrer nicht bedienen, um nicht ihre spätere Lektüre zu belasten. Denn wer über Familie schreibt, sollte es zumindest und als erstes für seine eigene tun, was hiermit versucht wurde.

Starnberg, 1. Juli 2021

Inhalt

Zweiter Kasten: Zwischen 25 und 55

Erster Kasten

Zwischen 15 und 35

Schöne Zeit!

Unruhige Zeit!

Manchmal

schwierige Zeit?

Meiner Frau und unseren Kindern bin ich dankbar,

dass sie den unfertigen Menschen,

als ich begonnen habe, Familienvater zu sein,

so angenommen haben, wie er damals war,

und ihm die Chance gaben, an seiner Aufgabe zu wachsen,

sozusagen „lebensbegleitend",

während neben und mit ihm zuerst die Kinder heranwuchsen,

und nun bereits auch eine Schar von Enkelkindern.

Was dieser Kasten bringen soll

Warum 15 bis 35?

Die Spanne ist wirklich breit. Das Alter von 35 Jahren gilt in vielen Verbänden als Altersgrenze für die Jugendorganisation. Schon 35 und immer noch Jugend? Mit 20 kam mir das reichlich seltsam vor: Bereits 25 fand ich grenzwertig alt, und 35 – das waren doch Leute, die hatten nichts mehr mit mir und meinen Ansichten zu tun! Als ich dann selbst 35 war, sah ich das im Prinzip wieder ganz genauso. Mit dem einen Unterschied, dass ich inzwischen auf der anderen Seite angekommen war!
Aus der größeren Entfernung ist es anders. Natürlich ist 15 nicht mit 35 zu vergleichen. Der eine ist noch fast ein Kind, die andere hat vielleicht selber welche. Aber es gibt einen Bogen, der sich ungefähr mit 15 öffnet, um ungefähr zwanzig Jahre später zur Ruhe zu kommen. Ungefähr, mit großer Schwankungsbreite. Ab 40 jedenfalls darf man dann auch Bundespräsident*in werden.

Mehr Phantasie!

Eigentlich durchlebt jeder Mensch, wenn er es erlebt, drei verschiedene Leben: Eine Kindheit und Jugend, dann erwachsen, und dann alt. Zum Glück überlappt sich das, und keiner muss früh aufwachen und merken: *Hoppla, ab heute bin ich alt.* Das zum Glück nicht. Aber das Denken verändert sich, und irgendwann vergessen viele Ältere, wie das eigentlich ist, Jugendlicher zu sein, junger Erwachsener, und später sogar, wie das mit 50 so ist. Umgekehrt geht es auch schwer, denn mit 20 war man halt noch nie alt. Mit genügend Phantasie kann man sich in andere Lebensalter vor- oder zurückversetzen. So einigermaßen. Aber hätte man mir damals gesagt, wie ich in meinem heutigen Alter „beieinander bin", so hätte ich vielleicht trotzdem gesagt: *Wenn es einmal so weit gekommen ist, dann brauche ich auch gar nicht mehr zu leben.* Manchmal habe ich mich auch so verhalten. Heute bin ich froh, dass ich mir damals doch noch genügend Gesundheit aufgehoben hatte, denn ich finde das Leben (auch) jetzt sehr schön. Aus heutiger Sicht hätte es sogar etwas mehr sein können, was ich mir da aufgehoben habe. Aber: Man kann den Kuchen nicht essen und ihn behalten, und das gilt auch für die eigene Lebensplanung. Übrigens muss ich im höheren Alter immer noch abwägen zwischen jetzt und später: Jetzt mehr Sorglosigkeit oder später eine (hoffentlich) bessere Gesundheit. Die Zukunft hört nie auf…

Offenheit und Toleranz!

Während ich diese Zeilen schreibe, lerne ich, mich zu erinnern. Wie war das für mich: Was hat mich gefreut, was hat mir Sorgen gemacht? Welche Ängste hatte ich, die ich später abgelegt und quasi „vergessen" habe? Wie sehr hat es mir geholfen, als ich zum ersten Mal las, dass andere genau dieselben Ängste haben, dass nur niemand darüber reden will – erinnere ich mich noch daran? Und welche Impulse habe ich bekommen und auch gebraucht, um die meisten dieser Ängste nach und nach abzulegen?

Aber auch: Um wie viel kräftiger, mutiger, unbesorgter und tatkräftiger war ich mit 20 oder 30, verglichen mit heute!

Wie kann ich einem jüngeren Menschen einen Rat geben, wenn ich diese Stärke nicht immer vor Augen habe? Wenn ich nicht immer daran denke, dass junge Menschen automatisch andere Vorlieben und Ziele haben als ältere, *und dass dies immer so sein* ***muss****, damit die Menschheit insgesamt gut aufgestellt bleibt,* wenn ich geschwind dieses abgedroschene Modewort zu Hilfe nehmen darf.

Es geht nur gemeinsam. Es geht nur, wenn die Älteren den Jüngeren zuhören, und wenn sie es erreichen, dass auch die Jüngeren gern den Älteren zuhören, wenn die ihnen manchmal von Dingen erzählen, die für sie weit in der eigenen Zukunft liegen.

Wobei die Wissenschaft dem ganzen Bemühen Grenzen setzt. In der Ökonomie gehört das Wissen um die *Minderschätzung zukünftiger Güter* zum Einmaleins. Wahrscheinlich gab es dafür auch schon mal schon einen Nobelpreis. Auf Deutsch: bei allem gegenseitigen Verständnis ist es ganz normal und zwangsläufig, dass ein junger Mensch das spätere Leben mit 60 niemals so wichtig nehmen wird wie jemand, der gerade seinen 59sten Geburtstag feiert. Das muss man als Älterer hinnehmen, ohne beleidigt zu sein. Dann kann der Dialog vielleicht ganz gut klappen.

In diesem Sinne könnte mein Text zu einer freundlich-locker-ernsthaften Verständigung über eine oder zwei Generationen hinweg beitragen. Der erste Teil fragt, wie ich mir Zähne auf der Seele wachsen lassen kann. Das ist mehr als nur Haare auf den Zähnen. Vor allem die Seele soll doch standhaft werden, und nicht bloß der Mund wehrhaft. Der zweite Teil wägt ab, wann ich meine Wehrhaftigkeit wie benutze – und wann eher nicht.

Teil I

Für zuhause

Kapitel 1

Was im Leben wichtig ist

Erfahrungen

Als junger Mensch habe ich oft sagen hören *Ach, Erfahrung kann man halt leider nicht weitergeben*. Von meinen Eltern habe ich das gehört, und auch sonst rundherum. Da lag immer ein Bedauern in der Stimme, ich könnte auch sagen: Ein versteckter Vorwurf. Ich glaube aber schon, dass man Erfahrung weitergeben kann. Und wenn es nicht so klappt, wie ich es wollte? Ja, dann muss ich wohl zuerst einmal mich selber an der Nase fassen.

In diesem Buch möchte ich über Erfahrungen sprechen. Oder sagen wir so: Ich möchte über Gedanken sprechen, die ich ohne diese Erfahrungen nicht hätte. Es sind Gedanken, die vor allem Ruhe, Gelassenheit und Orientierung vermitteln. Das fühlt sich anders an als „gut gemeinte Ratschläge" und braucht keinen erhobenen Zeigefinger.

Wenn es gut läuft, dann dauert das Lesen länger als die Seitenzahl vermuten lässt. Denn ab und zu lasse ich die letzten Meter auf dem Weg zum „Ergebnis" frei. Das soll anregen, statt den Zeigefinger zu recken. So kann die Leser*in überall dort, wo sie es wichtig findet, selber nachsinnen, ob und welchen Platz der Gedanke im eigenen Leben haben könnte. Gerade hier im ersten Kapitel ist viel Platz dazu.

Fehler

Als älterer Mensch möchte man die Jüngeren vor allem vor Fehlern bewahren. Das ist gut gemeint, und oft auch sinnvoll. Aber nicht immer.
Denn die besten Fehler sind eigentlich die, die man selbst gemacht hat. Aus ihnen kann man das meiste lernen. Vorausgesetzt, man geht offen und ehrlich mit sich und seinen Fehlern um. Für die Älteren ist es manchmal schwierig zu sehen, wie sich vielleicht gerade ein Fehler anbahnt, eine falsche Entscheidung. Soll ich nichts dazu sagen, oder etwas? Und wenn ja, wieviel? Vor allem soll ich eines nicht: gekränkt sein, wenn mein Rat nicht „befolgt" wird. Es geht ja nicht um mich, meine Belange oder gar meine Eitelkeit! Also: Den Jüngeren die Möglichkeiten für eigne Fehler nicht verbauen. Zumal ja manche gar keine sind.
Andererseits ist das Leben zu kurz, um alle Fehler selber machen zu können. Nicht die wirklich schweren, die hinterher viele Mühen und Umwege kosten, und auch nicht alle harmlosen, die später mit weniger Aufwand korrigierbar sind. Darum lohnt es sich für die Jüngeren dann doch, gelegentlich die Fehler von anderen zu studieren oder auf einen Rat zu hören. Wenn Jung und Alt die richtige Einstellung dazu haben, ist das ganze kein großes Thema.
Gedanken auf dem letzten Meter: *Wie war das denn bei mir? Welches war bisher mein größter Fehler? Welche Erfahrung habe ich daraus gewonnen?* Das ist nur

beispielhaft gemeint. Ab jetzt lasse ich diese letzten Meter wie angekündigt lieber frei. Wobei Fehler nur das Mittel zum Zweck sind, es nämlich beim nächsten Mal besser zu machen. Deshalb geht's weiter mit dem Erfolg.

Erfolg

Wenn wir etwas tun, dann wünschen wir uns, dass es funktioniert. Und wenn es funktioniert hat, war die Sache erfolgreich.

Beim zweiten Hinsehen ist *Erfolg* ein schwieriges Wort. Am schwierigsten ist die Zuschreibung als persönliche Eigenschaft: Jemand ist in den Augen der Umgebung *erfolgreich*. Wer dieses Wort benutzt, meint meistens den materiellen Erfolg und die Berufskarriere. Das ist nicht gut, weil Erfolg auch anders aussehen kann. In Wirklichkeit kann deswegen nur ich selbst beurteilen, ob ich erfolgreich bin. Denn nur ich selbst weiß, was ich mir eigentlich vorgenommen habe, und mit mir wissen es vielleicht meine engsten Angehörigen und Freunde.

Die nächste Frage lautet: Was hatte ich mir denn eigentlich vorgenommen? Und weiß ich denn immer, was ich mir vornehmen soll?

Man sagt, vor dem Erfolg stünden der Fleiß und der Schweiß. Das stimmt meistens schon. Aber noch vor dem Schweiß muss die Freiheit stehen: *Ich* nehme mir etwas vor, niemand sonst. Ich entscheide, was für mich Erfolg ist. Ich bin frei. Damit übernehme ich zugleich die Verantwortung für das, was ich mir vornehme.

Freiheit

Denn Freiheit hat als Zwillingsschwester die Verantwortung. Ich denke an mich heute, an mich in zehn Jahren, an meine Verantwortung für andere, die ich heute schon habe, oder vielleicht in zehn Jahren. Und manche Entscheidungen wirken noch langfristiger. Das zu bedenken gehört mit zur Freiheit.

Freiheit ist niemandem in die Wiege gelegt. Freiheit kann deswegen zunächst bedeuten, die Grenzen auszutesten. Der Druck von außen, die Normen und Konventionen, manchmal erscheinen sie übermächtig schwer. Vor allem geht es um die wirklich berechtigten Interessen von anderen. Wo beginnen sie, wo enden sie? Freiheit will auch in dieser Hinsicht gelernt und dann gekonnt sein.

Vor allem in der Pubertät wird Freiheit gelernt. Dieses Lernen kann wehtun, aber es ist so wichtig. Darum kommt die Freiheit in diesem Text noch öfters vor. Hier zum Beispiel:

> Freiheit lernen, erster Versuch: Ich war vielleicht 7 oder 8 Jahre alt. Zum Haareschneiden musste ich in die Tankstelle schräg gegenüber. Der Tankwart, ich sehe einen alten, mürrischen Mann vor mir, rasierte die Bubenköpfe für 50 Pfennig elektrisch auf „Stiftenkopf", also Bürstenschnitt. Nach meiner Wahrnehmung hätte er sich längst um mich kümmern müssen, anstatt mit den Erwachsenen zu quasseln. Also ich zu ihm: *Wenn sie mich noch einmal so lange warten lassen, komme ich nicht mehr.* Es war die Zeit, wo noch sauber gefotzt wurde – das ist mir zwar erspart geblieben. Aber die Strafpredigt war gesalzen. Hat bis heute niemand erfahren. Es war mein erster

aushäusiger Versuch mit der Freiheit. Aber trotz der Predigt ist es nicht der einzige geblieben...

Wichtig ist, dass die Verantwortung mitgelernt wird. Zuerst ist es zuerst nur die für sich selbst und die eigene Zukunft, aber nach und nach kommt auch Verantwortung für andere hinzu. (*Hier sind – statt Zeigefinger – mal wieder die letzten Meter offengelassen ....*)

Misserfolg

Ein Fehler ist eine falsche Handlung oder falsche Entscheidung. Das Ergebnis davon ist der Misserfolg: Ich habe das, was ich mir vorgenommen habe, nicht erreicht.

Den Misserfolg kann ich nur beklagen. Um für die Zukunft eine Lehre daraus zu ziehen, muss ich herausfinden, was ich falsch gemacht habe, also den oder auch die Fehler finden. Wobei nicht jeder Fehler den Erfolg kostet. Viele Dinge lassen sich ausbügeln. Wäre es nicht so, könnten wir keinen Tag weiterleben. Also nur Mut.

Misserfolg ist im Übrigen nicht Schande, sondern Chance. Wenn ich ihn nutze, wird der nächste Schritt besser. Vor Menschen, die Misserfolg (oder was sie von außen dafür halten) für einen Makel halten, halte dich fern! Dazu braucht es genügend Selbstbewusstsein.

Und auch daran soll man denken: Du kannst dir das Richtige vornehmen und alles richtig machen, und trotzdem kommt ein Misserfolg heraus. Denn das Leben ist von Zufällen bestimmt – nicht nur, aber *auch* von Zufällen. Für Zufälle muss keiner die Schuld bei sich suchen.

Glück I

Erfolg ist gut, wenn er glücklich macht. Tut er es nicht, dann war es das falsche Ziel, und der Erfolg war dann gar keiner.

Glück lernen, ein Einstig: Was sagt denn die Philosophie dazu? Wann bin ich glücklich? Ludwig Marcuse gab mir eine Antwort, an der ich mich bis heute orientiere. In seinem Buch *Philosophie des Glücks* legt er in einigen schlichten Geschichten dar, wie wichtig es ist, dass jeder Mensch allein für sich selbst herausfindet, was ihn ganz persönlich glücklich macht. Ohne Diktat von außen, ohne Norm. Am Anfang war ich von diesem Angebot furchtbar enttäuscht. Von *Philosophie* hatte ich mir vorgestellt, dass sie für die großen Fragen, die jeden Menschen beschäftigen, doch greifbare, große Antworten zu liefern hätte.

Später lernte ich verstehen, dass beim Philosophieren lange Zeit nur die Wurzeln im Boden wachsen und immer länger werden, während sich oben einfach keine ordentliche Pflanze entwickeln will. Seitdem ich aufgehört habe, auf die große, tolle und weithin sichtbare Pflanze zu hoffen, denke ich viel freier darüber nach, was *Glück* für mich persönlich bedeutet. Ludwig Marcuses Geschichten sind immer noch dabei.

Glück II

Glück in einem ganz anderen Sinn hat etwas mit Zufall zu tun. Gemeint ist diesmal nicht eine innere Verfassung, nicht das Glück, das man in sich trägt, sondern das Glück, das man hat, also eine günstige Fügung. Beides hat nichts miteinander zu tun! *Mehr Glück als Verstand* zu haben, bezieht sich auf dieses Glück. Gustav Gans, im Comic der Inbegriff von Glückspilz, denkt nicht und plant nicht, und dennoch gelingt ihm alles.

Manchen fällt der Unterschied zwischen diesen beiden Bedeutungen von *Glück* kaum auf, weil für sie Glück fast gleichbedeutend mit materiellen Gütern ist, und dazu wiederum die glückliche Fügung der schnellste Weg zu sein scheint. Aber es lohnt sich, über den Unterschied nachzudenken! Nicht selten hilft der Umweg über eine fremde Sprache. Hier zum Beispiel hilft das Englische mit *happiness* und *luck.*

Wer es im Leben „weit gebracht hat", will natürlich nicht als bloßer Günstling des Zufalls dastehen wie Gustav Gans. Es soll schon eigene Leistung dabei sein, wünscht sich die Eitelkeit. Dies erklärt vielleicht, wie nach den kruden Lehren der amerikanischen Erfolgs-Theologie die göttliche Vorsehung ins Spiel kommt: Wer gottgefällig lebt, wird belohnt. Nix Gustav Gans – alles zu hundert Prozent hoch verdient! Und Armut folglich genauso. Und was ist die logische Folge: Da Gott allwissend ist, weiß er schon bei der Geburt, wer ihm gefallen wird und später mit Belohnung rechnen darf, und wer nicht. Für mich ein furchtbarer Gedanke!

Glück III

Wie wir es auch drehen und wenden, der Zufall lässt sich nicht aus dem Leben verbannen. Also brauchen wir Techniken, um uns zu wappnen. Wobei, Moment mal! Ist denn Zufall immer nur negativ? Die meisten Anstrengungen unternehmen wir tatsächlich, um uns vor negativen Zufällen zu schützen, beziehungsweise vor deren Auswirkungen. Dafür haben wir Blitzableiter und tausend Versicherungen.

Aber machen wir uns auch genügend Gedanken, wie wir die guten und glücklichen Zufälle für uns nutzen können? Wie wir dem Zufall bzw. dem Glück ein wenig auf die Sprünge helfen können?

Glück suchen I: Ob ein Karpfen anbeißt, ist eine Frage des Glücks. Aber der erfahrene Angler weiß, wo er die besten Chancen hat, *Glück zu haben*.

Glück suchen II: Der berüchtigte Machiavelli hat beschrieben, dass Mut und Entschlusskraft dazugehören, um das zufällige Glück zu erhaschen, wenn es vorbeikommt. *Das Glück ist eine Gestalt mit wirr ins Gesicht hängenden Haaren, die auf einem Wagen schnell vorbeigezogen wird*. Dieses Bild hat er schon aus der Antike geklaut, las ich später. Bei ihm habe ich es zuerst gefunden, und mit ihm verbinde ich es.

Viel hilft es freilich nicht, wenn man genau hinschaut. Denn die meisten Figuren mit wirrem Haar sind dann eben doch nur Figuren mit wirrem Haar gewesen und stinken vielleicht sogar aus dem Maul. Aufmerksam sein ja, Patentrezept nein.

Glück suchen III: Meine erste Stelle, ganz frisch. Weihnachtszeit, Institutsfeier, irgendein oberstes Stockwerk. Plötzlich steht der Chef neben mir und spricht über --- Glück. Sinniert, warum die Menschen so viel mehr gegen ihr Unglück als für ihr Glück täten. Er zum Beispiel, sagt er, spielt ab und zu Lotterie fürs Glück. Der Gedanke an dieses Gleichgewicht von Glück und Unglück hat mich danach immer wieder beschäftigt. Ihm verdanke ich die Gewohnheit, oder wenigstens versuche ich es, dass ich mich über den Verlust eines Geldbetrags nicht schlimmer ärgere, als ich mich zuvor über die Einnahme gefreut habe. Das bedeutet nicht, dass ich in Gelddingen leichtfertig bin. Aber ich will mich immer wieder ermahnen, die ungünstigen Zufälle nicht schwerer zu nehmen als die günstigen.

Zu allem gibt es kluge Bücher

Zu all diesen Themen gibt es kluge Bücher. Etliche davon habe ich gelesen, anfangs immer in der stillen Hoffnung auf einen Durchbruch. Doch die Hoffnung, dass ich daraus viel *Konkretes* für mein persönliches Leben mitnehmen könnte, hat sich recht bald als trügerisch erwiesen. Und zwar ganz egal, was es war: Philosophie, Management, Lebensstrategie – alles gleich. Alle Dinge sind so abstrakt, alle Beispiele so weit weg von meiner Welt. Und dennoch. Irgendetwas haben sie für mich bewirkt.

Freilich war der Aufwand hoch. Ich erinnere mich an die Geschichte vom Schlaraffenland, wo man sich auf dem Weg zu den erhofften Leckerbissen erst durch einen Berg von Brei fressen musste. So kommen mir auch manche

Bücher vor, die ich gelesen habe: Viel Brei und in der Mitte ein paar Leckerbissen. Ganz schlimm manche amerikanischen.

Phil McGraw, *Life Strategies* war eine Ausnahme. Gefunden auf dem Bücher-Wühltisch in Anchorage, Alaska, als Sonderangebot, ein wirklicher Zufallstreffer. Dabei hätte ich es überall finden können, wie ich später herausfand. Vielleicht hat einfach der besondere Fundort Alaska meine Aufmerksamkeit gesteigert. Es gehört jedenfalls zu den Büchern, die mein Denken und Handeln wirklich beeinflusst haben.

Ich habe, wie gesagt, etliche Bücher über solche Themen gelesen. Ein zweites Mal lesen werde ich sie nicht. Aber manchmal genügt mir der Blick auf einen der Buchrücken, um mich an einen Gedanken erinnern zu lassen, den ich gerade benutzen oder beherzigen sollte. Deswegen lasse sie noch im Bibliotheksschrank stehen. Gleichzeitig ich lese immer noch neue, weil das Lesen für mich *Glück* bedeutet. Für andere wäre es Langeweile, Folter, Qual, und wieder andere sagen sich, dass es vielleicht nette Gedanken sind, aber dass die Zeit nicht (auch noch dazu) reicht. Keine Norm, kein Druck, sondern Freiheit. Meine Freiheit. Aber da ich mich nun schon mit solchen Themen beschäftige, kann ich anderen etwas davon anbieten, kompakt und möglichst ohne den Brei. Das ist der Plan. Dazu sitze ich hier und schreibe.

Misserfolg ist kein Tabu

Misserfolg ist keine Eigenschaft, sondern das Ergebnis einer Entwicklung. Das hatten wir oben schon. Darüber kann man (eigentlich) ganz normal reden, eigentlich. So ganz einfach ist es aber dann doch nicht, weil das eigene „Ego", also die dumme Eitelkeit, sich gerne quer stellt – *Muss denn das jetzt sein,* sagt sie dann. Trotzdem ist es gut, über Misserfolg zu reden. Gut für mich und manchmal nützlich für andere.

Nützlich ist es, wenn das Reden nicht zu früh aufhört. Wichtig ist nämlich nicht das Chaos oder das Debakel, das ich vielleicht angerichtet habe. Es kommt mehr auf die Ursachen an: Was genau habe ich falsch gemacht, dass es zu diesem Misserfolg kommen musste. Darauf kommt es an. Ich will es an einigen Stellen versuchen. Ich muss es nämlich auch selbst erst lernen, *erfolgreich über Misserfolg zu reden*.

Erfolg zu erzählen ist noch schwieriger

Mit Erfolgen ist es noch schwieriger als mit Pleiten und Pannen. Ist es denn nicht seltsam, wie viele sich zutrauen, jederzeit zur Not auch selbst jeden beliebigen Bockmist zu liefern, den sie anderswo vorgemacht bekommen, und wie vergleichsweise wenige daran glauben, dass sie auch das „kopieren" könnten, womit andere Erfolg haben? Habe ich Recht?

Aus der Sicht des Erzählers ist es ähnlich. Um von Pleiten und Pannen zu erzählen, genügt etwas Humor. Um Erfolge zu schildern, braucht es viel Distanz zum Ego: Wenn ich die Geschichte nämlich für andere erzählen will, darf ich nicht von mir erzählen. Natürlich zwar doch wieder von mir. Aber nicht von mir als dem entscheidenden „ich", sondern von mir nur als einem quasi zufälligen Beispiel für etwas, das auch vielen anderen gelingen kann.

Eigentlich braucht es auch für die Schilderung von Pleiten und Pannen mehr als nur Humor. Wichtig ist, dass der Mechanismus gezeigt wird, der zum Fehler geführt hat, und nicht nur das Ergebnis. Und genauso ist es beim Erfolg auch: Ich muss zuerst den Stolz oder die Eitelkeit aus dem Spiel nehmen, wenn ich anderen erklären will, auf was es bei dem Beispiel ankommt.

Zufriedenheit

Banker sind gierig, ohne es zuzugeben, und Fußballprofis prahlen ganz offen damit: Sie sind *gierig* auf Tore und auf Erfolg, sagen sie.

Was ist eigentlich das Gegenteil von Zufriedenheit? Wohl die Unzufriedenheit. Unzufriedenheit ist eine Geisteshaltung. Es ist eine innere Verfassung, die unglücklich macht. Unzufriedenheit als Lebensprinzip kann nie genug bekommen, nie gestillt werden.

Aber es gibt ein zweites „Gegenwort" zu Zufriedenheit: Nenne es Sehnsucht, Impuls, Wille, Unruhe – so in der Art. Sich nicht abfinden wollen, etwas verändern wollen, Ziele haben. Junge Menschen sollen unruhig sein, sollen Ziele haben (und verfolgen), sollen sich nicht abfinden. Sie haben die Kraft und die Zeit dazu. Die Älteren müssen das verstehen lernen, denn nach den Jahren haben sie es manchmal schon vergessen.

Ziele kann man auch später noch haben. Mit 40 oder 50 ist es nicht vorbei. Aber nach und nach stellt sich ein anderes Gleichgewicht ein. Das Leben wird ruhiger. *Carpe diem* sagten die alten Römer dazu, *nutze den Tag*. Nutze den Mut der jüngeren Jahre.

Beziehung, Liebe, Partnerschaft

Was wäre das für ein Text, wenn diese Themen fehlen. Aber sie passen weder zur Breite des Altersfensters, das mein Buch ansprechen will, noch passen sie vom Fokus der Gedanken her. Also doch ohne. Es muss nicht jeder über alles schreiben (wollen).

Und was alles ist sonst noch wichtig im Leben?

Diese kleinen Geschichten handeln von Dingen, die ich im Leben wichtig finde. Aber es gibt mehr davon, und für jeden Menschen sehen sie etwas anders aus. Manche Dinge sind fast allen wichtig, andere vielleicht nur mir allein oder ganz wenigen. Es lohnt sich, einmal in der Natur zu sitzen und darüber nachzudenken: *Was sind die Dinge, die für mich und mein Leben besonders wichtig sind?*

Hier sind sie:

____

____

____

____

____

Kapitel 2
Eigenschaften

Vor dem Spiegel: Bin ich mit mir zufrieden?

Natürlich bin ich es nicht. Weder außen noch innen. Wer könnte schon von sich sagen: *Ich bin rundum perfekt* – fast undenkbar. Die Frage ist, wie gehe ich damit um. Nur um diese Frage geht es. Nicht um die Frage, wer ich gerne wäre. Von andern sehe ich ja nur das, was sie absichtlich oder unbewusst von sich zeigen. Da sieht man leicht besser – oder vielleicht sogar ungewollt auch mal schlechter – aus als in Wirklichkeit. Von diesen Wahrnehmungen muss kein anderer sich beeinflussen lassen.

Das klingt so simpel. Aber Hand aufs Herz: Wer auf der Welt, egal ob mit 10 oder 100 Jahren, kann von sich sagen, er oder sie hätte noch niemals solche Gedanken gehabt? Ich verabscheue die Medien, wenn sie vor allem jüngeren, aber auch mittelalten und älteren Menschen ständig vorführen, wie „man" sein muss, um dabei zu sein – Menschen von der Stange. Und dann der Gruppendruck, der dadurch überall aufgebaut wird: Zuerst Schulhof, später Parkplatz, Technik, Mode, Einkommen, Reisen, Freizeit. Wer kann sich dem völlig entziehen? Der Beruf der *Influencer*in* ist die Krönung. Eingekauft von irgendjemandem, wer immer dafür bezahlt, sagt sie oder er: *Schau mich an. Wenn du so sein willst wie ich, dann mach, was ICH dir sage.* Ist das nicht erbärmlich?

Ein paar Zeilen Rückblick ist mir das wert. Wer im späteren 19. Jahrhundert ein Produkt verkaufen wollte, hat sich vor allem um einen klangvollen Namen bemüht. Anleihen aus dem Altgriechischen waren besonders sexy. Nett war das, beschaulich und irgendwie elitär. Von da weg bis in meine Kindheit stand das Produkt mit seinen Eigenschaften für die *Reklame* im Vordergrund, garniert mit Merksprüchen, Witz und Humor. Das HB-Männchen aus der Zigarettenwerbung war einst sprichwörtlich im Alltag, die Comics dazu haben wir Kinder im Kino immer gern gesehen – *Wer wird denn gleich in die Luft gehen, greife lieber zur HB.*

Warum erzähle ich das: Die Botschaft damals lautete: *Kaufen Sie dieses Produkt. Es passt zu Ihnen.* Das war noch vergleichsweise harmlos. Später kam die Phase, in der Träume geweckt wurden. *Rauche mich, und du fühlst dich als Cowboy.* Zumindest war da noch klar, dass ich kein echter Cowboy werden würde, wenn ich das Zeugs rauche. Und wo stehen wir heute: *Du passt zu* ***mir***, sagt die Influencerin: *Kaufe meine Produkte, sprich wie ich, beweg dich wie ich und sei auch sonst in allem wie ich, Details findest du auf Instagram,* ***und schon gehörst du dazu.*** Anfangs ging es also darum, dass das Produkt zu mir passt. Und heute? Heute gibt das Produkt den Ton an, und ich muss zusehen, dass ich mich durch meinen Konsum qualifiziere, zu ihm und seiner Welt dazugehören zu dürfen. Bin ich zu hart mit diesem Urteil? Liegt es nur an meinem Alter und an fehlender Flexibilität, wenn ich das erbärmlich finde? Das Wort *erbärmlich* hatte ich etwas weiter oben schon einmal, aber ein treffenderes fällt mir nicht ein.

Keine Frage: Dazuzugehören ist auf jedem Fall angenehmer als Außenseiter*in zu sein. Aber trotzdem muss ich für beides einen Preis bezahlen, nicht nur für die Entscheidung zum Außenseitertum. Wie also will ich mich entscheiden? Ratschläge von Dritten bringen mir wenig. Aber selbst nachdenken sollte ich immer wieder darüber, und nicht zu rasch dem scheinbar naheliegenden Impuls folgen.

Distanzieren oder Anpassen – immer wieder schwierig!

Gruppendruck und Anpassung sind keine Erfindungen der Gegenwart. Das Gleichgewicht zwischen beiden war auch früher schon ein Thema. Als Jugendlicher allerdings empfand ich den Druck weniger als die Jungen heute – vielleicht habe ich mir nur nichts draus gemacht? Aber ich glaube, da war wirklich weniger. Darum bin ich auch so zurückhaltend. Aber danach, im Berufsleben und so?

Als ich meine erste Stelle nach der Zeit an der Uni antrat – als Assistent an der Uni ging ja alles –, stand ich zum ersten Mal vor der Frage der Anpassung, und zwar: Bart dran oder Bart ab? Krawatte oder keine Krawatte?

Beim Bart entschied ich mich für dranlassen, und das war buchstäblich revolutionär. Ausdrückliche Hinweise vom Präsidenten, man möge doch tunlichst … – ich habe sie ignoriert. Der Bart blieb, und ich auch. Niemand kann sich heute noch vorstellen, was für ein Signal das war.

Bei der Krawatte habe ich anders entschieden: Krawatte dran, Sakko drüber und insgesamt korrekt, jeden Tag. Das war Anpassung an den Präsidenten, aber zugleich Distanzierung von meinem direkten Umfeld, wo ich definitiv nicht vorhatte, lange zu bleiben. Auch diese Sache hat funktioniert, denn ich wurde gerade noch rechtzeitig von dort weggeholt. Kurze Zeit später hätte ich gekündigt. Später verflogen die Jahre, und ich wurde krawattentechnisch zum Gewohnheitstier. Bis mich eines Tages der Textilverkäufer dezent fragte, wie lange ich denn noch diese Krawatten kaufen wolle – nach und nach war ich richtig aus der Zeit gefallen. So kann sich die Bedeutung von Signalen ändern.

Warum nun entschied ich mich bei Bert und Krawatte so unterschiedlich? Drei Fragen musste ich mir beantworten: Was sind meine beruflichen Ziele hier, was traue ich mir zu, was halte ich aus. Der Bart war Risiko. Zum Thema Selbstvertrauen, darum geht es hier, kommen wir später. Ich habe es ausgehalten. Die Krawatte war Berechnung, und bald hatte ich Erfolg damit, denn ich habe erreicht, was ich wollte. Und darüber, was *Erfolg* sei, sprachen wir schon.

Innen blieb ich mit beiden Entscheidungen der, der ich war bzw. sein wollte – rede ich mir zumindest ein. Ob es wohl immer ganz gestimmt hat ???

Damals also hatte ich zum Thema Anpassung eine Meinung und habe mich entschieden. Auch heute hätte ich eine und würde mich entscheiden. Aber dazu sollte ich die Chancen und Risiken meiner Entscheidung selbst „ausbaden" müssen, und nicht bloß als Beobachter und Ratgeber daneben stehen. Genau das jedoch wäre der Fall, wenn ich den Jüngeren jetzt entschiedene Ratschläge geben wollte. Ich stehe daneben, weil ich das, was ich jeweils im einen oder im anderen Fall aushalten muss, nicht aus eigenem Erleben beurteilen kann. Und darum beschränke ich mich darauf, zu beschreiben und zu Fragen anzuregen.

Mängelliste I

Zu kurze Beine. Zu große Ohren. Falsche Haarfarbe. Nimm den Spiegel, suche, und du wirst finden. Gegen manches „hilft" Muckibude, „helfen" Substanzen, „hilft" vielleicht sogar das chirurgische Messer. Angebote gibt es genügend, und Druck auch.

Etwas anderes hilft besser: Sieh zu, was sich sinnvoll verändern lässt, und das machst du. Den Rest habe einfach lieb, statt dich vergeblich an ihm abzuarbeiten. Keinen Stress damit! Lass deine Ohren und alles andere einfach in Ruhe, denn sie sind ein Teil von Dir und gehören zu Dir!

Mängelliste II

Selbstoptimierung ist ein Trend. Immer leistungsbereit sein, und *immer* bedeutet wirklich: Immer. Die Bereitschaft zeigen, sich in jeder Hinsicht an die Erwartungen des sozialen und vor allem beruflichen Umfelds anzupassen. Mit je einer App für jede Gelegenheit immer die körperlichen und seelischen Daten sammeln und verbessern, mit Dutzenden „Freunden" in Kontakt stehen, anerkannt werden.

Vorhin sprach ich von der Phantasie für die Situation der Jüngeren. Nein, ich kenne auch diesen Druck nicht aus eigener Erfahrung, und darum kann ich –

oder will ich – erneut niemandem etwas raten. Nur eines geht: Ich kann als Gesprächspartner bereitstehen, im vollen Respekt vor der Entscheidung der Jüngeren, wie immer sie ausfällt. (M)ein Buch als Gesprächspartner? – Vielleicht geht das ja auch.

Mängelliste III – Chancenliste!

Meine Beine sind krumm, ich gefalle anderen nicht. Meine Schuhe sind verkehrt, ich gefalle anderen nicht. Ich traue mir nichts zu, ich gefalle mir selber nicht – Hoppla, das ist ein Unterschied!

Anderen gefallen zu wollen, ist ein menschliches Bedürfnis. Jede*r will gefallen. Gefallen zu wollen, hat aber manchmal einen Preis. Will ich ihn „bezahlen"? Manchmal ja, manchmal eher nicht. Darüber muss jede*r immer wieder neu nachdenken, in jeder neuen Situation. Und jede*r entscheidet sich anders. Das ist ein Teil der Freiheit. Deshalb gibt es hier auch keine Kochrezepte. Aber Freiheit muss gelernt werden, und dazu sind Anregungen möglich.

Wenn es um den Druck von außen geht, und wie ich ihm begegne oder mich anpasse, gelange ich schnell zu der Frage: *Wieviel Individualität, wieviel Abweichung, wieviel „Eigenes" halte ich denn aus?*

Genau hier trifft der Reifen den Asphalt, wie die Amerikaner das nennen: Je besser ich mir innen gefalle, desto mehr Freiheit kann ich mir außen nehmen! Aber auch umgekehrt kann man es sehen: Je mehr Freiheit ich mir nach außen nehme, je weniger ich mich vom Urteil anderer abhängig mache, desto besser werde ich mir innen gefallen!

Und wie gut gefalle ich mir tatsächlich? Sobald ich den Deckel aufmache und in mich reinschaue, schaut es innen finster aus. Es sind ja nicht nur die krummen Beine und solche Sachen. Ich gefalle mir ja auch innen nicht: Ich kann nicht schlafen, weil ich Ängste habe. Ich traue mir nichts zu. Ich sage nicht klar, was ich will, sage sogar Ja, wenn ich eigentlich Nein sagen will – all diese Dinge. Wo also soll ich anfangen?

Dazu gibt es zwei einfache Antworten: Solche Probleme hat jede*r, wirklich jede*r (auch wenn nicht alle darüber sprechen). Und man kann zweitens etwas dagegen tun, und das ist erlernbar, sobald ich JA zu mir selbst sage! Deshalb sind diese inneren Widerhaken keine Mängel, sondern Chancen, die wir nutzen können! Dazu kommt es als erstes darauf an, das Problem auf Normalmaß zurechtzustutzen. Dazu helfen diese beiden Gedanken: Ich bin nicht der einzige, und ich kann etwas dagegen tun. Das nimmt der Sache nämlich schon viel von ihrem Schrecken. Und wie geht es dann weiter? Ein paar beispielhafte Impulse, was danach zu tun ist, kommen jetzt.

Der innere Angsthase

Eigentlich müssen wir froh sein, dass in (fast) jedem von uns ein kleiner Angsthase steckt. Er meint es gut mit uns und will uns vor Schaden bewahren. Es ist kein Mangel, manchmal an der richtigen Stelle Angst zu haben und manche dummen Dinge nicht zu tun. Sind wir froh, wenn wir das schaffen. Angst zuzulassen, kann ein Zeichen von großem Mut sein. Wenn zum Beispiel zehn andere um mich herumstehen und mich zu etwas treiben wollen, was ich nicht kann oder nicht will. In solchen Momenten ist die Angst mein Freund.

Ganz anders an anderen Tagen. Wenn ich etwas tun möchte, weil ich es will und – eigentlich – auch kann, muss der Angsthase draußen warten. Denn an solchen Tagen nimmt er mir mein Selbstvertrauen, und das ist gar kein Freundschaftsdienst. Alles in allem ist der Angsthase zwar ein Freund, aber ein unzuverlässiger. Je öfter er sich ertappt fühlt, desto leichter verkrümelt er sich.

Der nächtliche Angsthase

Nachts verkleidet er sich und wird zum Monster. Das tat er schon in der Kindheit. Damals hat er mir Gespenster oder was weiß ich noch vorgegaukelt. Später wusste er, dass er mit Gespenstern keine Chance mehr hat. Da hat er sich dann raffinierter verkleidet. Nachts ist der Angsthase kein bisschen mein Freund. Niemals. Und wie lange habe ich gebraucht, um das zu erkennen!

Der Wendepunkt war für mich ein Buch, das ich mit einundvierzig Jahren – tatsächlich erst mit einundvierzig! – in der Hand hatte. Günther F. Gross, *Beruflich Profi, privat Amateur?* heißt es. *Beruflich Profi* – das war gut für meine Eitelkeit, und so habe ich es gelesen. Dort fand ich in ganz einfachen Worten, so einfach wie hier, erklärt, dass ich nicht der einzige bin, der nachts von Ängsten geplagt wird. Und dass nachts alles, was am Tag ganz klein und normal aussieht, über alle Maßen groß werden kann. Und dass man andererseits nachts im Bett kein einziges Problem lösen kann. Nur sich quälen kann man. Ausschlaggebend war allein der eine Satz: *Du bist nicht der einzige, der das hat!*

Das ist der springende Punkt. Die nächtliche Angst kommt ganz und gar nicht von daher, dass *mein* Leben irgendwie komplizierter wäre als das von anderen. Alle leiden an ihr. Schick daher den Angsthasen mit seinem Ding zurück in seinen Stall und sag ihm, er soll es dir morgen früh wieder zeigen, wenn er es dann noch findet.

Das ist schwerer umgesetzt als aufgeschrieben. Aber man kann es mit der Zeit lernen! Wer mit fünfzehn oder zwanzig damit anfängt, hat es leichter als ich mit einundvierzig.

Ich erinnere mich noch an meine frühen Ängste im ersten Job nach der Uni. Wie klein und harmlos waren sie im Vergleich zu solchen, die ich später aushalten musste. Und wie haben sie mich gepeinigt. Muss mir das peinlich sein? – Nein, darum erzähle ich es ja. Weil mir das heute vielleicht niemand (mehr) zutrauen würde, dass es einmal so war, dass ich wegen so kleinen Dingen so schlecht geschlafen habe. Und weil es doch so real war. Damals übrigens konnte ich nicht darüber sprechen, mit niemandem. Oder sollte ich meine Familie verrückt machen? Nur mit dem Buch konnte ich: *DU BIST NICHT DER EINZIGE.*

Achtung! Den Widerhaken an dieser Stelle habe ich erst später beim Lesen bemerkt. *Nicht die Familie verrückt machen.* Beim Schreiben fand ich das alles ganz „normal", oder sagen wir selbstverständlich. Selbstverständlich war das aber nur im Rahmen meines damaligen Rollenverständnisses, und das wiederum war (u.a.?) das Produkt der damaligen Gegebenheiten und der damaligen Prägung. Ich wollte den Punkt nur antippen, um zu sagen: (Auch) Männer sind vom lieben Gott nicht dazu verdammt, alles in sich reinzufressen ...

Der Mut-Nehmer

Der Mut-Nehmer ist selber ein Feigling. Er wartet nämlich, versteckt sich bis zum letzten Augenblick, wenn du dir etwas vorgenommen hast, etwas, wozu du dir ein Herz fassen musst. Alles sieht so gut aus. Du betrittst den Schauplatz. Du weißt genau, was du jetzt sagen wirst, hast alles im Kopf gut vorbereitet, und – sagst das Gegenteil. Oder sagst gar nichts. Drehst dich weg und gehst wieder. Im entscheidenden Augenblick kommen Zweifel auf, das ganze Selbstvertrauen verschwindet mit einem Schlag.

Auch das kann man durch Übung loswerden. Zwar nicht auf einen Schlag, wie bei der Angst in der Nacht, aber allmählich immer besser. Und wiederum hilft dabei das Wissen, dass es (fast) allen anderen ebenso ergeht.

In der oberen Mittelstufe ungefähr war es. *Thieme, wo haben sie ihre Hausaufgabe? – Die habe ich nicht gemacht.* So war damals die Ansprache: Nachname. Und nach dem *sie* zu schließen war es mindestens die zehnte Klasse. Einige scheinen die Luft angehalten zu haben. Keiner wusste, dass ich einfach gezielt üben wollte. Hat gut geklappt. Zu meiner durchwachsenen Sozialkompetenz in der Schule berichte ich später noch mehr. Ich bin nicht stolz auf sie, aber froh über manche Erfahrung.

Verhaltenstherapeuten raten dazu, das Übel sozusagen von außen anzugehen: Ich schaffe eine Situation, bei der es für mich um überhaupt nichts geht, und dort tue ich genau das, was ich mir vorgenommen habe. Ruhig etwas Seltsames, kein Problem. Es geht ja um nichts. Ich gehe in ein Lokal und bitte lediglich um ein Glas Leitungswasser. Ich zahle mit einem viel zu großen Schein, ohne mit der Wimper zu zucken (wobei das leicht auch rücksichtslos sein kann, dann würde ich es lassen). Ich würde auch nicht übungshalber jemandem einen Heiratsantrag machen, wenn die Person mich gar nicht interessiert. Aber es ist klar, was gemeint ist.

Allein jedoch reicht das nicht. Dazukommen muss die Arbeit von innen. Für sie braucht es Geduld. Mir immer wieder bewusst machen: *Ich bin es wert. Ich trete für mich ein, weil ich es wert bin.* Und immer wieder die Gründe sammeln, warum ich es wert bin. Meine eigenen Stärken sehen.

Auch dabei stört der Mut-Nehmer. Er sieht mich lieber schwach, dann ist er umso stärker. Er ist besiegbar.

Schlagfertigkeit

Schwieriger ist es, wenn die kritische Situation ungeplant von außen auf mich zugerollt kommt, ohne mir die nötige Zeit zu lassen, um mich vorzubereiten. Dann ist Schnelligkeit gefragt, die viel gepriesene Schlagfertigkeit.

Jede*r kennt das: nach fünf oder zehn Minuten, oder nach einer Stunde, oder auch erst morgen, fallen mir die besten Sachen ein, wie ich hätte reagieren können. Auf jedem Fall fallen sie mir ein! Und es muss keineswegs immer ein Wort sein, manchmal ist es etwas, das ich hätte tun können, oder vermeiden, vielleicht zum Beispiel einfach gar nichts tun, anstatt mich von der Situation beunruhigen und wegtragen zu lassen – viele Möglichkeiten. Und ganz von selber fällt mir später die richtige Lösung ein, ohne dass ich mir groß den Kopf zerbreche. Nur eben nicht rechtzeitig.

Das zeigt aber: Der Kopf hat überhaupt kein Problem damit, mit jeder Situation, wirklich mit jeder, zurechtzukommen, wenn nur innen niemand Stress macht und ihn dadurch ausbremst, anstatt ihn zu beschleunigen. An Klugheit fehlt es mir nicht! Aber wer bremst mich denn da aus: Es ist die Angst. Zum Beispiel die Angst davor, dumm auszusehen. Oder die Angst, mit einer vielleicht zu starken Reaktion unangemessen zu erscheinen. Selbstbewusstsein? Schon mal davon gehört? Suchen wir uns doch gleich mal geeignete Übungsfelder. I'll be back in a few minutes.

Freiheit lernen I

Die Schule ist nicht nur dazu da, Bildung und Wissen zu vermitteln. Sie ist zugleich eines der ersten und wichtigsten Übungsfelder für Experimente mit der eigenen Persönlichkeit. Davon will sie manchmal nichts hören, und wer zu viel übt, bekommt leicht die „Quittung". Später mit den entsprechenden Heldentaten von damals zu prahlen, hat etwas Bierseliges. Denn im Nachhinein wirkt manches davon wirklich komisch, zum Lachen. Aber nicht in der Situation. Damals wurde damit Freiheit gelernt: Ihr Inhalt und ihre Grenzen. Dazu muss die Schule eine bestimmte Funktion übernehmen, manchmal unbequem für beide Seiten. Wenn sie es nicht tut, wenn sie für alles nur „Verständnis" hat, so verhindert sie dieses Lernen. Und wenn sie jede Regung im Keim erstickt, natürlich auch.

Rückblickend glaube ich, dass ich mehr am Inhalt der Freiheit geübt habe, als an ihren Grenzen. Seltsamerweise – oder war das ganz folgerichtig? – immer nur bei bestimmten Lehrern. Bei anderen war ich lammfromm. Aber diese bestimmten haben vielleicht manchmal schlecht geschlafen wegen mir. Tut mir heute leid. Aber Leidtun ist keine Reue.

Eine kleine Begebenheit habe ich vorhin schon erzählt. Hier nur noch ein Erlebnis aus dem Urlaub, das auch dazu passt. Es gibt ja nicht nur die Schule. Ich, 15 Jahre alt, Überfahrt mit den Eltern von Cuxhaven nach Helgoland. Da waren diese Stühle auf dem Deck, die konnte man sich nehmen, und meine Eltern und ich hatten je einen. Nach einem kleinen Rundgang fand ich jemanden auf meinem sitzend. Eigentlich eine Lappalie. Für mich schien es keine, und ich sagte: *des is fei mein Platz.* Das muss 1967 gewesen sein, also von unten schon die Studentenrevolte, und oben immer noch etliche alte Nazis und viel bürgerlicher Mief. Dieses Milieu lässt sich nicht zurückrufen, zum Glück. Der Rest ist schnell erzählt: vom Stuhlbesetzer bekam ich ein elendes Donnerwetter, und meine Eltern beachteten weniger dessen Regel- als meine Formverletzung. Das wiederum hatte *mich* verletzt. Gesprochen haben wir nie mehr darüber, und in ihren Augen mag es völlig unwichtig gewesen sein. Mir war es wichtig, und letzten Endes hat es mich ein klein wenig stärker gemacht. Freiheit lernen.

Freiheit lernen II

Auch „Freiheit lernen" lässt sich üben. Lernen üben? Die Chance ergibt sich jedes Mal, wenn ich in einer Situation die Wahl habe, ob ich aus der Situation etwas machen will oder nicht. Wenn es überhaupt nicht darauf ankommt, ob ich eine gute Figur gemacht habe oder nicht, weil ich die anderen Beteiligten nie mehr im Leben wiedersehen werde. Und das bringt uns zurück zur Schlagfertigkeit als Spezialfall der Freiheit.

Jemand drängelt sich in der Warteschlange vor: Ganz ungeniert, oder scheinbar zerstreut, oder raffiniert, aggressiv, bittend, viele Möglichkeiten gibt es, aber im Ergebnis und in den Mustern ist es immer wieder gleich. Ich kann jedes Mal frei entscheiden, ob ich reagieren will oder nicht. Unter einem anderen Blickwinkel wäre das ein Trainingsfall für Stoiker, die auf so etwas normalerweise nicht reagieren würden. Das ist die Frage, ob ich von dem, was ich könnte, in der jeweiligen Situation Gebrauch mache. Darüber werden wir später noch sprechen.

Momentan geht es darum, ob ich üben will, meine Interessen zu vertreten. Und so gesehen gibt kaum ein besseres Feld zum Probieren als die Warteschlange. Ob ich kämpfen will oder nicht, wenn eine*r drängelt, mag von der Tagesform abhängen. Mit Zahnweh geht keiner zum Boxen. Aber wenn es mich innerlich juckt, etwas zu tun, dann soll es auch geschehen! Denn sonst gehe ich als Verlierer vom Platz. Nicht als Verlierer vor dem Drängler, der ist mir egal. Sondern als Verlierer vor mir selbst. Nur das zählt. Ob ich am Ende den Drängler besiegt habe, ist nur das Spiel, an dem ich übe. Auf jedem Fall habe ich meine Scheu besiegt, und das ist kein Spiel.

Es geht nicht darum, genial zu sein. Es geht lediglich darum, keine Angst zu haben und es sich zuzutrauen. Nur darum geht es, und das lässt sich richtig üben! Nicht dafür genieren! Üben ist doch ganz normal! Um nachts im dunklen Wald keine Angst zu haben, bereite ich mich doch auch vor. Vielleicht nehme ich mir einen Prügel mit, dazu eine Taschenlampe und ein Navi. Ist das eine Schande? Nein, natürlich nicht. Und um den nächsten Drängler zu stoppen, verfahre ich genauso. Ich richte mir im Kopf ein Sortiment von Redewendungen und Verhaltensweisen her, und die kann ich dann, wenn sie plötzlich benötigt werden, ohne Schrecksekunde abrufen. Klar, wenn mich im Wald nicht der Räuber, sondern der Blitz trifft, dann hat der Stock nichts gebracht. Aber meistens ist es ja nicht der Blitz. Genauso in der Warteschlange. Und nach jedem Misserfolg lerne ich dazu, was ich noch alles einpacken kann. Peinlich? Kein bisschen!

Ich liege im Krankenhaus, und die Stationsärztin ist eine von der Sorte – das kommt vor; nicht zu oft, aber manchmal eben doch –, die Patienten eher wie Werkstücke behandelt. Gerade habe ich das zu spüren bekommen, und dabei sah ich in mir mehrere Ärgernisse aufpoppen: ich der Ältere, sie die Jüngere, deutlich jünger; dazu Frau zu Mann (das ist indiskutabel, unter meinem Niveau, wenn es mir passiert. Ich spreche das an, um ehrlich damit umzugehen); dazu die Frage, wer hier eigentlich für wen da ist! Was mache ich: Ich erinnere mich *erstens* daran, dass ich Stoiker bin. Genau jetzt wird das gebraucht! *Opsetai,* sage ich zu mir (das kommt in einem späteren Kapitel. Aber in Langform würde es bedeuten: Sie hat mir soeben etwas über sich erzählt, und SIE muss mit sich zurechtkommen). Und *zweitens* lege ich mir zwei passende Sätze zurecht, die ich bei einer weiteren Gelegenheit *vielleicht* anbringe. Sie sind so, dass ich ihr damit vermittle, was mich stört, ohne die Basis zu beschädigen, auf der wir uns doch danach immer noch (oder erst recht) freundlich begegnen müssen. Und es gibt noch einen weiteren Grund, warum ich zuerst zögere. Vielleicht ist es Ihnen aufgefallen – das zu trainieren, lohnt sich: Ich weiß aus den ersten, kurzen Begegnungen doch nicht wirklich, ob meine Schlüsse bzw. meine vorläufigen Wahrnehmungen richtig waren. Zu leicht trügt der erste Eindruck!

Freiheit können

Wer diese Freiheit gelernt hat, wer sie immer besser nutzen kann und ihre Grenzen versteht, ist schwerer zu besiegen.

Berufsleben gilt als schwieriger, verglichen mit der Schule. Manchmal wird es wohl so sein, aber auch wieder nicht. Am schwierigsten ist nämlich immer das, was ich in meiner aktuellen Situation gerade noch aushalten kann. Diese Schwelle verändert sich im Lauf des Lebens. Wir alle werden mit den Jahren robuster. Oder sagen wir: die meisten von uns. Im Rückblick sehen frühere

Schwierigkeiten dann läppisch aus. Aber so vom hohen Ross der späteren Jahre zurückzuschauen, ist dumm und ungerecht. Manche machen das. Wenn es passiert und jemand sich überheblich zeigt, nicht zu Herzen nehmen.

Eines ist natürlich klar. Wenn es im Beruf um komplexe Zusammenhänge geht, um Konflikte mit vielen Randbedingungen, dann reicht es nicht, forsch und selbstsicher aufzutreten. Dann gehören auch Verantwortungsgefühl, Menschenkenntnis, Kreativität und noch mehr dazu. Aber innere Ruhe und Festigkeit bleiben immer entscheidende Faktoren. Und das ist deshalb so bedeutsam, weil genau diese beiden Dinge lernbar sind, auch wenn es zunächst kaum glaubhaft erscheint.

Aufgrund eines sehr verwickelten und unklaren Vertrages – das war zuvor politisch so gewollt – saß ich einem Verhandlungspartner gegenüber, einen Routinier (wie auch ich inzwischen einer war). Das Problem: Wir hatten nach hinten beide null Spielraum. Es ging um einen hohen Betrag, und keiner konnte zurückstecken. Wir hatten das Geld, und er wollte es zurück. Nach vielleicht einer Stunde Geplänkel bekam ich die Frage ins Gesicht: *Das heißt wohl, sie wollen und das Geld überhaupt nicht zurückzahlen? – Ja, das heißt es.*

Es war einer der härtesten Momente, an die ich zurückdenken kann. Das Geld blieb irgendwie bei uns, und irgendwie löst sich jeder Knoten, und irgendwie sind wir Freunde geblieben, oder was man in diesem Umfeld so nennen mag. Hätte ich meine Antwort statt mit *Ja* auch nur mit *Na ja* begonnen, wäre das Geld ganz oder teilweise futsch gewesen.

Neben der inneren Festigkeit war hier auch etwas Mut notwendig, um die unklare Situation auszuhalten. Es ist ein anderer Mut, je nachdem, ob ich nur mutig auf meine eigene Stärke vertraue oder mutig darauf setze, dass sich eine Situation auflösen wird, die ich nicht allein im Griff habe. Deswegen geht Mut an dieser Stelle nur, wenn er mit Augenmaß und Verantwortung Hand in Hand geht. Verantwortung bedeutet in diesem Fall, zu berücksichtigen, dass der denkbare Misserfolg auf Kosten anderer geht und ich ihn nicht persönlich tragen muss.

Nach einem solchen Tag ist es nicht wichtig, den Erfolg zu feiern. Es kommt vielmehr darauf an, sofort mit kühlem Kopf herunterzukommen und zu überlegen, an welchen Stellen mir heute einfach nur das Glück hold war und auf was ich zukünftig noch mehr achten muss. Freiheit lernen, immer neu.

Mängelliste?

Ist es nicht schön zu sehen, wie sich bei genauem Hinsehen die härtesten Astlöcher im eigenen Charakter glätten, und wie sich aus anfänglichen Schwächen zunehmend Stärken entwickeln?

Kapitel 3

Was lernt man in der Schule, und was nicht?

Schule I

Jeder kann am besten von dem erzählen, was er selber kennt. Für mich ist das der Weg, der am Gymnasium beginnt, mit einem Abitur endet und dann irgendwohin weiter führt. Den habe ich erlebt und den kenne ich. Für viele ist das der richtige Weg, für einige, die ihn versuchen, ist er nicht richtig, und für manche wäre er richtig, aber sie haben ihn nicht versucht, konnten es vielleicht nicht. Nehmen wir an, wir sind bei denen dabei, für die er richtig ist und die ihn versuchen. Nun ist „richtig" immer noch ein weiter Begriff, oder genauer gesagt: Gymnasium ist ein weiter Begriff.

Die Wahl der Schule war für mich ein Drama in mehreren Akten. Zuerst, mit zehn Jahren, war ich mir mit meinen Eltern einig: Das humanistische Gymnasium sollte es sein. Das war damals sozusagen „hard core", erst Latein und danach in der siebten Klasse gleich noch Altgriechisch oben drauf. Das fand ich damals super. Nun hatte aber die Kultus-Bürokratie, die war schon immer so, während ich die sechste Klasse besuchte, spontan einen neuen Plan ausgeheckt: Erst Englisch, und Griechisch dann später in der neunten. Der junge Sechstklässler hat getobt, aber geholfen hat ihm das nichts. Und dann hat er sich mehr oder weniger geweigert, Englisch zu lernen. Das war zwar von „oben" gesehen dumm, aber aus seiner Sicht schlüssig. Exakt zu diesem Zeitpunkt fing ich damit an, meine Experimente zum Thema „Freiheit lernen“ systematisch auszubauen, in der Schule und daheim. Das war für alle schwierig, aber trotz allem gut.

Das war das erste Drama, und es sollten weitere folgen. Im zweiten Kasten will ich beschreiben, wie ich das heute aus der Sicht der Eltern bzw. Älteren empfinde. Aus der Kindersicht jedenfalls ist es ein täglich wiederkehrendes Unglück, in eine Schule zu müssen, in der das Falsche gelernt bzw. gelehrt wird.

Schule II

Neun Jahre sind eine lange Zeit, jedenfalls dann, wenn man vorher auch erst 10 Jahre gelebt hat, und davon die ersten nicht so richtig bewusst. Also Lebenslänglich. Wie rasch diese Zeit aus Elternsicht verfliegt, weiß kein Kind. Deshalb bieten 9 plus x Jahre genügend Raum für weitere Krisen, auch wenn am Ende das x bei 0 gehalten wurde, also keine Ehrenrunde. Ich will meinen Schul-Slalom weiter rekonstruieren, denn er war so einmalig wie irgendwie typisch in einem. Einmalig die speziellen Wendungen, und typisch der innere und teils äußere Schlingerkurs an sich.

Als nämlich endlich die neunte Klasse da war, hatte das Griechische seinen Zauber in Windeseile verloren. Der Lehrer war ein brüllender Unmensch, wahrscheinlich schwer psychisch angeschlagen vom Krieg. Er war nicht der einzige, aber das ist nicht der Punkt. Der Punkt ist, dass just in dem Augenblick, wo das Griechische bei mir bzw. ich beim Griechischen angekommen war, in mir die Liebe zur Naturwissenschaft erwacht bzw. geweckt worden war. Verachtung für alles, was auch nur von Ferne nach Geisteswissenschaft („Gei-wiss" mit einem ätzend-eklig betonten „ei", im Gegensatz zum sanft wohlklingenden „Na-wiss" mit dem langen „a") roch. Zum Glück war ich zu feige, nicht Griechisch zu lernen, das Ungeheuer war übermächtig. Gut, kleine Scharmützel, aber nur am Rande. Schwierige Zeit.

Das war das zweite Drama, und es sollten weitere folgen. Aus Kindersicht, oder damals schon Jugendlicher, war es weiterhin furchtbar. Aber Eltern sein? Was hätten sie richtiger machen können?

Schule III

Und immer noch war erst die halbe Zeit rum. Dementsprechend sollte es weitergehen.

Die elfte Klasse war der Lichtblick, ein neuer, junger Lehrer für Griechisch, und eitel Sonnenschein beim Jugendlichen. Ein Jahr Sonne. Danach ein Besessener. Kein Tier, aber ein Besessener, der das Fach Griechisch in ein theatralisches Dauer-Event verwandeln wollte. Tatsächlich war sein Lebenswerk das Schultheater gewesen. Für den mittlerweile jungen Erwachsenen, der im Herzen immer noch ein Lausbub war, war damit das Thema Griechisch endgültig durch. Anwesenheit war egal, und statt Griechisch wurde mehrmals wöchentlich Schafkopf geübt: Freiheit lernen, Fehlversuch.

Der Rest ist schnell erzählt. Ich versteifte mich auf das einzige Fach, das im letzten Schuljahr nicht mehr verfügbar war, nämlich Mathematik, und das wurde dann auch studiert.

Dass die Wahl des Studienfachs nach einem solchen Verlauf erschwert ist, leuchtet ein. Aber dazu später mehr.

Diese neun Jahre waren in gewisser Weise typisch und andererseits sehr persönlich geprägt. Zum Persönlichen gehört u.a., dass ich mich die ganze Zeit lang zu abhängig von positiven oder negativen Lehrerpersönlichkeiten gemacht habe. In dieser Hinsicht habe ich in der Schule nichts dazugelernt. Dieses Lernen musste ich später unter großem Aufwand nachholen. Insofern kann ich sagen: Schule war unter diesem Aspekt für mich ein Misserfolg.

Typisch wiederum war, dass damals in der gesamten Generation ein großes Bedürfnis nach Freiheit bestand. Es gab etliche, die sich im ganzen Lebenszuschnitt sichtbar an den Rand oder außerhalb des Tolerierten gestellt haben. Manche waren in der Schule nur vorübergehende „Gäste" für ein oder zwei Jahre und danach wieder weg. Wenn ich Schule unter dem Aspekt des Freiheit-Lernens betrachte, war sie wichtig. Gegenwärtig habe ich den Eindruck, mit aller Vorsicht und von weit außen, dass in der heutigen Schule unter dem Druck zur Anpassung zu wenig echte Freiheit geübt und gelernt wird!

Vieles, was ich sehe – Rückzug in virtuelle Parallelwelten oder Drogen – sieht nur so aus wie Freiheit. In Wahrheit ist es so, wie wenn man sich vor der Wirklichkeit einfach wegduckt. Aber weil die Wirklichkeit immer wieder „zurückschlagen" wird, haben wir es hier mit scheinbarer Freiheit zu tun, der die Verantwortung fehlt. Freiheit ist dann frei, wenn ich mit ihr die Wirklichkeit beeindrucken kann.

Dialog über die Kluft von Jahrzehnten

Verstehen sich Jung und Alt? Können sie miteinander reden, zum Beispiel über Schule?

Ich habe in Deutschland eine einmalige Zeit erlebt: Es hat – wenigstens im Westen – seit kurz vor meiner Geburt bis heute nur Frieden und eine irgendwie kontinuierliche Entwicklung gegeben. Wenig in der Schule ist noch genau wie damals, aber es gab trotzdem keine Brüche. In der Vergangenheit war das anders: Wenn ich mit meinen Eltern über Schule reden wollte, dann war das die Nazi-Schule. Also keine Verbindung, nichts, was sie hätten weitergeben können. Und meine Großeltern gingen zur Schule, als Deutschland noch Kaiserreich war.

Also im Prinzip damals bei mir die gleiche Schule wie für die Jungen heute. Im Prinzip. Wo es vielleicht Unterschiede gibt, habe ich mit den Geschichten zeigen wollen.

Sagen wir so: Ich sehe, dass es Unterschiede gibt, aber ich kann nicht wirklich sagen, was genau jetzt anders ist. Das ist der springende Punkt. Ältere können aus ihrer Erfahrung mit Schule manche gute Idee beisteuern, manchen Rat geben. Aber nur, wenn sie den Jungen vorher zugehört haben. Und dann werden die Jüngeren auch gern zuhören: *Freiheit und gegenseitiger Respekt.*

Kapitel 4
Berufswahl nach der Schule

Fächerwahl

Hier liegt ein Unterschied zu früher. Der Strom hin zum Abitur ist breiter geworden, und die Vielfalt danach größer. Dazu gibt es die Tendenz zu mehr Ausbildung und weniger Bildung. Das bedeutet: Die jungen Absolventen sollen möglichst passgenau auf irgendeine Art von Tätigkeit vorbereitet werden. Danach sind sie Fachkräfte, entweder akademische oder solche mit Abitur ohne weiteren Abschluss. Und was bedeutet „akademisch": Es kann Bachelor plus Master sein, oder nur Bachelor, erworben an einer Universität, einer Hochschule oder auch an anderen Stellen.

Ist diese Nivellierung gut? Ist es zu begrüßen, dass das Wort „Universität" seltener gehört wird und oft nur allgemein von den Hochschulen gesprochen wird? Durchlässigkeit spielt dabei eine Rolle: Es gibt mehr Wege als früher, um bestimmte Abschlüsse zu erreichen. Das nimmt Ängste weg, und mit weniger Angst zu leben ist eine gute Sache. Trotzdem bin ich Anhänger einer möglichst allgemeinen Bildung anstelle einer zielgerichteten Ausbildung geblieben.

Nach meinem Abitur im Jahr 1971 musste ich mich entscheiden, was ich machen will – wie jeder. Nach der unruhigen Schulzeit war das nicht leicht, und meine Entscheidung war von vielen störenden Emotionen vernebelt. Zusätzlich war die Fächerwahl mehr als heute, jedenfalls wenn man

„entsprechend" gewählt hat oder hätte, ein politisches Signal. Kurzfassung: *Wer Soziologie studiert, hat kein Interesse an Arbeit und will nur Randale machen.* Das war die Folge der politischen Konfrontationen im Zuge der Studentenrevolte, für die es viele gute Gründe gab. Aber darum muss es heute nicht mehr gehen, das ist Geschichte.

Wichtiger finde ich einen zweiten Aspekt. Die Generation meiner Eltern hat nach dem Krieg in großer Armut damit angefangen, das Land wieder aufzubauen. Da war keine Luft, kein Spielraum für eine Orientierungsphase und kein Verständnis für einen späteren Wechsel des Studienfachs. Diese Haltung sind sie zeitlebens nicht mehr losgeworden. Wie sollten sie auch. Das war für mich bestimmend.

So wählte ich Mathematik und Informatik.

Falsche Berufswahl

Die Chance, nach der Schule auf Anhieb den richtigen Weg zu finden, sie existiert tatsächlich. Für manche Menschen ist einfach sonnenklar, was sie tun wollen, und folglich auch, wohin sie beim nächsten Schritt gehen wollen. Das ist der glücklichere Teil der Menschheit, beziehungsweise derer, die davon betroffen sind und sich entscheiden müssen.

Für mich hat es vier Semester gedauert, bis mir klar war, dass ich nie in dem Beruf würde arbeiten wollen (und vielleicht auch nicht können? – wäre ich jemals ein guter Informatiker geworden?), den ich mir als Studienziel ausgesucht hatte. Aus den beschriebenen Gründen habe ich die Situation jedoch nicht dadurch bereinigt, dass ich einfach die vier Semester in den Wind geschrieben und neu begonnen habe. Aber studiert habe ich praktisch auch nicht mehr. Was habe ich gemacht: Sagen wir, ich habe wieder Freiheit geübt. Im Nachhinein betrachtet hat mir das wiederum sehr viel genützt. Über die politischen Ansichten, die ich damals entwickelte – Schwamm drüber. Aber die Erfahrungen, die es mir brachte, waren für mich viel wert.

Rein karrieretechnisch war mein Studium dennoch ein Misserfolg.

Diese ziemlich persönlich gefärbten Geschichten über Unentschlossenheit, Schlingerkurs und Fehlentscheidungen streue ich immer wieder ein, um daran etwas zu zeigen: Nicht alles muss auf Anhieb sitzen, und manche Misserfolge sind zum Glück korrigierbar, wenn genügend Zeit dafür ist. Das sagte ich schon am Anfang. Aber wenn ich rechne, hat es mich zwanzig Jahre und eine Menge Energie „gekostet", bis ich das Attribut Informatiker und die damit verbunde Erwartungshaltung wirklich los war.

Ein- oder zweimal brauchte es dazu „unverhofftes" Glück, diese Figur mit den wirren Haaren auf dem schnellen Wagen. Die kommt nie zweimal in derselben Form, darum lohnt es sich nicht, das zu erzählen. Wichtig ist nur: Jene wirre Figur – ich meine das Glück – kommt immer wieder vorbei, wenn auch jedes Mal in einem anderen Kostüm. Das ist so vorhersehbar wie der Linienbus. Er hat einen zwar Fahrplan, aber trotzdem kann es auch mal passieren … Im Prinzip ist er zuverlässig. Und wie den Linienbus, so sieht man auch vielleicht das Glück erst im letzten Moment hinter der Hausecke auftauchen oder um die Kurve kommen.

Außer Glück braucht es in jenen kritischen Momenten, wenn mutige Schritte notwendig sind, vor allem Selbstvertrauen. Davon hast du entweder selber schon genügend, oder du brauchst Hilfe (und dazu zuerst einmal Verständnis) von den Älteren, oder am besten beides. Warum die meinigen damals nicht ganz aus ihrer Haut konnten, habe ich erklärt. Aber, ehrlich gesagt: Wirklich um Rat gefragt hatte ich sie sowieso nicht. Heute ist das für die Älteren oft leichter. Und darin liegt eine Chance der Jüngeren, die ich in dieser Form nicht hatte. Im Durchschnitt ist mehr Einkommen vorhanden, der Blick ist weiter, sowohl nach vorne als auch in die Breite, die Ängste sind kleiner, auch wenn immer wieder neue entstehen, und viele Familien haben nach bald siebzig Jahren Frieden einen breiteren Rücken, wie man so sagt, als direkt nach einem Umbruch. Ein breiter Rücken gibt mehr Sicherheit.

Die Sache mit dem breiten Rücken

Manche Ältere haben große Angst davor, dass aus ihren Kindern nichts wird, wenn man sie nicht ständig harten Proben unterzieht. *Der nicht geschundene Knabe wird nicht erzogen* – das ist ein Vers aus der griechischen Antike. Uralte Erfahrungen und zugleich Vorurteile stecken da drin, und beide werden seit Jahrtausenden immer weitergegeben. Die Jugend taugt nichts. Das wussten sie in der Antike, in der Renaissance und viele wissen es noch heute. Komisch, dass die Welt immer noch funktioniert. Und wo sie es nicht tut, liegt es doch vielfach am Egoismus der Alten, Arrivierten. Gier der Banken, Gier nach Rohstoffen, Rücksichtslosigkeit: Sind das die Jungen?

Aber zurück zum griechischen Vers. Es gibt natürlich den Fall, dass die Jungen so mit Reichtum zugestopft werden, dass sie nichts lernen. Nicht nur in der Schule lernen sie dann nichts – *wozu auch, es ist doch alles da* – noch für ihre Persönlichkeit lernen sie etwas. Freiheit lernen sie vielleicht. Aber auch die nur scheinbar. Denn „Freiheit", die auf dem Reichtum der Älteren beruht, ist am Ende nur versteckte Knechtschaft. *Freedom is just another word for nothing left to lose,* singt Janis Joplin. So wünsche ich es keinem. Aber der Vers beschreibt in Übertreibung, worauf ich hinaus will. Freiheit kommt von innen, und sie wird nicht erlernt, indem von außen Geld drangehängt wird.

Genauso wichtig: Sehnsucht muss gelernt werden. Wer sich noch nie im Leben etwas sehnsüchtig wünschen konnte, weil ihm jeder Hauch von Sehnsucht sofort geraubt wurde, hat auch nie gelernt, sich für ein Ziel einzusetzen. Dabei ist das so wichtig, Ziele zu haben und sich ihnen mit ganzer Kraft zu widmen. Und warum ist das so wichtig? Ist es nicht praktischer, wenn mir das Ziel freiwillig entgegen kommt und mich nicht zwingt, ihm ewig hinterherzurennen? – nein, das sieht nur so aus, als wäre es praktisch. Es geht um die Fähigkeit, wirkliche Freude zu empfinden. Und die entsteht nicht in der Bergstation der Seilbahn, sondern dort, wo ich mühsam mit Muskelkraft aufgestiegen bin. Beim Bergsteigen ist es so, und im Leben genauso. Wobei die wichtigsten Ziele manchmal sowieso nicht mit Reichtum erkauft werden können.

Was also tun? Die Eltern meiner Generation hatten keine Mühe. Sie mussten Mangel und Armut nicht vortäuschen. Sie *waren* arm. Und heute? Einem vierjährigen Kind die dringliche Bitte abzuschlagen, obwohl die zwei Euro völlig egal wären, es zerreißt einem manchmal das Herz. Später wird es leichter. Wenn aus Kindern zunehmend „erwachsene Kinder“ werden, wenn man sich allmählich immer besser über (gemeinsames) Wachsen und Erziehung unterhalten kann, wird es allmählich leichter. Aber Vorsicht ist geboten. Verantwortlich bleiben die Älteren. *Geh und erzieh dich in Gruppenarbeit* geht vielleicht für das Einmaleins, aber nicht für alles. Die letzte Verantwortung können Eltern nicht an ihre Kinder delegieren.

Meine Berufswahl muss (nur) mir selbst gefallen

Auch in diesem Punkt weiß ich, wovon ich rede. Druck und Erwartungen von außen sind Gift für die freie Entscheidung. Wer von den Älteren wagt es, mir meine Werte und Ziele zu diktieren, mir vorzuschreiben, was für mich wichtig und gut ist.

Wie fast überall in diesem Buch haben wir es auch hier mit zwei Seiten einer Münze zu tun. Kein Älterer weiß, was für den Jungen gut ist – eine Seite. Kein Junger hatte je die Chance, das wäre logisch ja auch nicht möglich, vorab probehalber seine eigene Zukunft und die Folgen früherer Fehlentscheidungen auszuprobieren. In dieser Lücke tummeln sich die Ratschläge der Älteren.

Wenn sich beide dann nicht verstehen, liegt es an falschen (oh je: manchmal leider wohl auch sehr berechtigten und kein bisschen falschen) Vorstellungen über die Motive der anderen Seite. Der Idealfall lautet: Gegenseitiges Vertrauen, kein Spiel mit doppeltem Boden (*am Ende kriege ich dich schon noch in meine Firma*) und Wertschätzung des anderen. Dann können zwei wertvolle Sichten zusammenkommen: Der Junge am Steuer und ein Älterer auf dem Rücksitz.

Dann entschärft sich die kantige Überschrift. Aus dem *nur* wird etwas, das beiden Seiten gefällt und für das sich danach beide Seiten einsetzen können.

Schlusswort zur Berufswahl

Wenn die Menschen die Gesetze der Natur nicht beachten, holt diese sich ihr Recht zurück, früher oder später. Wer die Gesetze des eigenen Lebens nicht versteht, erlebt Ähnliches. Ich *habe* es erlebt, wie sich das Leben Stück für Stück den Beruf „zurückgeholt" hat, den es sich für mich wahrscheinlich von Anfang an ausgedacht hatte. Wie mühsam war das, und wie nett war die Figur mit den wirren Haaren doch zu mir. *Nicht immer jedoch ist man gezwungen, sich am Ende auf das spätere Glück verlassen zu müssen.* Wenn man rechtzeitig den Mut hat, das Steuer herumzudrehen.

Und zum Schluss sei nochmals betont: Glück muss nicht zwangsläufig Studium bedeuten. Was ich hier schrieb, kann man auf ganz unterschiedliche Wege anwenden. Jede*r nimmt das Material eben von dort, wo die persönlichen Erfahrungen wohnen. So habe ich es gemacht. Zu welchen, nebenbei bemerkt, auch Einzelhandel, Gepäck- und Expressgutverteilung, Maler und kaufmännischer Sachbearbeiter gehörten, wenn auch jeweils nur kurz. Missen möchte ich diese Erfahrungen nicht. Mehr kennenzulernen bedeutet, einfacher zu entscheiden.

Kapitel 5
Leben und Karriere

Alles erreicht I

So wünscht es sich jede*r: In der Mitte meines Lebens befinde ich mich in einer Position, in der sich alle Pläne verwirklicht haben, alle Ziele erreicht sind, oder zumindest der Weg dorthin schon sichtbar ist. Ich bin gesund, mein persönliches Umfeld stimmt, die Beziehung zu meinen Angehörigen und Freunden ist ungetrübt. Ich habe Kinder, wenn ich Kinder wollte, oder keine, wenn ich ohne Kinder geplant hatte. Die Partnerschaft ist intakt. Die Balance zwischen Beruf und Leben ist exakt so, wie ich mir sie vorgestellt hatte. Meine Arbeit erfüllt mich, von Langeweile ist keine Rede, das Einkommen passt, und insgesamt bin ich rundum glücklich.

Manchmal klappt das ja vielleicht. Eine Garantie dafür gibt es nicht, aber wünschen ist erlaubt. Unter einer Bedingung: Es auch ertragen können, wenn manches nicht perfekt nach Plan gelaufen ist.

Wobei das weitere Schicksal selten von einer einzigen Entscheidung abhängt, die entweder richtig oder falsch getroffen wurde, wenn wir von Extremsituationen mal absehen. Das reduziert den Druck gewaltig. Vieles lässt sich im Lauf des weiteren Lebens wieder geradebiegen, und ob ich schlussendlich da ankomme, wo ich gern ankommen möchte, entscheidet sich meistens nicht an einem einzigen Tag. Zum Glück ist das so, denn auch die eigenen Ziele und Wünsche können sich im Lauf der Zeit ändern.

Das Leben lässt sich nicht am Reißbrett planen. Das Wichtigste: Bei jeder neuen Weichenstellung immer zuerst auf die eigenen Ziele und Werte achten.

Im Kopf die Wirklichkeit gestalten

Ich sitze beim Zahnarzt. In Kürze wird er mir die Spritze geben, von hinten ins Zahnfleisch, scheußlich. Dann werde ich dumpf die Instrumente fühlen, die sich bis in die Zahnwurzeln nach oben wühlen und kratzen. Was denke ich dabei? Denke ich das, was ich gerade aufgeschrieben habe? Ich stelle mir vor, wie draußen die Frühlingssonne scheint und wie ich in zwei Stunden, sobald die Wirkung der Spritze es erlaubt, in einem meiner Cafés einen Eiskaffee trinken und den Wolken zusehen werde.

Ich sitze am Schreibtisch, nachts um halb drei. Das Kapitel, an dem ich arbeite, widersetzt sich allen Bemühungen. Bald muss ich die Arbeit einreichen. Danach erwartet mich die Prüfung. Was denke ich gerade? Ich sehe mich am Tag der bestandenen Prüfung das ehrwürdige Gebäude verlassen, zwischen den Säulen die marmornen Stufen zur Straße hinuntersteigen, tief durchatmen, das volle Gefühl auf mich wirken lassen und dann in aller Ruhe anfangen zu telefonieren.

Wieder sitze ich am Schreibtisch, 20 Jahre später, an einem Tag wie jedem anderen. Der Kalender ist noch voll, der Abend wird lang. Ich denke an die lateinischen Verse von Lukrez, die ich mir dezent im Schrank aufgehängt habe, damit sie mir täglich, wenn ich den Schrank öffne, vom Leben „danach" erzählen. Noch nicht morgen, denke ich mir dabei, und auch noch nicht in fünf Jahren. Aber ich bleibe dran, das verspreche ich mir.

Ich komme auf Lukrez und den Text zurück. Im Anhang 1 zu diesem Kasten ist er zum Nachlesen abgedruckt, auf Deutsch, versteht sich.

Je langfristiger die Perspektive ist, das sieht man an diesen drei fiktiven Szenen, desto mehr kann dazwischenkommen. Darauf bin ich gefasst, und mein Kopf kann auch umdenken und sich neue Bilder machen. Das gehört zur Resilienz, also der Fähigkeit, dranzubleiben.

Alles erreicht II

Aber das Folgende kennen Sie wahrscheinlich auch: Eine Person hat *alles erreicht, und dann …* Der Satz lässt sich auf zweierlei Weise beenden. Entweder hat das Schicksal alle weiteren Pläne durchkreuzt. Das kann jedem zu jeder Zeit widerfahren. Oder die betreffende Person hat das Ruder plötzlich selbst herumgerissen, sei es beruflich, familiär, oder gleich alles zusammen. Dann schütteln die Umstehenden ungläubig den Kopf und fragen sich, wie es dazu kommen konnte, wo doch – siehe oben.

„Alles erreicht"? – in diesem Fall war das „alles" offensichtlich nicht alles. „Alles" kann nämlich entweder bedeuten: *Alles, was ich mir als autonome Person vorgenommen oder gewünscht habe.* Welches Glück! Oder aber es bedeutet: *Alles, was nach landläufiger Meinung dazugehört, um sich für erfolgreich halten zu dürfen.* Spüren Sie das Repressive daran? Ich habe es extra herausgestellt: *sich für erfolgreich halten zu* ***dürfen***. Ja, leider ist das so. Viele Menschen nehmen sich eine unfassbare Freiheit, wenn es um die Beurteilung fremder Leben geht, vor allem, wenn diese sich nicht mit den eigenen Normen und Phantasien vertragen.

Dagegen immun zu sein, will von Kindesbeinen an gelernt werden! Nicht immun gegen freundschaftlich gemeinte Ratschläge – die ich trotzdem nicht zwingend annehmen muss. Aber immun gegen das Gerede von Leuten, die das alles nichts anzugehen hat.

Der für seine Brutalität berüchtigte Machiavelli hat aufgeschrieben, wie der Fürst mit Kritik und Ratgebern umzugehen habe. Wie vieles andere auch in Machiavellis Text *(Il Príncipe – Der Fürst)* ist diese Empfehlung rigoros überdehnt, und wenn ich mich selber an die Stelle des Fürsten setze (dafür lese ich den Text ja), gilt das erst recht. Aber der Kern stimmt schon. Machiavelli rät dem Fürsten nämlich, sich maximal zwei privilegierte Vertraute zu halten, die ihm alles frei ins Gesicht sagen dürfen. Und selbst diese beiden dürfen es nur, wenn er sie darum gebeten oder es ihnen ausdrücklich gestattet hat. Das genau zu kopieren wäre nicht nützlich und auch nicht alltags- oder sozialtauglich. Aber gerade in den entscheidenden Wendungen meines Lebens, in Krisen, immer dann, wenn ich alle Konzentration zusammennehmen muss, um eine Situation zu lösen oder zu gestalten, darf ich ein wenig Fürst sein. Dann muss ich mir nicht jedes Gewäsch der Umstehenden zu Herzen nehmen und erst recht nicht sinnieren, was die jetzt gerade von mir denken könnten. MEIN Leben ist das, nicht deren.

Vielleicht gab es darin ja schon seit längerem eine Unwucht, die zuerst kaum spürbar war, später zum immer lauter vernehmbaren Knirschen wurde, so dass die Entwicklung schlussendlich in diesem Crash kulminierte, mit dem ich jetzt zu kämpfen habe. Ein wenig Fürst-Denken hätte es mir vielleicht erleichtert, das Ruder herumzureißen, bevor der Sturm aufzieht? *Hätte* hilft mir nichts, aber lernen für das nächste Mal hilft.

Rückblick: Was ist Erfolg?

Wir hatten das Thema schon ziemlich am Anfang. *Erfolg,* hieß es da, *ist gut, wenn er glücklich macht. Tut er es nicht, dann war es das falsche Ziel, und der Erfolg war dann gar keiner.* Und wer sich zu Beginn der Berufstätigkeit das falsche Ziel vornimmt, oder es sich einreden lässt, fängt in diesem Augenblick damit an, sich seine eigene Midlife Crisis vorzubereiten.

Werden wir konkret. Ich habe gerade eine ganz bestimmte Konstellation im Sinn, für die ich schreibe: Angenommen, ich habe bestimmte Vorstellungen, wie ich mein Leben, oder sagen wir: Beruf und Leben, gerne einteilen möchte. Vielleicht sind die noch etwas schemenhaft, und vielleicht sind darin Dinge oder Entwicklungen enthalten, die es heute noch gar nicht gibt, z.B. Kinder. Und weiter angenommen, ich sehe mich einem latenten oder sogar handfesten Druck ausgesetzt, für meinen Berufsweg jetzt bestimmte Weichen zu stellen. Ausland oder dableiben zum Beispiel. Das soll es ja geben. Auf diese Weise komme ich vielleicht in die Verlegenheit, argumentieren zu müssen, warum ich alles anders machen will, als meine Ratgeber es für gut halten.

Und dabei müsste ich vielleicht auch über Dinge zu sprechen, die es noch gar nicht wirklich gibt, z.B. eben Kinder, oder über die ich nicht sprechen möchte.

> Ich habe eine solche Situation nicht im Vollbild erlebt. Aber der Rechtfertigungsdruck, warum ich als Diplom-Informatiker partout nicht bei Siemens oder einem anderen Großen andocken wolle, ist mir noch gut erinnerlich. Es war die Zeit, als Siemens und wenige weitere ganze Diplom-Jahrgänge sozusagen aufgekauft hatten. Dieser naheliegende, sichere Weg kam für mich nicht in Frage, obwohl ich keinerlei Sicherheit hatte, dass der Weg, den ich mir stattdessen vorgenommen hatte, zu einer „vorzeigbaren" Karriere führen würde. Gegangen bin ich ihn trotzdem.

Aber es geht nicht nur um die Abwägung zwischen sicheren und spekulativeren Laufbahnen. Im Kern geht es um die Frage, wie ich für mein eigenes Leben Erfolg definieren möchte. Was möchte ich erreichen, wo möchte ich „landen", damit ich von mir sagen kann, ich sei erfolgreich *und* glücklich?

Wenn ich vor allem Freude daran habe, ein möglichst hohes Einkommen zu erzielen und in einem entsprechenden Ambiente zu leben, dann muss ich zusehen, eine passende Position zu erlangen. In diesem Fall, das ist der Clou, unterliege ich wahrscheinlich keinem besonderen Rechtfertigungsdruck, denn ein hohes oder sehr hohes Einkommen gilt gemeinhin als Inbegriff von Erfolg. Ich entspreche also, wenn ich diesen Weg versuche, wahrscheinlich den Erwartungen.

Was aber, wenn ich keine besondere Karriere anstrebe, wenn ich Wert auf freie Abende lege, wenn ich mich zugleich sportlich oder musisch betätigen will, wenn ich mehr Zeit in der Familie haben will? Und wenn ich dann vielleicht auch noch männlich bin? Die Gender-bestimmten Rollenmodelle sind zwar rückläufig, aber überwunden sind sie nicht.

Generalist oder Spezialist

Wie oft habe ich in meiner Berufstätigkeit ärztliche Spezialisten reden hören, die täglich die phantastischsten Dinge vollbringen, für die sie beneidet und bewundert werden. Und was sagen sie: *Da könnte man einen dressierten Affen hinsetzen, um das zu tun.* Gut, es ist eine Redensart, und auch bei weitem nicht alle reden so. Aber der Spruch zeigt, dass sich auch die interessanteste Tätigkeit in den Augen derer, die sie perfekt beherrschen, allmählich entwertet.

Und wie oft habe ich andererseits Hausärzte über sich sagen hören: *Ich als kleiner Hausarzt*, natürlich mit einer Portion Koketterie dabei, aber eben auch einem ernsten Kern: Ich bin ja *nur* ein Generalist und kein hoch geachteter Spezialist.

Welchen Rat könnte man beiden geben, dem Spezialisten und dem Generalisten? Die Rollen zu tauschen und dann in den Schuhen des anderen weiter zu jammern? Unsinn! Es kommt darauf an, möglichst den Weg zu gehen, der mir am meisten entspricht, und dann – ja, dann die positive Haltung dazu nicht aus dem Auge verlieren und nicht dem nachzusinnen, wie es auf der anderen Seite gewesen wäre.

Übrigens sind viele Berufe in viel weitergehendem Sinn generalistisch. Wenn ich Notar werden will, muss ich zwar Jurist sein. Aber wenn ich Jurist geworden bin, kann ich später auch wissenschaftlich in einem Think Tank arbeiten. Und um die Installationen in einem Neubau zu machen, muss ich Elektriker bzw. Installateur sein. Aber ich kann als Elektriker auch ganzjährig bei der Bayerischen Seenschifffahrt arbeiten und dabei im Sommer fahren und im Winter *das richten, was wir im Sommer z'ammg'fahrn ham,* wie ich einen der Kapitäne sagen hörte. Oder Entwicklungshelfer werden.

Aber das Beste kommt jetzt. Generalist oder Spezialist kann ich auch bei meiner gesamten Lebensplanung sein. Wann hat der Vorstand eines DAX-Konzerns seine Kinder zum letzten Mal bei Tageslicht gesehen? Er ist ein Spezialist. Andere verteilen ihre Aufmerksamkeit und ihre Zuwendung gleichmäßiger auf Beruf und Familie. Ich würde sie *Generalisten ihres eigenen Lebens* nennen. Den nächsten Satz kann ich mir jetzt sparen. Er würde lauten: Jede von beiden Lebensformen ist wertvoll, wenn sie mich glücklich macht.

Freilich gibt es einen übernächsten Satz, der wie immer die Brücke zwischen Freiheit und Verantwortung schlagen will: Mein eigenes Glücklich-Sein kann nicht der alleinige Maßstab sein, wenn zusätzlich andere Menschen im Spiel sind, für die ich Verantwortung übernommen habe.

Alles erreicht III

Wirklich „alles" zu erreichen, ist ein Ding der Unmöglichkeit, ganz egal, wie ich dieses „alles" für mich definiert habe. Aber je mehr ich an jeder Weichenstellung meines Lebens zu dem stehe, was ich wirklich will, innerlich dazu stehe und auch nach außen, desto mehr kann ich davon umsetzen. Das hatten wir oben schon besprochen: Es geht um den Mut, am Anfang nach meinen Kriterien zu entscheiden und zu dieser Entscheidung fest zu stehen, auch gegen Kritik. Und um die Kraft, unterwegs umzusteuern, wenn es notwendig ist oder sich meine Pläne oder Ziele geändert haben. Und auch dies notfalls gegen Kritik von außen. Mit, und ich werde nicht müde, das zu betonen, mit dem stetigen Blick auf die berechtigten Interessen der anderen.

Und wenn ich diesen letzteren Satz jetzt noch ein weiteres Mal wiederhole, dann sieht es so aus, als sollten nur die Interessen der anderen zählen. Das freilich meine ich damit nicht.

Teil II

Für Unterwegs

Kapitel 6

Unterwegs

Der Philo-surf

Vor einigen Jahren hatte ich den Gedanken, so etwas wie eine App zu konstruieren. Den Namen *App* gab es noch nicht, nur Handys in den Kinderschuhen gab es, aber ich wollte etwas, mit dem man sich spielerisch durch einen Dschungel von philosophischen Sätzen und Gedanken durchhangeln könnte, entweder nach Zufall oder gezielt – so ungefähr in dieser Art. Die Idee kam mir, als ich so oft in der Lounge der Lufthansa herumsaß und immer zusehen musste, wie die Geschäftsreisenden entweder Börsenzeitschriften oder Nachrichtenmagazine oder Gesellschaftsklatsch lasen, ungefähr von allen gleich viel. Könnt ihr denn nicht auch mal was Interessantes anschauen, dachte ich bei mir, und so kam das. Es ist aber nichts daraus geworden, weil ich dann zuerst schon gleich einmal Informatik benötigt hätte, und das – siehe oben. Es war daher kein wirkliches Vorhaben, sondern nur so ein Spiel im Kopf. Geblieben ist der Titel, der mir immer noch gefällt. Vielleicht kommt irgendwann mal eine*r daher und macht so etwas wirklich, wer weiß. Vielleicht existieren unter den zig tausend Apps längst einige, die das leisten. Ich von meiner Seite will anstelle einer App ein paar Gedanken zu den vorherigen Texten hinzufügen, die auf den ersten Blick gar nicht zu ihnen zu passen scheinen bzw. nichts mit ihnen zu tun haben. Doch von einer anderen Seite her betrachtet stellen sie sie neu ins Licht.

Unterwegs I

Andere sind zwanzigmal so viel unterwegs wie ich es war. Mir schien es schon so mehr als genug. Denn wieder andere sind längst zuhause und *leben*, während ich mich spät abends und müde in den letzten oder vorletzten Flieger nach München drängeln lasse. Ja, *leben*!

Tatsächlich war dieses unterwegs-Sein für mich ein Impuls, mich mit Philosophie zu beschäftigen. Statt mit Klatschnachrichten und Börsenstrategien wollte ich die viele Zeit mit anderen Dingen füllen, *leben* auch unterwegs. So entstand schon früh eine gewisse Vorliebe für kürzere oder gut gegliederte Texte. Wobei *kurz* nicht *schnell* bedeutet. An Marc Aurel und seinen kurzen Sätzen arbeite ich mich zum Beispiel schon mindestens zwei Jahrzehnte ab. Außen der Geräuschpegel der Verkehrsmittel oder der Lounge, und innen hämmert der römische Kaiser. Auch er war unterwegs. Schreiben im Zelt ist noch schlechter als Lesen im Flieger. Ein wenig war es wie in der Schule: In irgendeiner Form Nähe aufzubauen zum Gegenüber hilft mir immer noch. Da kann die Wissenschaft zehnmal sagen: Es zählt nur der Text – ich für mich suche ich immer wieder den Menschen hinter den Texten. Vielleicht sind es wirklich zwei verschiedene Dinge. Einerseits der Dialog, selbst über Jahrhunderte, und andererseits Literatur als inszenierte Kunstform? Ich werde eine Kleinanzeige unter Tauschgesuche aufgeben: *Suche Dialog, biete Dialog.* Mit Marc Aurel klappt es schon ganz gut...

Unterwegs II

Der erste Teil dieses Kastens trägt den Titel *Für zuhause*. Der ist erst entstanden, als ich über dies hier den Titel *Für unterwegs* gesetzt hatte. *Unterwegs* bin ich als Mensch auf mehreren Ebenen gleichzeitig. Nach Feierabend unterwegs nach Hause, oder unterwegs in Richtung Abitur oder überhaupt unterwegs im Leben. Jede Reise kann mich an diese verschiedenen Inhalte von *unterwegs-Sein* erinnern, und deshalb schwingt bei jeder Reise neben dem Vergnügen auch das Nachdenkliche mit, das Meditative. Für manche mehr, für andere weniger und, klar, für viele auch gar nicht. Freiheit bedeutet auch, sich über sein Leben Gedanken zu machen, oder eben keine.

Wenn es diese Gedanken gibt, dann deswegen, weil sie irgendwann angefangen haben. Im Kindergarten meditiert niemand. Später verändern sie sich laufend, und eine Reise über tausend Meilen beginnt mit dem ersten Schritt. Wobei dieses Verändern nicht ganz freiwillig ist, so wenig freiwillig wie die Reise über tausend Meilen, die in Wirklichkeit keine Meilen sind, sondern Lebenszeit. Ein Mensch mit 80 wird sich zwangsläufig mehr und andere Gedanken über den Sinn und das Ende machen als einer mit 18. Mancher wäre lieber wieder 18 und könnte das Alter vergessen, aber das ist halt vom Leben nicht so vorgesehen. Deshalb bedeutet *Verändern* nicht automatisch Fortschritt. Fortschritt entsteht erst, wenn ich diese Reise, die mir das Leben aufzwingt, ob ich sie will oder nicht, in meinem Sinn gestalte – *if you can't fix it call it a feature*. Wenn du es nicht hin bekommst, dann behaupte einfach, dass es so gehört, sagen die, die ihre Verkäufer schulen. In unserem Fall sage ich weniger zynisch: Wenn ich schon nichts dagegen machen kann, mache ich das Beste draus.

Unterwegs III

Zum Glück ist niemand gezwungen, diese Reise allein zu machen. Ich korrigiere mich und sage: fast niemand. Es ist nicht gut, wenn ich Beobachtungen, die „eigentlich" für alle richtig sind, dann tatsächlich so behandle, als wären sie für alle richtig. Das wäre leichtfertig und unempathisch. Wir hatten das zum ersten Mal bei der Geburt: da starten alle Menschen gleich, *fast* alle. Jedenfalls, wenn man nur die körperliche Entwicklung ansieht. Gemessen an den ungleichen Lebenschancen wäre *gleich* sowieso ein Witz. Hier nun wieder. *Fast* jede*r kann sich für unterwegs Begleitung finden, hoffentlich Menschen, auf „jedem Fall" aber Bücher. Auch hier müssen wir also wieder doppelt aufpassen. Zunächst auf das soziale Milieu: Wir leben in Mitteleuropa und nicht dort, wo Kinder regelmäßig und gegen international verbrieftes Recht (Briefe sind aus Papier …) arbeiten müssen. Aber auch hierzulande wird Recht gebrochen und die Rechte der Kinder und Jugendlichen sind manchmal gerade dann, wenn sie am dringendsten gebraucht würden, faktisch kaum abgesichert.

Dazu kommen Menschen, denen aus seelischen oder körperlichen Gründen von Anfang an oder im Lauf der Zeit der Zugang zu genau dem versperrt ist, was ich jetzt ansprechen will. Wenn wir an sie denken, verwandelt sich der obige Satz *Zum Glück ist niemand gezwungen, diese Reise allein zu machen,* der eigentlich auf Optionen hinweisen will, die jede*r hat, in eine moralische Forderung an alle nicht selbst Betroffenen. Aus dem *Zum Glück* wird ein *Hoffentlich.* Ich könnte diesen Gedanken eigentlich an jedes zweite Kapitel anhängen. Aber damit nutzt er sich nur ab und verkommt zur Platitude.

Unterwegs IV

Zweiter Anlauf: Zum Glück ist niemand gezwungen, diese Reise allein zu machen. Mit dem vorherigen Abschnitt in Kopf ist der Satz nun möglich. Lebende Menschen, Menschen, die nicht mehr leben, Menschen, die uns nur aus Texten vertraut sind oder scheinen, Menschen, die so nie gelebt haben, sondern inszeniert wurden oder sich selbst inszeniert haben, Menschen, die überhaupt nie gelebt haben – ich muss schon wieder *Stopp!* rufen. Was zum Beispiel soll bitte die Begegnung mit *Menschen, die so nie gelebt haben, sondern inszeniert wurden oder sich selbst inszeniert haben,* mit *zum Glück* zu tun haben? Es ist wirklich vertrackt. Denn selbst in dieser Gruppe gibt es Unterschiede und Extreme! Nicht jede Begegnung ist Glück. Da ist etwa das Mörder-Pärchen aus dem Kinofilm Bonny und Clyde, an dem ich selbst vor Jahrzehnten irgendeine Art von Vergnügen fand, mir heute unverständlich, und deren Moritat sogar die Hitparaden eroberte. Aber auch Christophorus aus der Legende, dessen Bild ich aus einem meiner Kinderbücher noch vor Augen habe – zwei willkürliche und konträre Beispiele, mit viel Platz dazwischen.

Ich habe jetzt einfach angefangen, eine vorher recht klare Sache so lange von verschiedenen Seiten anzuleuchten oder hin und her zu rücken, bis sich keiner mehr auskennt. Das ist, könnte man meinen, höchstens für Philosophen interessant, aber das stimmt so nicht. Auch im richtigen Leben ist es wichtig, bei der Suche nach Freunden, Vorbildern, Idolen und Helden genau hinzuschauen, eben nicht nur für Philosophen, sondern für alle Menschen in jedem Alter.

Stoßseufzer: Darf ich das nächste Kapitel auf Englisch schreiben?

Ist natürlich nicht ernst gemeint. Aber einen großen Vorteil hätte es, und darum kam ich darauf. Wenn ich nämlich auf Deutsch über Freundschaft schreibe, muss ich in jeder zweiten Zeile Unterscheidungen treffen, die im Englischen nicht erforderlich sind. Oder ich tue so, als bestünde die Welt nur aus Männern oder nur aus Frauen. Wenn ich als Mann *Freundin* sage, ist der Bezug klar. Ich bin höchstwahrscheinlich mit ihr zusammen. Bei *meine Freundin* ist es sicher. Scheinbar. *Meine Freundin im Seminar hat mir das kopiert* – da wackelt es schon wieder. Auf Englisch haben wir *friend.* Frau zu Frau, Mann zu Mann, Mann zu Frau, alles inbegriffen. *Boyfriend* und *girlfriend* schaffen Klarheit hinsichtlich der engeren Beziehung.

Aber das ist noch nicht alles. Auch in der nicht erotisch bestimmten Freundschaft gibt es Gender-Unterschiede. *Männerfreundschaft* ist eine fast ironische Variante. Generell glaube ich, dass sich Freundschaften zwischen Frauen von Freundschaften zwischen Männern, jetzt benutze ich nicht das ironische Wort, wesensmäßig unterscheiden können. Nicht immer werden sie es tun, aber das größere Gestaltungspotenzial sehe ich bei Frauen.

Was also soll ich tun, um gut verstanden zu werden: Ganz einfach, ich werde mir Mühe geben. Wenn es eng wird, schreibe ich in Klammern *Achtung, Gender,* und dann möge die Leser*in an diesen Abschnitt denken und das, was ich schreiben werde, freundlich interpretieren.

Kapitel 7

Freunde, Idole und Helden

YNWA – You'll never walk alone

Man kann Fußball mögen, muss es aber nicht. Man kann *Dortmund* lieben, muss es aber auch nicht. Ich meine jetzt nicht die Stadt, sondern den Verein mit den schwarzgelben Trikots. Fakt ist, dass dort das größte Stadion steht und dass man dieses mit dem *YNWA,* in abgewandelter Form ist das die Hymne des BVB, zum Glühen bringt. Würde der Text der Hymne etwa lauten: *BVB, wir sind die Tollsten,* ich weiß nicht, ob das auch so ginge. Da könnte die Melodie machen was sie will. Funken würden bei diesem Text wohl keine überspringen. Das Bedürfnis, nicht allein durch die oft feindliche, kalte und gefährliche Welt zu müssen, ist ein ganz besonderes und steckt in jedem.

Für einen ersten Eindruck davon, was *Freundschaft* in einer bestimmen Lage bedeutet, sollten wir vielleicht einfach ein paar Beispiele anschauen. Robinson Crusoe, dem der Zufall seinen Freitag zuwürfelt: hätten sich die beiden in London angefreundet? – Wohl kaum. Auf der Insel aber ist alles anders. Nicht allein sein ist das einzige, was in dieser Lage zählt. Und das bedeutet nicht einmal, eine gemeinsame Sprache zu sprechen. Hauptsache Mensch. Oder ein anderes Bespiel: Die legendären *5 Freunde,* die als echte Dauerbrenner die Kinder unterhalten, wie vorher schon deren Eltern und vielleicht schon die Großeltern: Einer von ihnen ist, wenn mich meine Erinnerung nicht im Stich lässt, ein Hund. Sind das Freunde? Oder ist es eine fröhliche Zweckgemeinschaft? Machen wir weiter: Warum heißt das Fußballmagazin *11 Freunde*? Was genau meint dieser Titel? Elf Kollegen in einer gemeinsamen Mission? Elf Konkurrenten im Burgfrieden? Im Verein miteinander und im Nationaltrikot erbitterte Gegner? Oder immer und überall tanzende Millionäre? Fußball ist komplizierter als das, ich weiß. Ich will ja um den Begriff der *Freundschaft* nur etwas Unordnung erzeugen, damit wir danach was zum Aufräumen haben. Offensichtlich ist das Wort *Freundschaft*, das haben wir eben gesehen, ein Omnibus für alles Mögliche. Versuchen wir, etwas Ordnung reinzubringen.

Kameradschaftlich

Das Wort *Kamerad* ist aus der Mode gekommen. Der *Klassenkamerad* heißt jetzt vielleicht *Kumpel*, und auch die *Bergkameraden* gibt es nur noch in jenem Volkslied, das von den herrlichen Bergen erzählt, und eben von den Bergkameraden. Am ehesten geht es noch mit einem humorigen oder ironischen Unterton, so wie bei *Auf geht's, Kameraden*! Vielleicht ändert sich der Sprachgebrauch allmählich wieder, wenn die Erinnerung an den *Kriegskameraden*, die als schwarzer Schatten über dem Wort schwebt, dereinst hoffentlich verschwindet, und mit ihr vielleicht auch alle braunen Nachfahren? Wer weiß. Eigentlich beschreibt *Kamerad* nämlich eine Beziehungsebene, die wichtig und wertvoll ist. Es einfach durch *Kumpel* zu ersetzen, springt zu kurz. Diese Ebene darf nicht verloren gehen, auch wenn der Name dafür verschwindet.

Allerdings benutze auch ich das Wort *Kamerad* praktisch nie, aus dem eben gesagten Grund. Schade eigentlich, denn für das, was damit bezeichnet wird, gibt es eigentlich kein besseres Wort. Nur das Eigenschaftswort hat unangefochten überlebt, speziell in der Verneinung: *unkameradschaftlich.*

Freund/Freundin „klassisch"

Warum, zum Kuckuck, zehren viele Menschen ihr halbes Leben von den Freundschaften, die sie in jungen Jahren geschlossen haben? Es muss keine wirkliche Regel sein, so dass ich nicht behaupten möchte, dass es nur Ausnahmen gäbe, die diese Regel bestätigten. Freunde finden sich durchaus auch später noch – und trotzdem. Woran also könnte das liegen, wenn es denn stimmt?

Da ist die große Offenheit der Jungen. Später gibt es vielleicht mehr eingefahrene Gleise?

Offen zu sein, bedeutet auch, unkompliziert zu sein. Das Bedürfnis haben, zusammen in einer WG zu leben. Oder es wenigstens passabel finden, solange Wohnungsnot und Preise keine andere Lösung erlauben?

Mehr Zeit in die Beziehung zu anderen Menschen investieren können als jemals später?

Mehr Zutrauen haben und weniger Scheu davor, etwas oder gar zu viel von sich preiszugeben, weil noch nicht infiziert von dem Gift, das Erfolg mit Einkommen und Einkommen mit Wert gleichsetzt?

Versuch einer Zuspitzung: Mit 15 stehe ich mit meinen Freunden Rücken an Rücken (Hier mal zur Erinnerung: *Achtung, Gender!*). Wir versuchen gemeinsam, uns gegen das Leben zu behaupten. Das schweißt zusammen. Das bleibt aber nicht so. Irgendwann, falls wir Männer sind, versuchen wir, oder viele von uns, den Spieß umzudrehen und das Leben zu dominieren. Dominieren wollen und Freundschaft, das passt aber nicht. Frauen scheinen mir weniger verstrickt in dieses Dominanzstreben?

Manche der in dieser frühen Phase gefundenen Freunde werde ich im Lauf des Lebens also wieder verlieren. Vielleicht genau deswegen? Weil ich allmählich zu dominant werde, zu ehrgeizig, zu verschlossen? Ich werde vielleicht mehr alte Freunde verlieren als ich neue finde?

Aus diesen Gründen ist 15 bis 35 eine gute und wichtige Zeit zum Suchen. Carpe diem! – sagen die Römer. Nutze den Tag. Carpe annos! – könnte man sagen. Nutze diese Jahre!

1000 Freunde weltweit

Klar. Mit Facebook bleibt die Zahl der Freunde lebenslang nach oben offen. Oder was dort eben so heißt, *Freunde*.

Als wir uns 1980 mit zwei kleinen Kindern auf die erste Reise nach USA vorbereiteten, besorgte ich uns einen Reiseführer, der neben Reiserouten und touristischen Attraktionen vor allem vom Leben dort und von den Gewohnheiten berichtete, soweit dafür ein paar Buchseiten ausreichen. Das war nützlich, denn ohne Internet und sogar ohne ein jederzeit verfügbares Telefonsystem war Amerika weit weg, weiter, als man sich das jetzt vorstellen würde. Eine Sache habe ich aus diesem Buch eindringlich gelernt: Du kannst dich mit Amerikanern im Allgemeinen schneller anfreunden als bei uns, sie sind freundlich und offen. Das Anfreunden – *make friends* – bedeutet allerdings weniger als bei uns. Die Beziehungen sind häufig oberflächlicher. Für *small talk* haben wir ja auch kein eigenes Wort. Das muss man nicht bewerten. Man sollte nur immer daran denken.

Facebook hat mit seinen *Freunden* also nichts Neues erfunden. Im Grunde wurde nur die amerikanische Lebensart digitalisiert. Ich selber bin bei Facebook nicht dabei, weil ich keinen beruflichen Bedarf und kein soziales Bedürfnis danach habe. Aber das ist kein Maßstab für andere. Facebook und die sozialen Medien insgesamt sind ein schönes Beispiel für das, was ich an mehreren Stellen schon gesagt habe: Wenn ich jemandem einen Rat zu etwas geben will – hier die Nutzung dieser Medien –, muss ich vorher dessen Welt verstehen. Denn aus meiner eigenen Erfahrungswelt kann ich den Rat nicht ableiten. Zu sagen: Wenn ich es ohne hinbekomme, sollten meine Jungen das auch – das wäre weder durchdacht noch hilfreich.

Nur eines geht, eines kann ich sagen: Ich kann mich mit einem echten Freund (mal wieder: *Achtung, Gender!*) auch in Facebook verabreden. Aber ein Facebook-Freund ist nicht automatisch ein echter, und wird es meistens auch nicht werden.

Freundschaft ist mir wichtig. Freundschaft ist mehr als nur (bitte nicht abwertend verstehen!) gemeinsame Freizeit. Sagen wir dazu: Sie ist (auch) ein Rüstzeug für schwierige Zeiten, die vielleicht mal auf mich zukommen.

Wenn dieser Gedanke über 1000-mal Facebook nicht verloren geht, dann ist es gut. Um ihn zu stärken, möchte ich hier dazu einladen, in Stichpunkten festzuhalten, was Sie an ihren besten Freunden bzw. Freundinnen besonders schätzen:

____

____

____

____

____

Freunde sind kein Bühnenbild

Ein guter Freund, eine gute Freundin kann mein Selbstbewusstsein stärken. Nicht, weil er da ist und ich ihn vorzeigen kann, sondern weil ich, wenn's mal wirklich brennt, von ihm oder ihr Hilfe erhoffen kann. Vielleicht braucht es einmal nur das richtige Wort im richtigen Ton, gestärkt durch jahrelanges gegenseitigen Kennen. Vielleicht geht es plötzlich auch um viel mehr. Vielleicht um eine spontane Tat, die mir aus der Misere hilft, oder vielleicht braucht es ein vermittelndes Gespräch mit einem Dritten. Oder der Freund (*Achtung, Gender!)* sieht etwas, was ich selbst nicht sehen kann. Dafür wird es wenig helfen, wenn jemand zuvor zur Stärkung des Selbstbewusstseins auf die Jagd nach möglichst vielen Freunden gegangen ist. Es geht nicht um die vorzeigbare Zahl von Freunden, sondern um den Inhalt, um die Qualität der Beziehung.

Für das schale Gefühl, *when you're down and out,* und alle Freunde sind plötzlich weg, dafür gibt es einen eigenen Folk-Song. Wenn mein Platz plötzlich nicht mehr die Bühne ist, verschwindet auch das Bühnenbild. Vielleicht aber nehme ich jetzt plötzlich den Bühnenarbeiter war, der mir immer geholfen hat, ohne dass ich ihn überhaupt beachtet habe?

Viele *Freunde* als Status-Symbol, das ist das, was ich den sozialen Medien vorhalten möchte. Weil es mich auf die falsche Fährte lockt! Erinnern wir uns: Selbstbewusstsein bedeutet, ich gefalle mir selber. Nicht so, dass ich alles an mir toll finde. Oder keine Kritik ertragen will. Sondern so, dass ich nicht davon abhänge, ob möglichst viele andere mir sagen, ich sei toll. Mit solchen Tricks werden Anzüge und Schuhe verkauft. Da wartet der Verkäufer geschickt ab, wofür ich als Kunde Sympathie erkennen lasse, um mir dann durch professionell verpackte Komplimente den finalen Kick zu geben. Freunde müssen nur eines sein: ehrlich. Und als selbstbewusster Mensch erkenne ich Ehrlichkeit ziemlich zuverlässig. Nicht immer zu hundert Prozent. Aber zuverlässig genug, um ohne Furcht in eine neue Beziehung zu investieren.

Jenseits der Augenhöhe

Aus der Sicht ihrer Eltern ähneln Menschen zwischen 10 und 20 Jahren irgendwie den frisch geschlüpften Meeresschildkröten. Kein Witz. Ich bin selber immer noch Eltern, und erinnere mich an dieses Altersfenster. Und jetzt bin ich Großeltern …

Die Schildkröteneier reifen im warmen Sand, und während sich die frisch geschlüpften Jungen, wenn sie reif sind, unbeholfen (entschuldigt, ihr Jungen: das *unbeholfen* gilt nicht für Euch!) zum schützenden Meer hinunter kämpfen, lauern ganze Armeen von Räubern, die sich auf sie stürzen und sie fressen. Die Schildkröten wissen das schon vorher und erzeugen eine entsprechend große Zahl von Nachkommen, so dass es allen Räubern zum Trotz genügend von ihnen bis ins Wasser schaffen. Aber wir Menschen sind eben keine Schildkröten! Darum müssen wir jedes einzelne Junge 7/24 beschützen, damit es nicht den Räubern zum Opfer fällt.

Dieses Bild haben nur die Älteren im Kopf. Kein Junger muss es sich zu Eigen machen. Aber es zu kennen schafft vielleicht manchmal mehr Verständnis für die Sorgen der Eltern, die latent immer da sind. In Wirklichkeit ist es natürlich weniger schlimm, als die Eltern glauben. Ein gewisses Risiko besteht zwar tatsächlich, weil es tatsächlich falsche und gemeine Freunde gibt, also Freunde in Anführungszeichen. Aber die Antwort heißt nicht, sich deswegen zehn Jahre lang zu verstecken. Vielmehr geht es darum, als junger Mensch sich selbst zu trauen und zu vertrauen. Selbstvertrauen! Selbstbewusstsein! Beides schärft den Blick, um andere Menschen besser einschätzen zu können, ohne sich zu früh oder überhaupt in ihren Bann ziehen zu lassen. Und gibt die innere Freiheit, mit anderen über neue Bekanntschaften sprechen zu können, last but not least auch mal mit den Eltern. Voraussetzung ist die Gewissheit, in solchen Momenten nicht bedrängt oder – ich sage es brutal – in die Pfanne gehauen zu werden.

Teddy Brumm und Timm Thaler sind zwei meiner Helden aus der Welt der Kinder- und Jugendbücher. Ihre Biografien sind schnell erzählt. Der Teddy – das Buch *Teddy Brumm* ist ein Klassiker noch aus DDR-Zeiten, und nach der Wende wurde es neu aufgelegt – verliert den Rückhalt bei seinem „Vater" Klaus. Aber er reagiert selbstbewusst und geht einfach weg. An der Reaktion meiner Enkelkinder zeigt sich übrigens, dass die Analogie (Vater), die ich hier so selbstverständlich eingeführt habe, voll zutrifft: Das Buch wirkt auf sie verstörend. Früher an den eigenen Kindern hatte ich das nicht erkannt, shame on me. Erst später erfuhr ich, dass es bei ihnen auch schon so war! Teddy Brumm hat Glück. Er findet nämlich aufrichtige Freunde, die seine Einsamkeit nicht ausnützen, sondern ihn an Ende heil zurückbringen.

Timm Thaler hat es schwerer. Broken home, kein Ort zum Glücklich-Sein. An ihn macht sich kalt und berechnend ein vermeintlich freundlicher, väterlicher Freund ran und luchst ihm in seiner naiven Unschuld das Wertvollste ab, was er besitzt, nämlich sein offenes, ehrliches, gewinnendes Lachen. Der Name dieses falschen Freundes: Baron Lefuet. Für ihn ist Timms Lachen wertvoll, weil es mehr als Worte über den Charakter seines Trägers zu verraten scheint. Wer so herzlich-freundlich lacht, muss von Grund auf ein guter

Mensch sein. Und wer kann so etwas dringend gebrauchen? – *Lefuet* rückwärts lesen, dann erschließt es sich! Im Buch schafft Timm es, er bekommt sein Lachen am Ende einer langen Irrfahrt zurück. Der Teufel erweist sich zumindest als vertragstreu. Und im Leben?

Obwohl ich das Buch immer noch liebe, verstört es nun mich als Erwachsenen. Es unterstellt nämlich, dass es stabile Regeln gäbe, an die selbst der Teufel gebunden wäre. Damit suggeriert es, dass man mit Regeln auch den bösesten und wildesten Tiger reiten könnte. Man kann es nicht. Kindern kann ich das nicht erklären. Für sie bin ich Erwachsener die Instanz gegen alle Tiger. Wann und wie beginne ich mit der Aufklärung? Die Aufgabe für mich Erwachsenen ist es, mich eines Vertrauens würdig zu zeigen, gegen das die Lefuets dieser Welt nicht ankommen, egal, ob sie vertragstreu sind oder nicht einmal dies. Es geht dabei um eine begrenzte Zeit, die aber wichtig ist.

Vom ungleichen Freund ist der Weg kurz zum Idol. Nur die fehlende persönliche Beziehung macht den Unterschied. Der Blick in manche Jugendzimmer offenbart, wie sich diese Nicht-Nähe gefühlt überbrücken lässt.

In der Physik gibt es das Phänomen *Horror vacui.* Halte ein Glas unter Wasser, lass die Luft nach oben steigen, drehe den Boden nach oben und hebe es über den Wasserspiegel. Es bleibt mit Wasser gefüllt. Das ist die bildliche Darstellung des Problems. Was in den persönlichen Beziehungen fehlt – Eltern zu Kindern, Geschwister, echte Freunde – füllt sich auf andere Weise. Die Jungen weniger bewachen (müssen), wenn es soweit ist, weil sie vorher entsprechend gestärkt wurden. Das ist/wäre der Idealzustand.

Und jetzt von den Idolen – fast – nahtlos weiter zu dem, was ich im folgenden Helden nenne. Den Unterschied sehe ich in der Kritikfähigkeit. Helden sind Idole, zu denen ich mir eine kritische Distanz bewahre.

Meine Helden

Vorbilder und Helden tun jedem gut, wenn es nicht zu viele sind, und wenn nicht ein einziger das Monopol bekommt. Zu viele zu haben, ist gefährlich, weil die große Anzahl jeden einzelnen entwertet. Aus den angeblichen Helden wird dann Staffage, mit der einer vielleicht nur die eigene Weltläufigkeit oder Belesenheit zu Schau stellt. Ein einziger wiederum macht sich unangemessen breit im Kopf, weil er von nirgendwo her Widerspruch bekommt. Und es gibt keine Position, keine einzige, die man nicht kritisch hinterfragen könnte oder auch muss, selbst wenn man sie im Großen und Ganzen für richtig hält. Und vor allem: *Ich will MEIN Leben gestalten und nicht das Leben eines Helden nachspielen!*

Vier Helden habe ich mir ausgesucht. Im nächsten Kapitel beschreibe ich sie und erkläre meinen Bezug zu jedem. Hier sind sie zunächst im Überblick. Der erste ist Sokrates, und zwar so, wie Plato ihn literarisch geschaffen hat. War das der „echte"? – Diese Frage sprengt den Text. Nehmen wir ihn so und denken uns, er sei „echt". Marc Aurel, wie er sich in seinen Aufzeichnungen präsentiert, ergänzt um einige Aspekte der stoischen Lehre, die ich von anderswo dazu gemischt habe, ist der zweite. Als dritter folgt Epikur, der sich überhaupt nicht präsentiert, weil er lieber leben als über sein Leben schreiben wollte, gesehen mit dem Auge des römischen Dichters Lukrez. Das war jetzt dreimal die Antike. Als vierten im Bunde wähle ich eine Zufallsbekanntschaft aus dem 15. Jahrhundert: Alamanno Rinuccini.

Die Zahl vier muss genügen. Bei meiner Wahl habe ich mich am Vorbildcharakter orientiert. An Dingen, die ich mir von jedem der vier konkret abschauen kann, zum Trost oder als Ermunterung. Nicht irgendwie theoretisch, so wie *ja, man müsste,* oder *interessant, aber bei mir ist es ja anders.* Wenn ich schreibe *konkret,* dann soll das auch so gemeint sein – womit ich nicht gesagt haben will, dass das ein Kinderspiel wäre oder gar, dass es mir immer gelänge! Hätte man mich nach meinen größten Dichtern gefragt, wäre eine andere Reihe herausgekommen, oder die Liste großer Denker der Wissenschaften, sie wäre wieder anders – nein, ich meine das konkret Vorbildhafte. Und nun muss ich nur noch viermal erklären, worin für mich jeweils dieses konkret Vorbildhafte liegt.

Vier Helden – vier Männer ?!

Männer sind das Beste auf der Welt. Jedenfalls glauben sie es gern, und wenn es keine Frauen gäbe, hätten sie vielleicht sogar Recht. Vielleicht. Meine Helden sind nicht deshalb Männer, weil sie Männer sind, sondern weil in den Zeiten, in denen ich sie fand, Frauen so gut wie keine Chancen hatten, selber auch Helden (das klingt hier vielleicht stärker als *Heldinnen*?) zu sein. Und warum suche ich mir meine Helden nicht in der Gegenwart? Weil es mir um die Gedanken geht, die sie hatten und nach denen sie auch lebten, und die ich mir von ihnen abschauen kann. Dafür hätten sie natürlich auch Frauen sein können, wenn man die Frauen nur gelassen hätte.

Und warum also die Antike? Ich begnüge mich mit einer intuitiven Antwort: Philosophische Gedanken, die von weit her zu uns herüberwehen, hell und klar, aus Zeiten, in denen alles, aber auch alles anders war als heute, und doch irgendwie auch so gleich – wenn mich solche Gedanken heute noch so ansprechen können, dann müssen es besondere Gedanken sein. Darum so viel Antike, und darum notgedrungen lauter Männer.

Kapitel 8
Die Lobreden

Sokrates I

Sokrates war moralisch rigoros. Deshalb, und nur deshalb, gehört er zu meinen Helden.

Das sollte kurz und präzise sein! Aber kaum hat man ein Wort hingeschrieben, dreht es sich weg und macht einem eine lange Nase, jedenfalls manchmal. *Moralisch rigoros!* Was bitte soll das bedeuten bei einem Zechkumpanen, der es sich mit seinen Kumpels im Saufgelage (*Symposion*) gutgehen lässt und der Knabenliebe frönt!? Auf Deutsch mit Jugendlichen Unzucht treibt!? Das ist wie vorher bei den nur Männern. Ich kriege die Antike nur so, wie sie eben war, oder gar nicht. Knabenliebe war, und sie war vom damaligen Moralbegriff nicht erfasst. Dafür ist mir Sokrates kein Vorbild.

Sokrates war moralisch rigoros in einem bestimmten Sinn. Für ihn standen die Gesetze über den Interessen des Einzelnen, selbst wenn letztere unbestreitbar gerecht waren, wie in seinem Fall, und die Gesetze ungerecht. Oder sagen wir zumindest, ihre Anwendung war es. Es gibt ja genügend Literatur dazu, dass er seinen Prozess gewonnen hätte, wenn er sich weniger eigensinnig verteidigt hätte. Jetzt haben wir nur ganz leicht am Lack gekratzt, und schon scheinen zwei recht unterschiedliche Motive für Sokrates' Verhalten durch: Staatserhaltung oder Arroganz. Wie ist das also nun, wenn ich hinter

dem Text den Menschen suche? Finde ich ihn in Platos Sokrates? Da gerate ich auf dünnes Eis und renne schnell zurück zum Ufer!
Das Ufer ist dort, wo der staatserhaltende Sokrates wohnt, der sagt, dass ein Staat, in welchem die Gesetze nicht die oberste Richtschnur sind, in Willkür zerfällt.
Schon wieder aufpassen! Bei Hitler hieß die Parole *Du bist nichts, dein Volk ist alles.* Das klingt irgendwie verwandt, Volk gegen Individuum, und Plato steht in der Kritik, weil er in seinem *Staat* manche für uns querliegende Dinge geschrieben hat. *Plato war der erste Faschist des Altertums,* schrieb ein von mir hoch geachteter Jurist vor 50 Jahren. Aber die Antike ist zu weit weg von uns, als dass man sie mit modernen Schlagworten treffen könnte. Das wäre, so denke ich, ein Holzweg.
Warum also Sokrates: Weil er in seiner Todeszelle sitzen blieb, obwohl die Wächter bestochen waren und die Flucht genau vorbereitet. *Die Gesetze,* sagte er zu seinen Freunden, *wie soll ich es den Gesetzen erklären, wenn ich mich einfach über sie hinwegsetze? Gut, sie haben sich in meiner Sache geirrt. Aber es sind die Gesetze.* So in etwa in Kurzform. Und später trank er dann das Gift.

Sokrates II

Manchmal übertrete ich selber die Gesetze. Wenn keiner hinschaut, fahre ich zu schnell, so in der Art. Das ist nach Sokrates unzulässig, selbst wenn ein Tempo 30 Schild auf der Autobahn einfach nur vergessen wurde. Gesetz ist Gesetz? So rigoros kann niemand ernsthaft sein.

Sokrates steht nicht für solche Bagatellen. Ihm geht es um die Substanz. Substanz ist das, was die Stabilität der staatlichen Ordnung sichert, wenn man *Staat* nicht als repressive Machtstruktur, sondern als Gefäß für das geordnete und gedeihliche Zusammenleben der Menschen begreift. Und das funktioniert nur, wenn die Beteiligten „von oben" und „von unten" daran mitwirken.

Was „von oben" bedeutet, lässt sich aktuell am besten anhand des 2020 abgewählten US-Präsidenten erklären – ex negativo, also anhand dessen, wie es nicht sein soll. Seine Politik bestand darin, den Staat, dessen oberster Repräsentant er war, nicht zu schützen, nicht zu achten und nicht weiterzuentwickeln, sondern ihn lächerlich zu machen und zu demontieren. Gesetzesverstöße waren in dieser Welt nicht Zufall oder „notwendiges Übel", sondern Teil der gewollten Politik. Details dieser abgelaufenen Präsidentschaft sind nicht mehr wichtig, aber wenn immer mehr Staatschefs ihren eigenen Staat, ihre eigenen Regeln, ihre eigenen Einrichtungen zum Gespött machen (wollen), brauchen wir mehr Sokrates. Darum ist er gerade jetzt bei meinen Helden dabei.

Und „von unten": Wenn ich ihn frage, was ich selbst tun soll, dann sagt er mir: *LASS DICH NICHT ANSTECKEN.* Laufe nicht allein deswegen in eine Richtung, weil „alle" dorthin laufen. Entscheide selbst, was jeweils gut und richtig ist. Bisher war in diesem Buch viel von Freiheit die Rede, weil die mir überaus wichtig ist. Sokrates erinnert mich daran, dass Freiheit ohne Bindung und Verantwortung nicht geht. Was das in der konkreten Situation bedeutet,

muss ich immer wieder mit mir selbst ausmachen. An Sokrates' Stelle wäre ich in seiner Situation wohl weggelaufen, statt mich vergiften zu lassen. Aber Sokrates hat den Punkt getroffen, er hat die richtige Frage gestellt, und das zählt für mich. Unabhängig davon, ob ich in jedem Fall dieselbe Antwort finde wie er. Wobei ich in dieser Darstellung, das muss ich ergänzen, die politisch zentrale Frage, wann Gesetze es wert sind, beachtet und nicht bekämpft zu werden, ausgespart habe – Stichwort „Drittes Reich". Und auch die Frage, ob die Gesetze in Athen nach heutigem Maßstab oder Verständnis richtig oder gerecht waren, habe ich beiseitegeschoben – sie waren es nicht.
Mit diesen Einschränkungen ist das alles zu verstehen, und aus diesem Blickwinkel heraus ist er mein Held.

Marc Aurel, mein langjähriger Begleiter

Marc Aurel begleitet mich schon so lange, dass er mehr als nur einen Abschnitt oder zwei beanspruchen darf. Ich sage aber gleich vorweg: Ganz allein können wir beide nicht bleiben, lieber Marc Aurel, du und ich. Du brauchst ein Gegengewicht, das besprechen wir anschließend. Oder gleich zwei, denn Sokrates war auf seine Art auch eines. Denn Sokrates richtete sich nach der Ordnung der Menschen, nach den Gesetzen, nach der Wahrheit. Er war den Mitmenschen zugewandt, wenn auch unbequem – sonst hätten sie ihn ja nicht vergiftet. Marc Aurel dagegen kannte, wenn es darauf ankam, nur einen letzten Grund, der sein Tun rechtfertigte. Er nannte es Griechisch *Katà thên phýsin,* weil er als Römer trotzdem die Bildungssprache Griechisch

benutzte, sozusagen das Römer-Französisch. Wenn man sein Motto wörtlich mit *Gemäß der Natur* übersetzt, das springt zu kurz, weil unser Naturbegriff ein anderer ist. Und die längere Erklärung sprengt den Text. Jedenfalls hat dieses Motto wenig Bezug zu den anderen Menschen. Sagen wir vorderhand einfach: *Katà thên phýsin* als Lebensgrundlage reicht mir nicht.
Aber ich will nicht über die Dinge schreiben, bei denen ich ihm nicht folgen kann bzw. will, sondern erklären, warum er trotzdem mein Held ist.

Marc Aurel, mein Held

Alle paarhundert Jahre bringt die Geschichte eine Persönlichkeit hervor, die größer ist als die anderen. Das müssen nicht die sein, denen Historiker den Beinamen *der Große* anheften, und vielfach spielt sich Größe sowieso ganz im Kleinen ab. Ich denke gerade an die Mutter von Oskar Maria Graf – eigentlich eine unter tausenden, die aber anders als fast alle anderen das Glück hatte, dass der Sohn ihr ein literarisches Denkmal gesetzt hat. So ist das. Ich kann mir meine Helden und Vorbilder daher genauso gut im Nahbereich suchen statt in der Weltliteratur. Eigentlich sollte ich beides tun. Ich tue es sogar wirklich. Aber Held*innen im Nahbereich sind manchmal vielleicht einfach zu nah, um in ihrer Größe erkannt zu werden?
Marc Aurel war ein römischer Kaiser im zweiten Jahrhundert nach Christus, und kein ganz schlechter. Aber er war nicht gern Kaiser. Lieber wäre er einfach Philosoph gewesen. *Wenn ich eine Mutter und eine Stiefmutter habe,* sagt er, *dann halte ich die Stiefmutter in Ehren, aber wenn ich kann, gehe ich lieber zur Mut-*

ter. Und für mich, so fährt er fort, *ist die Philosophie so etwas wie meine Mutter, und der Kaiserhof die Stiefmutter.* Das sagt er, und schreibt danach viele, viele Seiten lang über seine Pflichten als Kaiser, nachts nach langen Tagen, teilweise unter schwierigen Bedingungen, unterwegs im Krieg. Auch gestorben ist er unterwegs, nämlich vor Wien an einer Seuche.

In seinen Texten spricht Marc Aurel mit sich selbst. Er spricht? – nein, manchmal brüllt er sich geradezu an, beim Lesen kann man es hören. Ich habe mir angewöhnt, die antiken Texte möglichst so zu lesen, dass ihre emotionale Wucht sichtbar wird. Dazu stelle ich mir dann eine drastische Sprache vor, wie sie in gedruckten Übersetzungen nicht denkbar wäre. Ich gebe ein Beispiel: *Wie oft habe ich diese Sache hier vor mir hergeschoben. Ja was bilde ich mir eigentlich ein?! Ich muss nur so weitermachen, dann ist am Ende die Sache im Eimer und ich bin im Eimer und aus und vorbei.* Das wäre eine bequeme Predigt, wenn sie an jemanden anders gerichtet wäre. Aber an mich selbst?! Wieder finde ich etwas Rigoroses, freilich ganz anders als bei Sokrates. Marc Aurel erinnert mich daran, dass es nicht darauf ankommt, was ich gesehen oder gedacht, sondern darauf, was ich daraus gemacht habe. Dafür ist er mein Held.

Marc Aurels Umgang mit den anderen

Im ersten Teil war davon die Rede, wie wir uns gegen andere Menschen durchsetzen können, wie wir sie dazu veranlassen können, uns gegenüber die Grenzen zu respektieren, wie wir uns wehren können. Marc Aurel verfolgt bei dieser Frage einen gegenläufigen Ansatz. Er lässt sich in einem einzigen Wort zusammenfassen: ***Opsetai.*** Das bedeutet: er/sie wird sehen. Was sehen? Für mich steckt da drin die Haltung *Ich kümmere mich um das, was ich zu verantworten habe. Wie du mit deiner Verantwortung umgehst, ist deine Sache.*

Opsetai ist ein Schlüsselwort zum Verständnis seiner Haltung zu anderen. Das Motiv taucht in unterschiedlichen Passagen auf, aber zum Erklären reicht dieses eine Wort. Dass er sich den Appell so häufig vorsagen muss, zeigt vielleicht, dass es manchmal auch ihm selbst schwergefallen ist, sich daran zu halten.

Stoiker sagen, wichtig sei nur die gute Seele, und schlimm nur eine schlechte, und alles andere sei mehr oder weniger gleichgültig. Gleichgültig aber nicht in dem Sinn, dass man sich um nichts kümmern müsste. Im Gegenteil. Marc Aurel, der Kaiser, rührt notgedrungen den ganzen Tag bis über die Ellbogen in den Eingeweiden der Dinge, er zwingt sich dazu. Die Pflicht hängt daran, aber nicht das Herz. Nicht das Herz, das ist das Entscheidende. Ich betreibe etwas mit ganzer Kraft. Aber wenn es nicht gelingt, bricht mir innerlich nichts weg und in mir nichts zusammen.

Ich muss mich also nicht als Feigling fühlen, wenn ich ab und zu das Opsetai-Wort gebrauche. Ich muss nicht jeden Handschuh aufheben, denn mir irgendein Trottel vor die Füße wirft. Ich bin nicht gezwungen zu kämpfen. Ich kann sagen: So, jetzt hast du mir etwas über dich erzählt, sehr aufschlussreich – aber behalte es ruhig bei dir. Ich muss mich nicht von dir herausfordern lassen und ich bin nicht dazu da, dich zu verbessern. Es tut gut, unter seinen Helden ein solches Vorbild zu haben.

Soll ich mit Leuten, mit denen ich nichts gemeinsam habe, um den besseren Platz in deren Hackordnung fighten? Ich weiß, wie es geht, siehe Teil 1. Aber niemand zwingt mich, jetzt und hier davon Gebrauch zu machen. Das ist eine wunderbare Option, die zu erlernen allerdings Zeit braucht.

Ich glaube von mir sagen zu können, dass ich die Felder, auf denen ich dieses stoische Prinzip anwende, inzwischen einigermaßen eingegrenzt habe. Manche Konfrontation und vor allem manchen innerlichen Stress – nicht alles kann/konnte man von außen sehen – hätte ich mir ersparen können. Andererseits wollte ich nicht damit beginnen, auf das Beißen zu verzichten, bevor die Zähne scharf genug waren, um überhaupt beißen zu können. Das würde ich auch niemand anderem raten.

So wende ich das Opsetai-Prinzip selektiv an, auf Feldern, bei denen es mir hilft. Ich benutze es als Technik, aber nicht als Weltanschauung.

Marc Aurel, Fels in der Brandung

An vielen Stellen formuliert Marc Aurel die immer wieder gleichen Leitsätze zum eigenen Handeln. Immer etwas abgewandelt, aber im Kern immer gleich. *Selbstverantwortlich sein für das, was ich beeinflussen kann – gleichmütig gegenüber allem anderen.* Das ist die stoische Quintessenz. Und was alles kann ich nicht beeinflussen! Kurz anhalten und nachdenken! Was alles kann ich nicht beeinflussen: Die Verspätung der S-Bahn – ok, stoisch passt. Eine berufliche Benachteiligung, weil ein anderer bessere Connections hat – ok, stoisch ist schwer, aber gerade hier ist es nützlich. Wenn ich kämpfen kann, dann kämpfe ich dagegen an, vielleicht jedenfalls. Ich kann es mir frei überlegen: Ich muss die Chancen gegen die „Kosten“ abwägen. Wie Kämpfen geht, dazu stehen Anregungen in Teil 1. Auch die wollen geübt sein. Und wenn nichts zu kämpfen da ist? Dann ist es gut, Stoiker gelernt zu haben. Immer wieder einüben, es dauert lange.

An dieser Stelle ist ein Trick dabei. Ich übernehme selektiv die stoischen Techniken. Nur selektiv, und nur die Techniken, aber nicht die komplette Weltanschauung. Bei einem Schicksalsschlag in meinem Umfeld wäre ich alles andere, nur kein Stoiker. Darum habe ich Rinuccini als vierten Helden, das kommt noch. Und darum bin ich auch so schnell über die Grundlagen, über das *Katà thên phýsin,* hinweggegangen.

Gleichmütig bedeutet übrigens nicht gleichgültig! Darum nennt er zugleich die sechs Fehler, die man täglich vermeiden soll, um dem Ziel der inneren Ruhe nahezukommen: Ärger gegen die „Natur“, also den „von oben“ vorgegebenen Lauf der Dinge, durch Zorn Schaden nehmen, Lustgefühlen nachgeben, Schmerzgefühlen nachgeben, und dazu Unaufrichtigkeit und als sechstes Planlosigkeit. Denn wer leidet sonst Schaden: DIE EIGENE SEELE.

Das klingt alles wenig empathisch. Ich frage an dieser Stelle nach: Wirklich nur die eigene Seele? Du kannst diese Techniken so perfektionieren, dass du scheinbar unbesiegbar und unerschütterlich durchs Leben gehst, als Fels in der Brandung. Wer wollte nicht so sein, oder so wirken. Aber die Gefahr liegt auf der Hand. *ECHTE FELSEN BESTEHEN AUCH INNEN AUS FELS….*

Bei Risiken und Nebenwirkungen fragen Sie ihren Arzt oder Philosophen. Marc Aurel, der große, sensible Mensch mit so viel Traurigkeit über den unausweichlichen Tod, der sich so gemüht hat, der sich zum eigenen Schutz ein vermeintlich stabiles Gebäude aufgebaut und es immer wieder gegen sich selbst verteidigt hat, durch endlose Variationen der immer gleichen Themen. Der Fels in der Brandung auf dem tönernen Fundament, auf dem *Katà thên phýsin*. Marc Aurel mit Risiken und Nebenwirkungen. Dies ist eine herzliche Einladung, sich irgendwann einmal mit seinen Texten zu beschäftigen. Mir hat er viel gegeben, auch wenn sich dies hier gar nicht so anhört.

Marc Aurel zum Mitnehmen

Wann soll ich fighten und wann mich gelassen zurücklehnen. Wann soll ich die Entwicklung einfach so hinnehmen, wie sie eben kommt. *Kann* ich überhaupt fighten, wenn ich es will, und wann *will* ich fighten. Fighten zu können, ist die eine Sache. Im ersten Teil war viel davon die Rede. Nicht von „Kampftechniken“, sondern vom inneren Handwerkszeug. Es ist wie mit den Zähnen: Wer keine hat, kann niemanden beißen, selbst wenn er wollte. Und wer welche besitzt, muss deshalb noch längst nicht jeden beißen, der ihn schief anschaut.

Für mich sind Zähne auf der Seele wichtig. Nicht nur Hornhaut von früheren Verletzungen, sondern richtige Zähne. Marc Aurel meint, dass du, während du vermeintlich andere beißt, nur deine eigene Seele schädigst. Stoische Techniken und Gedanken zu *können*, statt Stoiker zu *sein*, bedeutet für mich:

Stoa als Option, als Möglichkeit, wie ich jetzt in dieser Situation agieren *kann*. Nicht nur in der spontanen Situation, sondern auch in der Lebensplanung, in der Strategie zu ganz großen Dingen. Ich kann, aber ich muss nicht. Stoa können macht die Zähne schärfer.

Am Anfang hatten wir die Sache mit der Energie: nicht alles täglich und immer wieder aufschieben, bis die Sache sich erledigt hat, weil sie im Einer ist und ich auch weg bin, sondern jetzt sofort handeln! Abschließend zeige ich aus der Vielzahl der Gedanken noch drei Leitsätze, die man/frau jederzeit parat haben sollte, aber zugleich relativiere ich sie auch wieder.

(1) *Aufrecht!*

Orthos, mê orthumenos – das bedeutet, dass man aufrecht im Leben stehen soll, frei stehen soll, ohne dass ständig links und rechts jemand halten und stützen muss. Meistens steht im Deutschen da *Aufrecht, nicht aufgerichtet,* aber Marc Aurel will mehr. Es ist, als hätte er die moderne Coaching-Industrie vorhergesehen, wo hinter jeder Führungskraft auf allen Ebenen regelmäßig der Coach auftaucht, der sie in ihren zu großen Schuhen immer wieder notdürftig zurechtrückt und am Umfallen hindert. Marc Aurel will die innere Autonomie, modern vielleicht Resilienz. Also die Fähigkeit, einzustecken und stehen zu bleiben. Für mich der wahrscheinlich wichtigste Gedanke.

Während ich an diesen Texten arbeite, wird mir eines bewusst: Marc Aurel schreibt für Erwachsene! Sagen wir, für Menschen, die schon einen längeren

Reifungsprozess durchlaufen haben. In der Zeit davor muss es heißen: *Frei aufwachsen, nicht verbogen werden.*

Und danach, was bedeutet es dann? Fest stehen als Versteinerter darf jedenfalls nicht gemeint sein. Wir hatten vorher den Fels in der Brandung. Zum Leben gehört auch, sich im richtigen Moment helfen zu lassen, sich dann doch aufrichten zu lassen, nicht sich vorzugaukeln, ich könnte von Jugend an bis zum Tod immer allein stehen und gehen.

Ich selbst neige etwas dazu, zu diesem *Alles selber schaffen, alles ohne fremde Hilfe*. Marc Aurel ist, ich sage es immer wieder, ein potentes Mittel mit riskanten Nebenwirkungen. Deshalb bedeutet es für mich, wenn ich sage, dass ich mich seit 20 Jahren mit ihm beschäftige, nicht etwa, dass ich so lange brauche, sein Buch zu lesen. Sondern dass es dauern kann, das eigene Leben immer besser zwischen den gegensätzlichen Möglichkeiten zu justieren. Beißen oder zurücklehnen? Anpacken oder sich schonen? „Fertig" wird man/frau damit vielleicht nie. Könnte sich jeder frei und ungestört von außen betrachten, ginge es schon schneller. Aber jeder Rat, den ich von Dritten bekomme, ist unvermeidlich durchsetzt mit deren Vorstellungen und vielleicht Vorurteilen darüber, wie oder wohin ich den nächsten Schritt tun sollte. Und vor den Vorurteilen des Gegenübers fürchtet man/frau sich oft mehr als vor den eigenen. Das macht es so schwer.

Aufrecht stehen bedeutet daher auch, sich die Sicht eines anderen anzuhören und sie zu ertragen.

(2) Tatkräftig!

Wie sich der Angsthase in der Nacht vertreiben lässt, habe ich beschrieben. Was aber, wenn er morgens nach dem Aufstehen schon auf dich wartet? Marc Aurel rät dann: *Grüble nicht, handle.* Mit seinen Worten schildert er, was zu tun ist, wenn du aufschaust, nach vorne blickst, und dort einen unübersehbaren Berg von Problemen und Aufgaben siehst, die du alle quasi gleichzeitig lösen sollst, und du weißt nicht ein noch aus. Jede*r kennt es. Schule, Beruf, Familie, Finanzen, oder gleich alles zusammen. Und dann geh folgendermaßen vor, rät der Kaiser: Schaue den kommenden Tag an, oder zur Not die nächste Stunde, und betrachte, was du da tun musst. Und dann frage dich: *Dieses wenige, was ich in der nächsten Stunde tun soll, das soll mir zu viel sein?* Und wenn du dich dann traust, mit Ja zu antworten – dann lach dich selber aus. Und nach einer Stunde oder einem Tag ist der Berg schon kleiner. Sonst hättest du die Zeit vielleicht damit verbracht, deprimiert zuzusehen, wie in der Zeit, wo du hättest handeln und ein Stück vom Haufen abtragen können, noch ein weiteres Stück auf den Haufen geflogen kommt.

Aber. Das ist kein Plädoyer für Aktionismus. Schließlich gehört auch Planlosigkeit zu den Kardinalfehlern. Es geht darum, die innere Lähmung zu überwinden und dann – planvoll – zu handeln.

Hier zeigt sich das Besondere an Marc Aurels Art zu schreiben. Er schreibt kein Lehrbuch, bei dem jede Aussage immer links und rechts durch andere Aussagen abgesichert oder relativiert wird. So in etwa: Sei tatkräftig, aber verfalle nicht in Aktionismus, und bedenke dabei vor allem auch ... Und so weiter – so genau nicht. Jedes Mal, wenn er sich sieht, wie er gerade an sich selbst vorbeirennt, ruft er ihm, also sich selbst, einen Gedanken hinterher. Die alle hat er aufgeschrieben, und oft sind es die gleichen mehrfach. So schrieb einer, der eigentlich als Kaiser kaum Zeit hatte, man muss sich das immer wieder vorstellen.

Seneca war anders. Er hat unheimlich viel geschrieben, alles sehr durchdacht. Und als reichster Mann Roms hatte er sonst auch wenig Arbeit. Wenn ich einen stoischen Gedanken richtig erklärt haben möchte, so wie eben angedeutet, mit allem, was rundherum dazugehört, lese ich bei ihm nach. Etwa über den Zorn. Ihm hat er ein ganzes Buch gewidmet. Dort vergleicht er ihn damit, wie es ist, sich immer weiter aus dem Fenster zu lehnen, bis plötzlich der Moment kommt, wo der Schwerpunkt über die Brüstung rutscht, und dann kein Halten mehr ist, bis zum ganz harten Aufprall. Das ist wunderbar. Seit ich das gelesen habe, gehe ich mit meinem Zorn vorsichtiger um. Aber mein Held ist er nicht. Mein Held ist der andere, der sich in der Pflicht zerreißt und dabei um den Freiraum kämpft, sich selbst nicht zu verlieren.

(3) Freundlich distanziert!

Es gibt nichts Neues auf der Welt. Schon beim Aufstehen ist klar, mit was du (auch) heute zu rechnen hast: Verlogenheit, Opportunismus (Kaiser!), Hinterhältigkeit, Aggressivität, und noch mehr von diesen Eigenschaften. Warum gehe ich dann eigentlich noch los, um für solche Leute meinen Job zu machen? Weil es mein Job ist. Die Säge ist zum Sägen da, der Maurer zum Mauern und ich eben zum „Kaisern“, sagt der Kaiser. Fertig aus.

Und wie gehe ich mit den anderen um, den Verlogenen und Widerlichen? Sie verstehen es nicht besser, weil sie nicht wissen was richtig ist. Mit ihrem Verhalten erzählen sie mir etwas von sich. Aber das bleibt bei ihnen. Sie können mich nicht daran hindern, dass ich das Meinige tue. Und darum hindern sie mich nicht daran, früh aufzustehen und loszulegen.

Seneca hat ein nettes Beispiel aus dem Alltag, das man eins zu eins bis heute gebrauchen kann: Wenn ich ins Schwimmbad gehe, dann weiß ich, was alles geschehen wird. Es wird unheimlich viel Geschrei da sein, sie werden über meine Decke rennen, sie werden mich beklauen, sie werden rumspritzen. Und ich gehe trotzdem hin. Was also soll mich dann ärgern, wenn das eintritt, was ich vorher schon gewusst und in Kauf genommen habe? Gilt natürlich nicht nur für Schwimmbäder.

Seneca denkt in diesem Beispiel nur von sich aus. Marc Aurel geht immerhin schon weiter und bedenkt auch die Sicht der anderen, und er bewertet sie: Sie wissen es nicht besser.

Aber. Kann nicht ein aggressiver Rempler ab und zu auch ein Signal der Hilflosigkeit sein, oder schon ein versteckter Hilferuf? Auch hier muss ich mich immer neu justieren, zwischen Distanz und Empathie. Nur echte Felsen sind auch innen aus Stein.

So genau muss man hinschauen. Marc Aurel, mein zweiter, kompliziertester Held.

Epikur durch den Mund von Lukrez

Zweitausend Jahre Philosophie haben kaum ausgereicht, um den Unterschied zwischen Stoikern und Epikureern angemessen zu verarbeiten. Denn wenn man ihre praktischen Handlungsweisen vergleicht – wo bitte ist der Unterschied zwischen Stoikern und Epikureern? Und doch sind sie vom Ansatz her entgegengesetzt. Der Stoiker will die Pflicht, der Epikureer die Lust, und zwar die dauerhafte. Lust als permanentes und nachhaltiges Lebensprinzip, nicht als einmaligen Kick. Und dazu muss die Lust mit viel Disziplin einhergehen. Das ist dann schon wieder sehr abgeklärt, sehr „unjugendlich". Die Kirche hat die Auseinandersetzung mit, oder sagen wir den Kampf gegen Epikur mit besonderer Härte geführt: Seneca war immer irgendwie bei den Guten dabei, und Epikur dort, wo der Teufel wohnt. Das hat er nicht verdient. Vielmehr trägt er eine Stimme zum Konzert bei, die gerade heute in der Pflichten-Welt der Selbstoptimierer wieder chronisch zu kurz kommt: *Ich lebe* – auch, *würde ich ergänzen – für die Lust am Leben, und nicht nur für die Pflicht.* Aus diesem einzigen Grund habe ich Epikur zu meinen Helden getan. Genauer gesagt tatsächlich Epikur durch den Mund von Lukrez. Der hat als Epikureer erst Jahrhunderte nach seinem Meister gelebt. In seinem Werk über die Natur der Dinge, *De rerum natura,* gibt es eine Passage, wenige Zeilen, die mich so richtig „erwischt" hatten, vor langer Zeit, mitten im Berufsleben. Die Rede ist von einem, der vom sicheren Ufer aus, sozusagen mit einem Grashalm im Mund, beobachtet, wie draußen ein Fischer im Sturm kämpft. Er ist nicht schadenfroh, aber voll innerer Freude darüber, dieses Problem nicht selber zu haben und nicht selber lösen zu müssen. In ihrer Schönheit und Bildhaftigkeit waren mir diese Verse wirklich wegweisend für das, was ich mir in der Mitte des Lebens als Ziel gesetzt habe: einmal der am Ufer zu sein.

Ja, es ist seltsam. Die Kirche liebt Seneca, und Seneca liebt zwar Epikur nicht, aber er zitiert ihn gern und entschuldigt sich sogleich, dass er immer wieder mal von der „Konkurrenz" abschreibt. Wenn die Epikureer eben ein paar gute Sachen haben, so sagt er dann immer, warum sie dann nicht übernehmen. Das könnte die Kirche dann ja vielleicht auch so sehen, und mit Epikur etwas schonender umgehen. Aber Epikur verlacht und verflucht die Götter, und das fand/ findet(?) sie gar nicht gut. Irgendwie hat sie sich wohl automatisch mit dem geschmähten Zeus/Jupiter identifiziert: Gott ist Gott?

Andererseits ist die Kritik an Epikur schon berechtigt. Epikur/Lukrez haben die Lehre von den Atomen, die in Griechenland schon älter war (Vorsokratiker), für sich neu entdeckt und mit ihr die philosophische Position begründet: Über die Atome sind alle Dinge, wirklich alle, natürlich zu erklären, und folglich existieren keine Götter. Wobei die Frage ja nur lautet: Wo höre ich auf zu fragen? Wer hat die Atome gemacht? Jede Reihe von immer weiteren Nachfragen führt doch zwangsläufig in eine Situation, die nur durch ein *basta* zu stoppen ist, damals und heute und für immer. Ob ich bei den Atomen bzw. beim Urknall oder bei (einem) Gott *basta* sage, macht philosophisch keinen Unterschied. Zufrieden macht keines von beiden.

Epikur, mein Held, weil er mich an die Freude erinnert, an das Unbeschwerte. Die Verse von Lukrez füge ich bei (Anhang 1, Seite 110ff), obwohl das Motiv streng genommen nicht zum Fokus „zwischen 15 und 35" passt. Im Anhang sage ich ein paar Worte mehr dazu, die hier den Rahmen sprengen würden.

Alamanno Rinuccini

Er ist die Zufallsbekanntschaft der zurückliegenden Jahre. Kaum einer außer mir kennt ihn, und man muss ihn auch nicht kennen. Ich habe ihm einen großen Batzen Lebenszeit gewidmet, um seine lateinischen und italienischen Texte zu übersetzen und neu herauszugeben. Und wenn man sich so lange mit einer Person beschäftigt hat, ist die Versuchung groß, ein ganzes Buch lang von ihm zu erzählen. Aber dieses Buch existiert ja nun schon.

Ganz kurz also. Alamanno Rinuccini, Großbürger im Florenz des 14. Jahrhunderts. Etwas Philosophie, etwas Politik, etwas Wissenschaft, etwas Literatur, etwas Geschäft, alles gleichzeitig und ganz harmonisch in einem Leben. Man kann sich vorstellen, dass die Welt damals weniger Schubladen hatte, in denen die Leute weggesperrt waren, als heute. Insofern war mehr Freiheit.

Aber es gab andere Schubladen, nämlich Herkunft, Geschlecht und gesellschaftliche Konventionen. Da blieb wenig dem Zufall überlassen. Und jetzt kommt es: Selbst so höchstpersönliche Empfindungen wie Trauer über den Tod eines Angehörigen unterlagen vollständig der Kontrolle der gesellschaftlichen Konventionen. Die Trostschrift war, der antiken Tradition folgend, eine Aneinanderreihung philosophischer Gemeinplätze, weitgehend ohne Bezug auf den konkreten Fall. Weiber durften wahrscheinlich weinen, aber was waren schon die Weiber. Die „Welt" gehörte den Männern. Das war hässlich. Aber wenn ich mich mit jemandem anfreunden will, darf ich ihm nicht als erstes die Welt zum Vorwurf machen, in die hinein er geboren wurde – es gibt gute Gründe, dass uns Heutigen das später auch blühen könnte!

Dieser Rinuccini also hatte einen Sohn, nur einen, und der ist ihm im Alter von neun Jahren weggestorben. Und das hat ihm einen Schlag versetzt, von dem er sich Zeit seines Lebens nicht erholt hat. Menschsein gegen Konventionen!

Am Ende holt sich das Leben zurück, was ihm zusteht

Alamanno Rinuccini hat das Seelengefängnis, in das ihn seine Welt gestellt hatte, und dessen Mauern er selber fleißig mit hochgezogen hatte, bevor sein Kind tot war, danach nicht mehr ertragen. Und in einem (einzigen) Brief an einen engen Freund öffnet er sein Herz und lässt den Gefühlen freien Lauf – Gefühlen, die vom Geist der Zeit wie Aussatz gemieden und verachtet wurden.

Dafür, dass er diese Größe hatte, vor seiner eigenen Vergangenheit und vor einem Dritten als Repräsentanten dieser Zeit einen solchen Brief zu schreiben, dafür ist er bei meinen Helden dabei. Nur dafür.

Wenn es eng wird, holt sich das Leben entweder zurück, was ihm zusteht, auch unter Schmerzen, oder du zahlst später einen noch viel höheren Preis. Das gilt für Gefühle ebenso wie für Lebensentscheidungen – oder was man in diesem Moment dafür hält. Und so ist Selbstbewusstsein am Ende nicht nur zum Beißen nötig. Selbstbewusstsein ist der Schlüssel dazu, zu seinem eigenen Leben zu stehen, rechtzeitig. Und damit könnte dieser zweite Teil nun fast zu Ende gehen.

Kapitel 9

Jesus, fünfter Held?

Ganz zu Ende doch noch nicht. Wo soll ich jetzt Jesus hintun? Ist er denn nicht auch ein Held, für Millionen der größte?
Ich kann es mir leicht machen und sagen: Bei Jesus ist nicht geklärt, in welcher Liga er eigentlich spielt bzw. wo er dazugehört, Himmel oder Erde, und meine Helden sollten eindeutig irdisch sein. Damit ich ihnen auf Augenhöhe begegnen kann. Denn (ein) Gott kann für einen Menschen kein Vorbild sein.
Das wäre ein schwacher Grund von der Art, wie Richter am Gericht sie finden, um das Arbeiten zu vermeiden: Ist die Klage zu spät gekommen, oder unzulässig, oder, wenn beides nicht, ist mein Gericht dann überhaupt für den Fall zuständig und nicht irgendein anderes? Nein, so billig will ich mich nicht davonkommen lassen.
Jesus ist mir eingefallen, während ich über Marc Aurels freundliche Distanz zu den Mitmenschen schrieb. Die andere Backe hinzuhalten ist etwas anderes als sein *opsetai* und seine Gelassenheit, die eigentlich nur dazu bestimmt ist, der eigenen Seele nicht zu schaden. Und die Triebfeder *Liebe*?
Ich bleibe vorerst bei vier Helden. Über den fünften aber denke ich mehr und mehr nach. Denn eine Welt ohne Liebe geht gar nicht.

Anhang 1

Einige Zeilen aus Lukrez, *De rerum natura*

Ein kleiner Kommentar ist nötig. Die Periode zwischen 15 und 35 ist eigentlich das Alter des Aufbruchs und nicht eines, in welchem man an Aussteigen denkt. Trotzdem erinnere ich mich mit einem seltsamen Gefühl an die Montage morgens früh im Bus, auf dem Weg zu einem meiner Ferienjobs, es war in den Monaten zwischen Schule und Studium. Und später, in den ersten Berufsjahren, die Traurigkeit und manchmal Verzweiflung bei dem Gedanken, dass ich ab jetzt für ... Jahre – nicht auszudenken! – Woche für Woche, ohne Perspektive … Ja, ich habe gelitten. Dieses Leiden habe ich danach mit Arbeit bekämpft, mit Fleiß, mit Ideen, also durch Identifikation mit dem Unausweichlichen – if you can't fix it call it a feature. Vielleicht hätte mir Epikur/Lukrez schon in dieser Zeit etwas gegeben, auch ohne die Perspektive, es in überschaubarer Zeit selbst so zu erleben, wenn ich den Text damals schon gekannt hätte? Gekannt? Eigentlich verdanke ich ihn ja der Schule, folglich war er mir danach „bekannt". Aber dennoch musste ich ihn erst neu entdecken, ihn *erwerben, um ihn zu besitzen* – einmal *Faust* darf wohl sein …

Als ich den Text wiederentdeckt und an einem „geheimen" Ort in meinem Büro aufgehängt hatte, war ich Mitte 40. Lateinisch hing er da, damit er nur für mich strahlte. Dort hing er viele Jahre lang, und neben ihm ein Vers von Horaz, das ist ein weiterer großartiger Epikureer. In ihm beschreibt Horaz die harte Bedingung, unter der ein Füchslein, das sich einst durch die engen Gitterstäbe in einen Käfig voller Wohltaten gezwängt hatte, jemals wieder hinausgelangen könnte. Die Antwort war einfach: Du brauchst nur wieder so dünn zu werden, wie du damals warst, als du hineingeschlüpft bist, dann kannst du auch wieder raus. Horaz konnte das. Oder zumindest gab er vor, es zu können, und ging in einem entscheidenden Moment aufs Ganze: Als ihm nämlich die Forderungen seines Sponsors Maecenas, dem er allen Luxus verdankte, irgendwann zu viel wurden, sprach er ihn so an, lateinisch in Gedichtform, versteht sich: *Überzeuge dich,* schrieb er, *dass ich dir* (wenn du dich in deinen Ansprüchen an mich nicht mäßigst) *deine Geschenke zurückgeben kann, ohne mein fröhliches Gesicht zu verlieren.* Von *Maecenas* stammt übrigens der *Mäzen.*

Aufgehängt hatte ich die Verse, das ja. Aber nachmachen? Da haben wir sie doch wieder, die enge Bindung der Freiheit an Verantwortung. Einfach wieder dünn werden und weglaufen ist nicht, meistens nicht, für viele nicht, für mich damals nicht. Alles einfach nur lächelnd aufzugeben? Keine einfache Option in einer Familie, die sich auf mich verlassen können muss. Also bereit sein, durchzuhalten – und dennoch glücklich zu leben! Dass später wieder die Figur mit den wirren Haaren vorbeigekommen ist und mitgeholfen hat, dass ich doch noch den begehrten Platz am Ufer einnehmen konnte, steht auf einem anderen Blatt. Wobei … wenn ich es genau betrachte … Nein: das mit dem Ufer und dem Grashalm im Mund hatte ich bis heute niemals, weil ich es so auch gar nicht wollte! Es war für mich lediglich das Sinnbild dafür, eine ganz bestimmte Form von Sturm und Druck nicht mehr zu haben!

Warum also zeige ich diesen Text dann überhaupt? Weil Berufsbiografien heute manchmal anders aussehen als meine, und manche Jüngeren es sich leichter einrichten können, schon früher ab und zu die Rolle bzw. Position zu wechseln, so dass Sturm auf hoher See und dann wieder am Ufer mit Grashalm im Mund vielleicht etwas leichter in einen sinnvollen Wechsel treten können. Sei es in Abschnitte, sei es wochenweise. Und darum jetzt doch der Text!

Süß, wenn auf hohem Meer die Stürme die Weiten erregen,
ist es, des anderen mächtige Not vom Lande zu schauen,
nicht weil wohlige Wonne das ist, dass ein anderer sich abquält,
sondern zu merken, weil süß es ist, welcher Leiden du ledig.
Süß ist es auch, des Krieges gewaltige Schlachten zu sehen
wohl im Felde geordnet, ohne dein Teil an Gefahren;
Aber süßer ist nichts, als zu wohnen im heitern Gefilde,
hoch in der Höhe und wohl verwahrt durch Lehre der Weisen,
so dass herabblicken kannst du auf andere und sehen du, wie sie
überall irrend und schweifend suchen die Bahnen des Lebens,
wetteifern mit ihrem Geist, sich streiten um Ansehen und Ehre,
nachts sich mühen und tags in unermüdlichem Ringen,
aufzutauchen zu Reichtums Höhn, sich der Macht zu versichern.
O du kläglicher Sinn der Menschen, verblendete Herzen!
In welchem Dunkel des Lebens und in wie großen Gefahren
wird das bisschen Leben verbracht, was beschieden! Erkennt man

nicht denn, dass die Natur nichts anderes fordert, als dass vom

Körper der Schmerz geschieden und fern sei, im Geiste sich freue,

heitrer Empfindung, weit entzogen Sorgen und Ängsten?[1]

[1] Lukrez, De rerum natura. Welt aus Atomen, Beginn der Vorrede zum zweiten Buch, Reclam-Verlag Leipzig/Stuttgart, diverse Auflagen.

Anhang 2

Zwei Briefe von Alamanno Rinuccini[2]

Ich zeige zunächst den ersten Brief als Beispiel für die gängige Art und Weise, wie man mit Schicksalsschlägen im gesellschaftlichen Diskurs umzugehen gewohnt war.

Beginn des Vorworts von Alamanno Rinuccini zur von ihm auf Bitten übersetzten Trostschrift von Plutarch, an den hochberühmten Cosimo de'Medici.

Da die durch deine Veranlassung, Cosimo, von deinen Bürgern aufgenommenen Studien der Philosophie zur gewohnten alljährlichen Pause ruhen, habe ich mir die Lektüre eines griechischen Bandes von Plutarch, wie ich dies meistens zu tun pflegte, vorgenommen. An der Begabung dieses Mannes kann ich mich nämlich in hohem Maß erfreuen, weil er fast keine Art zu Schreiben ausgelassen hat; er hat nämlich die Geschichte in vierundzwanzig *Parallelen,* wie man sie nennt, und in zahlreichen anderen Büchern ausführlichst behandelt, und aus der Philosophie hat er nicht nur über die Ethik, sondern reichhaltigst auch über Naturkunde geschrieben, auch für die Grammatik und die Musik hat er hervorragende Texte geliefert, und er hat den Gebrauch dieser Lehre von den früheren Dichtern bewahrt und sehr klar

[2] Alamanno Rinuccini, Schriften, Briefe und Reden, Texte zum politischen Leben im Florenz der Medici. Lateinisch-Deutsch und Italienisch-Deutsch, Herausgegeben und übersetzt von Christian Thieme, LIT Verlag, Münster, zuerst S. 135 ff, danach 391 ff.

gezeigt, welche Bedeutungen die verschiedenen Verbindungen von Zahlen besitzen. Als ich also seine kleinen Schriften, in denen er verschiedene Themen der Philosophie abgehandelt hat, durchging, stieß ich unter ihnen auf diese Rede, in der er den wegen des Todes seines Sohnes tief betrübten Apollonius tröstet. Als ich diese nun ziemlich begierig las und die Pracht der Worte, eines Philosophen würdig, mehr aber noch die Fülle und Tiefe der Aussagen betrachtete, musste ich dessen übergroße Sorgfalt beim Schreiben bewundern, wie er doch alle zur Tröstung gehörigen Aspekte so zusammenfügte, dass am Ende jeder einzelne wirklich reichhaltig behandelt ist.

Daher gelangte ich zu der Überzeugung, dass diese Trostschrift, nach jener von Cicero geschriebenen, die uns nicht überliefert ist, keiner einzigen der danach verfassten nachsteht, weder an der Tiefe der Aussagen noch an Fülle der Beispiele; und ich sah auch, dass fast alle lateinischen Autoren, die danach etwas in dieser Art geschrieben haben, entweder alle oder zumindest sehr viele Stellen von diesem übernommen haben, die sie dann lediglich noch in ihren Aufbau einzufügen und an ihren Schreibstil anzupassen hatten. Und als ich mir die Gedanken der alten Dichter und Philosophen durchlas, schien mir das übrige hervorragend, wenn auch sich nicht wesentlich von der allgemeinen Gewohnheit abhebend: doch jene Stelle hat mich in besonderer Weise berührt, wo er bei der Erwähnung der Beispiele berühmter Männer berichtet, dass die meisten den Tod eines Sohnes mit so standhafter innerer Haltung ertragen hätten, dass sie durchaus keine Spur ihres Schmerzes nach außen dringen ließen, was ich als größten Beweis von Standhaftigkeit und Stärke erachte; und dies schien mir umso höher einzuschätzen, weil ich mich erinnere, schon zahlreiche erfahrene Männer sagen gehört zu haben, dass unter den verschiedenen Anfechtungen der Seele vor allem jene, die vom Tod eines Sohnes ausgelöst wird, als besonders bitter empfunden werde und überaus schwer zu ertragen sei, weil Ausgangspunkt und Ursprung dieser Art von Schmerz ihren Ursprung unmittelbar aus der Natur selbst nähmen. Auch ich selbst hatte viele gesehen, die, während sie die übrigen Schwierigkeiten hinreichend stark und standhaft ertragen hatten, diesem schwereren Ansturm des Schicksals nicht widerstehen konnten. So darf man wohl einen, der derartiges geziemend zu tragen in der Lage ist, zu Recht als umfassend Weisen und wahrlich dem Ziel der Philosophie Nachgehenden betrachten.

Und dass dies unter unseren Zeitgenossen in erster Linie auf dich, prächtigster Cosimo, zu beziehen ist, habe ich auch früher schon immer so gesehen, doch dieser Tage besonders offenkundig erkannt. Denn während es viele Beispiele deiner hervorragenden Eigenschaften gibt, die schon in guten Zeiten deine übergroße Bescheidenheit und Ernsthaftigkeit bezeugen, hast du jetzt sichtbar werden lassen, welche Stärke du selbst dann noch besitzt, wenn es gilt, Schicksalsschläge tapfer auszuhalten, da alle beobachten konnten, wie du den Tod deines Sohnes Giovanni, hervorragend ausgestattet mit allen denkbaren Tugenden und dir in wirklich seltener Weise überaus ähnlich, derart tapfer und standhaft ertragen hast, dass man dich mit vollem Recht, wie in den übrigen Eigenschaften, die einen Mann von höchstem Rang zieren, so auch hinsichtlich dieses besonderen Vorzugs mit jedem beliebigen

Weisen aus früherer Zeit vergleichen kann, besonders wo wir dir zusehen, wie du mitten in dieser schweren Trauer, während du deine Staatsgeschäfte gleichzeitig umfassend fortführst, deine häuslichen und familiären Angelegenheiten so besorgst, dass bei der prächtigen Ausstattung dieses besonderen Begräbnisses keine Einzelheit, die eine etwas genauere Behandlung erforderte, nicht von dir überlegt und entschieden wurde.

Während dies schon Beweise eines wirklich großen Charakters sind, so habe ich jenes besonders bewundert, was ich am dritten Tag nach dem Ableben deines Sohnes selbst beobachten konnte und nie vergessen werde. Denn als Johannes Argyropulos, ein in der Philosophie und in der Kenntnis aller schönen Künste bestens ausgewiesener Mann, zu dir kam, um dir einen Besuch abzustatten, und ich mit ihm, dazu eine Handvoll Mitschüler, da brach, wie ich mich erinnere, ein Disput darüber aus, wem von beiden in der bürgerlichen Gesellschaft das höhere Ansehen zukommen solle, nämlich dem Feldherrn, der über das Militär gebietet, oder dem obersten Lenker des Staates; und als Nikodemus, der Gesandte des Mailänder Herzogs, mit einer gewissen Berechtigung die Seite des Feldherrn verteidigte, die übrigen aber sich dafür aussprachen, dass dem Staatslenker der Vorzug gebühre, weil ihm auch der Feldherr zu gehorchen habe, da hast du, nachdem du dir die Argumente beider Seiten angehört hattest, eine Rede zugunsten des Staatslenkers gehalten, voll von solcher Pracht in der Wortwahl, mit einer solchen Dichte und Tiefe der Gedankenführung, dass alle Anwesenden deine Fähigkeit als Redner priesen, dann aber ebenso die Größe deines Verstandes, deine innere

Standhaftigkeit und die Genauigkeit deines Gedächtnisses heftig bewunderten, da du Textstellen aus den Schriften etlicher alter Autoren, darunter mehrere Passagen bei Cicero, und hier vor allem aus dem sechsten Buch von *De Republica*, so wortgetreu wiedergabst, dass man meinen konnte, du zitiertest nicht aus dem Gedächtnis, sondern trügest unmittelbar aus dem Buch vor; du hast ja sogar, indem du dich nach dem Beispiel jenes weisen Cato auf deine philosophischen Studien beriefst, denen du in deiner Jugend viel Mühe gewidmet hattest, gesagt, dass du dir vorgenommen habest, die *Ethik* des Aristoteles zu lesen, und wie sorgsam du dieses danach begonnene Vorhaben verfolgst, habe ich zuverlässig in Erfahrung gebracht, was ja in der Tat, und das ist unmittelbar klar, Ausdruck eines unbesiegbaren Charakters und einer inneren Haltung, die kein Zurückweichen vor Schicksalsschlägen kennt, ist. Als ich dies nun bei mir nochmals bedachte, konnte ich unseren Staat und unsere Zeit nur dazu beglückwünschen, dass es ersterem geglückt war, ihn hervorzubringen und letzterer, ihn zu erleben – diesen Mann, in welchem wir das Abbild gleichzeitig von Aemilius Paulus, von Horatius Pulvillus und von König Q. Martius, die bei den Römern für diese Charaktereigenschaft besonders verehrt wurden, erkennen können, und der ebenso wenig auch Anaxagoras, oder Perikles, oder Antigonos oder irgendeiner anderen Persönlichkeit der Griechen an Ruhm für innere Stärke und Standhaftigkeit nachsteht. Und dieser Grund hat mich ganz besonders dazu bewogen, dass ich meine lateinische Übersetzung dieser Trostschrift von Plutarch gerade dir sende, da ich überzeugt war, dass ich, um das Vertrauen unserer Mitbürger,

soweit sie es vielleicht lesen, zu stärken und sie zur Tüchtigkeit anzutreiben, dann am meisten beitragen kann, wenn zu den Beispielen hervorragender Männer, die Plutarch aufführt, noch das Beispiel dessen hinzukäme, an den dies hier gerichtet wird, weil es nicht weniger Gewicht haben wird als jene. Daher bitte ich dich sehr, du mögest unter den ungemein vielen Tröstungen, die dir zugehen, auch Plutarch ein wenig Raum widmen, damit du dich, indem dir bewusst wird, dass du alle Gegenmittel gegen den Schmerz, die von ihm überliefert werden, schon vorher aus dir selbst heraus hervorgebracht hast, deines Charakters und deiner glücklichen Verfassung erfreuen mögest.
Lebe wohl.
Florenz, 24. Dezember 1463.

Diesen Text hat Rinuccini, ganz dem Stil der Zeit folgend, verfasst, bevor ihn selbst derselbe Schicksalsschlag getroffen hatte, von dem er hier schrieb. Was mag er danach empfunden haben, beim Tod des eignen Sohnes. Ob er da jenes ritualisierte Wortgeklingel noch im Ohr hatte? Ich stelle mir vor: Ja.
Dafür, dass er den folgenden Brief trotzdem schrieb, ist er mein Held. Man beachte aber, wie er gerade diesen Teil, der nach unserer Wahrnehmung einen Brief für sich allein wert wäre, zwischen Alltäglichkeiten versteckt, ganz so, als wäre es ihm unangenehm, davon reden zu müssen ...
Um dies zu zeigen, habe ich nichts gekürzt.

Alamanno Rinuccini grüßt Francesco Filelfo.

Eine so viel größere Freude, wie sie das unvermutete Wiederauffinden eines verlorenen Gegenstands bereitet, im Vergleich zum ununterbrochenen und nicht infrage gestellten Besitz, hat mir, der ich an nichts dergleichen gedacht hatte, auch dein Brief bereitet, den Bartholomeo Pandolfini mir gestern gebracht hat. Denn obwohl es wegen ihrer Dauer und Größe kaum möglich ist, unserer alten Freundschaft einfach zu vergessen, hat unsere Entwöhnung vom Gespräch bzw. vom Schreiben doch irgendeinen Überzug von Mehltau oder Rost erzeugt, den dein Brief freilich gründlich beseitigt hat. Aber trotzdem müssen wir uns wohl beide vorhalten lassen, dass wir so lange auf die so herrlichen Früchte unserer Freundschaft verzichtet haben; ich meinerseits wähnte dich, wie ich gestehen muss, in Rom beim Papst, und es schien mir nicht verwunderlich, wenn du mich zwischen all den vielen bedeutenden Männern dort vergessen haben solltest. Nachdem ich nun aber weiß, wo du bist und dass du dich weiter an unsere Freundschaft erinnerst, werde ich dem Älteren, wie du es anmahnst, folgen und das zwischenzeitliche Schweigen durch besonders rege Korrespondenz aufwiegen.

Was du über mein Befinden wissen möchtest, will ich dir von Freund zu Freund beantworten. Denn ausgehend von jener völlig richtigen Regel der Weisen, die aber eher geistreich erdacht als im täglichen Leben bewährt ist, mag ich wohl mit den Worten des Bias sagen, dass mir kein Übel zugestoßen sei, da ich körperlich gesund und in meinem Inneren so gut, wie das in derart turbulenten Zeiten möglich ist, gefestigt bin: τὸ γὰϱ εὖ μετ'εμοῦ (das Gute nämlich ist bei mir); beziehe ich mich aber auf die allgemein übliche Art zu leben und darüber zu sprechen, so kann ich nicht leugnen, dass ich von schlimmen Dingen heimgesucht bin. Denn welcher Bürger könnte angesichts dieser so großen Gefahren und Rückschläge für unseren Staat von sich sagen, dass es ihn nicht betreffen würde und er, wenn schon nicht von privaten, dann nicht wenigstens von den öffentlichen Sorgen bedrängt sei? Wobei ich aber auch im persönlichen Leben das verloren habe, was mir mehr bedeutet hat als mein eigenes Leben. Denn vor allem wurde mir mein einziger Sohn, von der Natur mit Verstand und Charakter bestens ausgestattet, Beistand und Trost meines beschwerlicher werdenden Alters, von einer tödlichen Krankheit binnen zweier Tage entrissen; dass ich nach diesem Ereignis nichts Fröhliches, nichts Angenehmes erlebt habe, muss ich bekennen, da ich keinerlei Hoffnung auf eine Wiederherstellung dieses mir so lieben Zustands habe. Zusätzlich hat sich mein Vermögen wegen der häufigen Steuern beträchtlich verkleinert und droht sich weiter zu verkleinern, was ich gleichwohl gelassen hinnehmen würde, wenn ich zu der Überzeugung käme, dass dies dem Staat etwas nützen werde. Doch hilft mir in all diesen Übeln die Zuflucht zur Literatur, von der ich einstmals Erbauung und Genuss, nun aber Schutz und Kraft gewinnen will, **wobei aber die Größe meiner Traurigkeit immer wieder die Oberhand gewinnt und mir beinahe den Atem abschnürt.** Die Reise von Lorenzo de' Medici nach Neapel hat uns bisher nichts weiter als Hoffnung gebracht, die aber mit der Verzögerung seiner Rückkehr von Tag zu Tag schwindet. Daher rüsten wir uns für das Schlimmste und

Schwierigste, weil ja Geschosse, die man vorhersieht, weniger Schaden stiften.

Von dir aber möchte ich wissen, was du tust, was du liest oder schreibst, aber auch, was wir von jenen Führern dort erwarten dürfen; ich denke nämlich, dass dies für unsere Lage entscheidend wichtig ist. Ich vermute, dass du häufig mit unserem Gesandten Pietro Filippo zusammen bist, da er ein gelehrter Mann und ein Liebhaber der Gelehrten ist. Deshalb bitte ich dich, wenn sich die Gelegenheit ergibt, ihn ganz besonders herzlich von mir zu grüßen. Lebe wohl.

Florenz, 25. Februar 1479.

Zweiter Kasten

Zwischen 25 und 55

Wachsen

und

wachsen lassen

Warum 25 bis 55?

Je länger das Leben schon dauert, desto größer wird die Bandbreite. Sitzen lernen wir, sofern uns die Natur entsprechend ausgestattet hat, innerhalb eines engen Zeitfensters. Eltern dagegen werden manche mit 17, andere mit 35, mit 45 und Männer auch später noch, und andere gar nicht. Im Erwachsenenalter lässt unsere natürliche Ausstattung uns viel Spielraum. *Wachsen und wachsen lassen* trifft meine Absicht deshalb genauer als die nur scheinbar genaue Zeitangabe. Am liebsten hätte ich diese ganz fallen gelassen, aber dann meint die Leser*in wahrscheinlich: Hier steht ein Buch für Hobby-Gärtner. Was natürlich auch ein gutes Thema zum Schreiben ist, aber mir geht es um die Entwicklung und Entfaltung von Menschen.

Genauer gesagt liegt der Fokus der kleinen Texte – Zettelkasten – auf der schwierigen Zweigleisigkeit, die zwangsläufig entsteht, wenn jüngere Erwachsene einerseits die Entwicklung anderer Menschen begleiten und für sie Verantwortung übernehmen – *wachsen lassen* – und gleichzeitig weiter an der eigenen Entfaltung arbeiten – *wachsen*. Denn das eigene Wachsen sollte niemals enden. Etwas weniger turbulent wird es mit der Zeit vielleicht.

Wachsen und *wachsen lassen*! Ist es denn gesichert, dass beides überhaupt zusammengeht? Es ist es natürlich nicht. Im einen Fall geht es mühelos zusammen, im anderen Fall gar nicht, und wieder andere sind vielleicht froh, einmal mit jemandem darüber sprechen zu können, und sei es mit einem Buch.

Weil aber jedes Leben anders verläuft, kann das Buch nicht mit jedem Abschnitt jeden ansprechen.

Und noch etwas: „25 bis 55" könnte zum Vergleichen verführen, aber Vergleichen ist Gift. Wer mit 18 Jahren Mutter oder Vater wird, findet sich eventuell „schon" mit 45 in der Großelternrolle wieder – ob und wann das passiert, Oma oder Opa zu werden, hat ja niemand selbst in der Hand –, während ein anderer mit 55 „noch" im Elternbeirat der KiTa sitzt. Um das zu unterstreichen, überlappen sich auch die „Altersangaben" zwischen den Kästen!

Das Gift liegt in den vielen kleinen *noch* und *schon*, die wir Menschen gegen die Lebensweise anderer in Stellung bringen. Sie transportieren wahlweise Geringschätzigkeit und Befremden oder geheime Eifersucht. Einer „erreicht" eine Spitzenposition, ein anderer „bleibt immer" Sachbearbeiter. Auch hier schlummert das Gift der heimlichen Bewertung: *erreicht, bleibt immer*.

Was ist „besser"? – Vergesst diese Frage. Gut ist es, wenn ich mein Leben nach *meinen* Zielen geordnet habe, und deshalb ist es gut, in Abschnitten statt nach Jahren zu denken: *Jetzt* ist für *mich* eine Zeit des Wachsenlassens. Niemand ist berechtigt, meine höchstpersönliche Planung zu bewerten. Tut er es dennoch – Marc Aurel würde dazu sagen: *Indem dieser Mensch* ***mich*** *zu bewerten meint, erzählt er mir etwas über* ***sich selbst****, auch wenn ich das gar nicht wissen wollte.*

So ganz autonom sind wir freilich nicht, da brauchen wir uns nichts vorzumachen. Nicht alles im Leben passiert dann, wenn ich es in meinen Plänen mir wünsche, und manches passiert überhaupt nicht, obwohl ich es so sehr herbeiwünsche, oder es geschieht unerwartet und vielleicht ungebeten. Unsere Autonomie ist begrenzt. Nutzen wir sie!

Teil I

Für zuhause

Kapitel 1

Wachsen und zugleich wachsen lassen: wie kann das zusammen gehen?

Gleich vorab: Wenn Menschen erst dann Eltern werden könnten, nachdem sie selber fertig „gewachsen" sind, gäbe es keine Nachkommen und folglich bald auch keine Menschen mehr.
Ich jedenfalls hätte unter dieser Voraussetzung nicht Vater werden dürfen: Selbst noch Student, ohne langfristig gesichertes Einkommen, ohne Examen, ohne Job – und die werdende Mutter in allen Punkten identisch. Und so wie es äußerlich ausgesehen hat, so war es wohl auch innen drin, jedenfalls aus heutiger Sicht. Also ich hätte mir so etwas nicht als Vater ausgesucht!
Aber es hat funktioniert! Als Eltern auch selber noch weiter zu wachsen, darauf sollte jede*r sich gefasst machen – und zugleich darf auch jede*r darauf bauen, dass das wirklich geht. Es geht um äußerliches Wachstum, was nicht allzu schwer ist, wenn jemand bei null beginnt. Wichtiger erscheint mir die Entwicklung der inneren Stärken, von denen schon zu Beginn die Rede war, wie Festigkeit, Klarheit, Selbstvertrauen, Selbstbewusstsein und auch Umgang mit Misserfolg.

Stichwort Misserfolg: Das Wachsen-Lassen dauert lange, und immer wieder bieten sich Gelegenheiten, aus früheren Fehlern zu lernen und Misserfolge zu kompensieren – wobei sowieso nicht jeder Fehler gleich Folgen hat, zum Glück.

Wer darauf hofft, schwerelos und fehlerfrei durch die Elternschaft zu schweben: Vergiss es. Entscheidend sind Ehrlichkeit mit sich selbst und Realismus in der jeweiligen Situation. Dies und nur dies ermöglicht die nötigen Korrekturen. Wachsen zu lassen ist keine Tätigkeit, sondern eine Haltung. Wachsen lassen beginnt im eigenen Ich. Darum erzählen diese Texte immer wieder vom Umgang mit sich selbst, obwohl es doch vordergründig um eine Tätigkeit zu gehen scheint, nennen wir sie die „Aufzucht“ der Jüngeren.

Eines Tages beginnt der Rollenwechsel

Den größten Teil meines Lebens bin ich umsorgt worden. Konnte mich dem Netz der Fürsorglichkeit, das unter mir aufgespannt war, jederzeit anvertrauen. Später habe ich dagegen aufbegehrt, habe mich allmählich frei geschwommen. Und jetzt stehe ich für mich, vielleicht schon bombenfest, vielleicht noch wackelig. Das Netz wäre wahrscheinlich noch da, wenn ich wirklich fiele, aber ich nehme es nicht mehr wahr, und will es auch nicht. Und schon ruckelt das Zahnrad einen kleinen Zacken weiter, und schiebt mich unversehens und endgültig auf die andere Seite. Statt das frühere Netz zu nutzen, soll ich nun selber eines aufspannen. Das ist gut, und ich werde mich dem stellen. Nur, wie soll es aussehen?

Etwas treibt mich um. Könnte es denn sein, dass der Gedanke an Netz und elterliche Fürsorge vor allem ein Gefühl von Unfreiheit wachruft, die ich nicht weitergeben will? Dass er mich vor allem an spätere Erlebnisse erinnert, wo vieles schon ziemlich kompliziert geworden war? Weil schließlich das, was in der Erinnerung oben auf liegt, nicht unbedingt die beste Zeit des gemeinsamen Eltern-Kinder-Daseins gewesen sein muss. Und jetzt also ich. Wie gehe ich mit dieser Frage um? Ganz einfach: Ich werde es besser machen.

Ihr werdet es, liebe junge Eltern, *wirklich* besser machen, Ehrenwort. Euer vieles Nachdenken wird sich auszahlen. Trotzdem kann der Einstieg in die Elternschaft zu Beginn ziemlich ruckelig ausfallen, sowohl praktisch, das liegt auf der Hand, aber auch emotional. *Fremdeln in der neuen Rolle* ist vielleicht das treffende Wort, vor allem, wenn die Zeit vom Ende der eigenen Unselbstständigkeit bis zum Erreichen der anderen Seite – selber Eltern – kurz gewesen ist. Das hat nichts mit Ablehnung zu tun! Es geht um die Suche nach der neuen Identität, das ist alles.

Für mich dauerte der Übergang nur wenige Jahre. Darum ist das, was ich hier schreibe, von der subjektiven Erfahrung eingefärbt. Als Statistiker muss ich dazu sagen: $n=1$, d.h. ich selber als mein einziges Beobachtungsobjekt, das ist keine Basis für allgemeine Aussagen. Keine Scheu, sage ich mir dann als Opa. Ganz nur auf mich allein stütze ich mich ja doch nicht. Und indem ich die spärliche Basis meiner These offenlege, bleibe ich ehrlich, und jede*r kann sie an den eigenen Erfahrungen messen. Ich glaube nicht, dass ich ganz falsch liege.

Die neue Aufgabe macht einerseits glücklich, das steht im Vordergrund. Tiefer unten nagt Zweifel. *Kann* ich sie ausfüllen? Und *wie* will oder kann ich sie ausfüllen? Wer bin ich schon, ich, der ich selber noch wachse!? Wie kann ich mir zutrauen, neues Leben reifen zu lassen und sicher zu führen, während ich noch genug Arbeit damit habe, selber zu reifen!? Ich behaupte: In dieser Situation entsteht eine latente Sehnsucht nach möglichst baldiger Symmetrie bzw. Augenhöhe, nach einem hyperverständigen Kind, das meine Entscheidungen kritisch prüft und mitträgt. *Wachse schneller, mein Kind, damit die Last der ungeliebten Asymmetrie bald schwindet!*

Endlich Symmetrie!?

Der Wunsch wird nicht erfüllt werden, jedenfalls nicht jetzt. Und Jahre später, wenn er dann in Erfüllung geht, ich denke an die Pubertät, ist es vielfach kein Wunsch mehr, sondern eher ein Schrecken. Dazu später mehr. Zunächst einmal braucht jedes Kind seine Zeit. Schneller wachsen geht nicht, auch wenn es bei manchen Kindern vielleicht so aussieht. Ein rasches Ende der Asymmetrie ist nicht in Sicht.

Übrigens ist der Pädagoge der griechischen Wortbedeutung nach der Kinderführer – warum stammen eigentlich so viele Schlüsselbegriffe aus dem Griechischen?! Ein Führer ist mehr als ein Coach, aber weit weg vom Diktator. Freilich ist das Wort angesichts unserer Geschichte verbrannt. Denken wir uns statt *Führer* einfach *Bergführer*, dann passt es wieder. Was tut der Bergführer, wann ist er dominant, wann hört er zu, wann tröstet er, wann ist er

„Demokrat". *Bergführer* als Vergleich finde ich nicht schlecht. *Leader* und *Leadership* sind zwar angelsächsisch, passen aber trotzdem ganz gut.

Übermotivation oder die merkwürdige Lage des ersten Kindes

Erste Kinder müssen viel leiden. Sie sind das Übungsfeld der jungen, hilflosen und manchmal noch ziemlich verkopften Eltern. Mit *verkopft* meine ich, wie ich es vorher beschrieben habe, ihr mühsames Hineinfinden in die neue Aufgabe und das tägliche Streben nach einer Perfektion, die es so niemals dauerhaft geben kann. Dafür bekommen Erstlinge vieles exklusiv, was alle späteren Kinder von ersten Tag an teilen müssen. Die Frage, was insgesamt vorteilhafter sei, als erstes oder als mittleres oder letztes Kind aufzuwachsen, bringt nichts. Für die Eltern kommt es in jeder Konstellation immer wieder darauf an, die Chancen und Risiken zu erkennen und entsprechend damit umzugehen. *Wachsen lassen*. Müssten Eltern, um das leisten zu können, nicht schon vom ersten Tag an erhaben über allen Problemen stehen? Und was tun sie stattdessen: *Wachsen*.

Dieser Gedanke passt sinngemäß auch für die Jüngeren. Für sie ist zwar die Optik entgegengesetzt, was die Darstellung verändert, aber der Inhalt bleibt. Je älter die Jungen werden, desto leichter können sie erkennen, dass auch Eltern noch an sich arbeiten müssen. Das dürfen sie auch erkennen. Es schmälert nicht die Autorität, wenn Eltern es zulassen. Sie dürfen zeigen, dass (auch) sie fehlbar sind, und sie dürfen sich auch mal entschuldigen. Wie befreiend solche Offenheit sein kann!

Am Anfang ist die Welt klar asymmetrisch. Das Baby kann gar nichts tun oder entscheiden, und es kann sich nicht strukturiert ausdrücken und keinen Willen äußern. Jedenfalls nicht sprachlich. Frage ein Baby doch einmal verbal nach seinen Präferenzen … – das klingt nach Parodie. Aber Hand aufs Herz: wer kennt nicht irgendwo Eltern, die so aussehen, als ob sie das gerne hätten? Gerade beim ersten Kind?!

Bald stellt sich die Sprache ein. Mit Sprache verbinden Eltern die Vorstellung von Rationalität. Zunehmende Rationalität verspricht zunehmende Symmetrie – endlich raus aus der belastenden Einseitigkeit: Ab jetzt nehme ich mein Kleinkind konsequent beim Wort und in die Mitverantwortung für alles, was (ab jetzt gemeinsam) entschieden wird. Dabei ist das mit der Rationalität so eine Sache. Von Erwachsenen kennen wir das genau, wie sie in bestimmten Situationen nicht mehr ganz Herr ihrer Emotionen sind und sich zu Äußerungen versteigen, die einfach nur daneben sind. Vermutlich ist das fast allen schon passiert. Kleinkindern jedoch nie, sie sind die einzige Ausnehme. Sie bleiben immer rational und kontrolliert, wissen immer genau, wann sie z.B. müde sind, und artikulieren auch immer genau das, was sie wirklich meinen. Und nach 10 Minuten erinnern sie sich noch präzise an ihr Statement von zuvor. Tun sie es wirklich? – Manchmal macht eine Überzeichnung subtile Mechanismen des Denkens schneller sichtbar.

Wieder taucht in der Erinnerung der junge Vater auf, der ich einst war, mit seinem ersten Kind. Der, als es noch nicht einmal krabbeln konnte, schon mit dem Schwiegervater darüber diskutiert hat, ob es dann später auf der noch nicht gemähten Wiese würde spielen dürfen, oder ob dies zur Schonung des Wuchses unterbunden werden muss – als ob Glück und Seligkeit des Babys (und der Wiese) davon abhingen! Nachträglich unvorstellbar, damals ernst. Verkopft eben. Wunderbar war das, und wir haben beide gemeinsam dazugelernt.

Ich spreche hier für jenen Teil der Elternschaft, die ihrer neuen Berufung täglich reflektierend, skrupulös und gewissenhaft gegenübertreten. Für sie lohnen sich solche Gedanken, sie können davon (noch) stärker werden.

Nochmal! – ***oder: Wie ein Weltbild entsteht***

Das Kind nicht mit überzogenen Erwartungen an seine Rationalität und „Mitverantwortlichkeit" für die eigene Entwicklung belasten. Einerseits. Aber zugleich: Das Kind bei allem ernst nehmen.

Warum schafft es ein kleines Kind, sich dutzende Male daran zu erfreuen, wie eine Kugel immer wieder die Bahn hinunterläuft, wenn es sie oben ablegt und loslässt? Weil es so die Welt lernt. Weil niemand ihm sagen kann *Höre zu, das ist ein Naturgesetz und heißt Schwerkraft*. Das tägliche *nochmal* ersetzt den Vortrag.

Schwerkraft und Eltern sind dasselbe. Die Natur hat dem Kind kein Vorwissen mitgegeben. Nur ein Programm: *Nimm begierig alles auf, was du um dich herum erlebst. Es wird deine Welt sein, und durch Beobachten und Nachahmen wirst du ein Teil von ihr werden.*

Täuschung, Lüge, Vernachlässigung, Missbrauch sind jünger als dieses ererbte Programm, und darum steht das Kind dem allen wehr- und schutzlos gegenüber. Mit solchen Erlebnissen ist es, als gäbe es Schulbücher, in denen ein Teil falsch ist, und einen Lehrer, der manchmal zuhört und manchmal nicht, Auskunft gibt oder keine oder Unsinn redet, und am Ende eine Prüfung des Gelernten mit harten Konsequenzen. Aber geprüft wird nicht, was im Schulbuch stand, sondern das, was in Wirklichkeit ist. Wer würde sein Kind in diese Schule schicken?
Für wen schreibe ich das? Ich kenne selbst keine Eltern, die sich so verhalten. Aber die Statistiken und die Tageszeitung sind voll davon. Ich glaube übrigens nicht, dass ein Ausraster oder eine blöde Antwort ab und zu etwas ausmachen. Gerade dazu ist doch dieses dutzendfache *nochmal* gut: Kinder sind lernbegierig, aber sie sind auch vorsichtige Menschen. Wenn Eltern das (fast) immer bedenken wird nichts schiefgehen können. Spätestens in der Pubertät werden sie Früchte sehen.

Freiheit und Verantwortung beim Wachsenlassen

Und wenn es nicht so ist? Wenn die Reflexion der Eltern fehlt? Aus Elternsicht wäre dies Teil der Freiheit, so zu handeln, wie sie es richtig finden. Eher sollte ich schreiben *wie sie wollen* – sie reflektieren ja nicht. Manchmal wäre es auch richtig zu sagen *wie sie eben können.* In jedem Fall jedoch sind Freiheit und Verantwortung beim Wachsen-Lassen besonders eng verbunden. Der Satz vom Anfang, dass sich das Leben zurückholt, oft mit Schmerzen, was ihm vorenthalten wurde, gilt auch generationenübergreifend. Zwar häufig, aber leider doch nicht immer will das Leben kompensieren und heilen. Manchmal ist es auch rachsüchtig – zu Lasten der Nachkommen.

Der letzte Gedanke könnte der Auftakt zu einem politischen Buch sein. Weil es dies aber nicht sein will, darf das Kapitel an dieser Stelle einfach enden.

… und zum Trost noch ein letztes:

Der erste Fallschirmsprung – muss stimmen, sonst tödlich.

Der erste Kuss – egal.

Das erste Kind – ???

Das Leben *kann* rachsüchtig sein. Meistens ist es das aber doch nicht. So vieles lässt sich im Verlauf wieder korrigieren!

Kapitel 2

Wachsen lassen – eine Sache der eigenen Haltung

Wenn dieses Kapitel etwas länger wird, dann kann ich nichts dafür. Menschen wachsen langsamer als Gurken, innen und außen. Und wir wollten ja auch nicht über das Gärtnern sprechen. Aber auch keine blöden Witze machen! – hab ich doch gar nicht.

Gurken lässt man wachsen, indem man sich schlau macht, was sie brauchen, und es ihnen zuführt. Wasser, Licht, oder weniger Licht, Dünger oder keinen Dünger, eine bestimmte Erde, ich kenne mich da nicht so genau aus. Hier liegt der qualitative Unterschied. Der Gurke muss ich bloß die Dinge zuführen, die sie braucht. Das muss ich bei einem Kind oder jungen Menschen auch. Aber die Gurke hat keine Seele, und in welcher Verfassung ich ihr begegne, ist ihr egal. Nur Esoteriker würden da vielleicht widersprechen. Bei Kindern kann da niemand widersprechen, und das ist der Unterschied. Gärtnern ist eine Tätigkeit, auch wenn sie oft aus tiefster Überzeugung getan wird. Erziehen ist eine Lebenshaltung.

Johannes Hiemer

Den Johannes Hiemer kennt keiner, weil es ihn nicht gibt. Oder wenn es ihn gibt, ist er nicht gemeint. Johannes Hiemer ist das Pseudonym, unter dem ich vor 15 Jahren anfangen wollte, diese Gedanken niederzuschreiben, statt sie in den Zettelkasten zu werfen. Die Welt dreht sich langsam, und die Zettel von damals gefallen mir noch. Damals fand ich, dass ich nicht zugleich Vater sein und über das Vater-Sein schreiben kann. Denn dann wäre ich „im Leben" der real existierende Vater, so scheußlich wie andere Väter auch. Beim Schreiben dagegen kommt es auf die guten Momente an, auf Gedanken, die sich gut herzeigen lassen. Ich hätte in meinem Buch nicht einmal lügen müssen, und auch nicht so tun, als wäre das, was ich schreibe, ein Standard, der bei mir 7/24 hochgehalten wird. Ich hätte freimütig bekennen können, was ich schon alles verbockt habe, was ja auch notwendig ist, wenn man ehrlich bleiben will. Trotzdem wäre ein Missbehagen hängen geblieben. Es wäre gewesen wie das Gefühl einer Aufgeblasenheit, die in sich zusammenfällt und in Scham übergeht, sobald die spitze Nadel der Wirklichkeit sie auch nur sanft berührt.

Und will ich es etwa meinen Kindern antun, einerseits mit ihnen „normal" zu leben, aber gleichzeitig eine Art Livestream zu veranstalten? So widerlich wie die elendeste Reality-Soap?!

Heute fühle ich mich freier. Wenn Kinder selber damit beginnen, die „Seite zu wechseln", indem sie Eltern werden, entsteht eine andere Freuden-, und hoffentlich nie zu sehr auch Leidensgemeinschaft. Sagen wir neutral *Erfahrungsgemeinschaft*. Eine gleiche Augenhöhe stellt sich ein, zunehmend gleiche Erfahrungen, und alles wird einfacher. Darum will ich's jetzt wagen.

Kurze Ansprache des „ungeborenen Großvaters" Johannes Hiemer an sich selbst

Nicht nur die Elternrolle kommt plötzlich. Mit der Rolle als Großvater oder Großmutter ist es genauso! In einem Skizzenbuch habe ich das damalige Erdbeben meiner Seele festgehalten. Hier ist es, wenn auch etwas aufgefrischt:

> In knapp sieben Monaten werde ich Großvater sein. Großvater! Und das schon mit mitten in den 50-ern. Ich bin entsetzt. Ich bin glücklich. Danke, dass ihr mir's schon erzählt habt. Beruf. Ich werde für meine Enkel wenig Zeit haben – noch weniger als vielleicht damals. Zu wenig Zeit? Wir werden sehen. Nichts stimmt mehr: Mutter-Rolle, Vater-Rolle - warum soll also ausgerechnet die Opa-Rolle noch stimmen? Sie wird stimmen, wenn auch anders. Wie genau, das wird sich zeigen.
>
> 1-2 cm wird er schon haben, mein erster Enkel. Oder meine Enkelin! Höchste Zeit also, sich Gedanken über ihre Erziehung zu machen ... Schließlich ist es ja nie zu früh.
>
> OK, wenigstens aufschreiben kann man's mal. Und dann den jungen Eltern unter der Tür durchschieben. Damit sie gleich wissen, wo's lang geht.
>
> NEIN, nix da. Ich bleibe lieber inkognito. Und niemand wird je erfahren, was ich hier anstelle.
>
> ***
>
> 7 Monate später: Zwillinge! Ein Mädchen und ein Junge. Ein Traum. Sie werden fehlerfrei erzogen werden. Von mir, der ich jetzt alles besser weiß.

Nein, nicht von mir. Von den Eltern. Und genauso falsch und ungenügend, wie diese selbst erzogen wurden.

Sie werden glücklich sein. Glücklich und aufrecht.

P.S.: So erging es dem Johannes Hiemer. Und der real existierende Autor? Wie war es bei ihm? – Das ist schnell erzählt. Er wurde glücklicher Großvater von – seinem ersten Enkelkind, dem er hier nicht schon pränatal das erste Gender-Korsett überziehen wird.

Ja zur Leadership!

Leadership: Ja, aber nicht immer. Keine Scheu, Leadership zu übernehmen, wenn sie benötigt wird. Das ist mit zwei Jahren häufiger der Fall als mit zwanzig, aber nicht täuschen lassen. Manchmal wird Leadership auch später helfen, wenn ich mich als Vater „traue". Die Katze fällt immer wieder auf die gleichen Füße: Der Ausgangspunkt, um anderen Menschen beim Wachsen zu helfen, liegt in mir selber.

Aus diesem Blickwinkel heraus bietet es sich nicht an, den Text nach Alter zu gliedern. So in etwa *Wie funktioniert das Wachsenlassen zwischen x und y Jahren.* Nicht *es* muss funktionieren, sondern *ich* muss – nein, nicht funktionieren. Aber die Aufgabe immer wieder neu in mir angehen, immer zuerst in mir. Und das ist so schwer, und die Zeit so lang. Und dabei immer wieder zurückblicken auf Momente – oh, welch klägliche Figur habe ich hier gemacht. Sich schämen. Und trotzdem wieder aufstehen und weitermachen. Das Leben kann rachsüchtig sein, schrieb ich vorher. Aber meistens ist es doch gnädig.

Leadership braucht Selbstvertrauen, gepaart mit Verantwortung. Wenn es hart auf hart geht, bedeutet Leadership, zwar realistisch, aber letzten Endes ohne Netz auf die eigene Stärke zu vertrauen. Einem Bergführer, der sich so vorstellt: *Also ich gehe diese Tour jetzt zum ersten Mal. Aber ich werd' mich schon bemühen. Und notfalls ist dort unten gleich die Lazarett-Station* – also *ich* würde da nicht mitgehen, sondern mir lieber einen anderen suchen. Das Blöde ist nur, unterwegs mit den eigenen Kindern ist es wirklich die erste Tour! Und trotzdem ...

Pubertät – Erntezeit!

Dass die Pubertät unserer Kinder auf uns zukommen würde, war uns bekannt, als wir uns zur Elternschaft entschieden. Warum sich also ärgern, würde der Stoiker in mir fragen, oder warum auch nur überrascht sein, wenn sie dann da ist! Warum nicht einen ganz anderen Ansatz versuchen: Freude statt Zorn oder Enttäuschung! Das ist keineswegs als Witz gemeint. Denn sind nicht schwierige Zeiten, wie die Redensart behauptet, gute Zeiten für gute Leute?

Bis es so weit ist, hatten die Eltern und ihr Kind mehr als ein Jahrzehnt zur freien Verfügung, um darin gemeinsam etwas aufzubauen, was jetzt dem zunehmenden Druck standhält. Nicht in dem Sinn, dass dann die ganze Pubertät „nichts mehr ausmacht", das nicht. Aber so, dass die Krisen rechtzeitig vor den Fundamenten haltmachen. Und wenn das gelingt, ist es doch ein Grund zur Freude! So war das mit der *Erntezeit* gemeint. Und ja, nicht jede

Ernte gelingt, auch wenn Saatgut und Düngung und Pflege nicht zu tadeln waren. Manche Dinge entziehen sich dem eigenen Einfluss. Trotzdem weiter! Drei Faktoren möchte ich herausgreifen, weil sie mir besonders wichtig erscheinen.

Vertrauen: Ich sage meinem Kind die Wahrheit, immer. Auch wenn sie mir unbequem ist. Ich passe sie dem Verstehen an, aber ich verfälsche nichts. Später ist es ja umgekehrt! Später ist es das Kind, die Jugendliche, der manche Antworten unbequem sind. Es braucht nur wenig Takt der Eltern, um zu erkennen, auf welche Antworten sie jetzt gerade besser verzichten. Aber die Antworten, die kommen, stimmen. Wenn die Grundlage von beiden Seiten gut eingeübt ist – warum sollte es jetzt ausgerechnet schiefgehen! In manchen Familien wird dieser Grundsatz von Anfang an gebrochen. Sie sollten sich Gedanken machen.

Respekt: Respekt gilt für beide Seiten. Unaufgeregte Leadership verschafft ihn mir von selbst, ohne dass ich ihn einfordern müsste. Für die Jüngeren respektabel zu sein ist etwas anderes als respektheischend. Es geht um den Zusammenklang von Worten, Werten und Werken, dreimal „W".

Marc Aurel sagt über die Aufrichtigkeit, sie sei wie Mundgeruch: Man spürt sie ganz von selber. Das passt doch auch für *respektabel*, oder? Respektabel zu sein bedeutet, dass ich nicht extra betonen muss: *Du musst Respekt haben und folgen, weil ich erwachsen bin.* Hingeschrieben ist das so schnell und umgesetzt so schwer. Aber nicht verrückt machen lassen.

Nobody has to be perfect! Really nobody!

Auch die Gegenrichtung ist einfach – wiederum in der Theorie. Zunächst muss mein Kind darauf vertrauen können, dass ich es jederzeit ernst nehme. Sich nicht erinnern müssen, dass ich jemals darüber gelacht hätte, wie es sich abmüht und lernt. Das sollte noch klappen. Dazu Takt. Bei allem Wissens- und Erfahrungsvorsprung trotzdem die subjektive Gleichrangigkeit der Anschauungen voraussetzen. Also kein *Wie kann man nur so (… hier nach Belieben ein „passendes" negatives Adjektiv einsetzen …) sein!* Schon schwerer. Und drittens das Argumentieren und Fragen aushalten. Auch dann, wenn die Verpackung gerade nicht perfekt ist. Manchmal echt schwierig. Das sind Zeichen von Respekt und echter Wertschätzung.

Obwohl es nicht so schwer aussieht, müssen manche Familien vielleicht auch darüber nachdenken.

<u>Liebe</u>: Hier geht es nicht um Leadership im Wirtschaftsleben. Und dementsprechend ist das Ziel nicht Zusammenhalt und Leistung, sondern immer wieder das Wachsenlassen. Das geht am besten mit Liebe. Und wenn sie da ist, kann man die beiden vorherigen Faktoren eigentlich gleich wieder einsammeln, weil sie sich dann von selber ergeben. Für die Phantasie und das Mitdenken ist es trotzdem gut, wenn sie stehen bleiben. Allein schon deswegen, weil Liebe, wenn sie existiert, zwar immer da ist, aber nicht immer sichtbar. Manchmal ist sie von Zorn zugedeckt, oder von Trauer, von Sorgen … Dann helfen die beiden anderen.

Pubertät – Jeder Widerspruch ist ein Geschenk!

Warum denke ich bei mir eigentlich nicht *Danke!*, wenn ich eine aus meiner Sicht blöde oder schräge Antwort bekommen habe, wenn ich Vorwürfe bekomme, mit seltsamen Ansichten behämmert werde? Das ist wieder kein Witz! Denn in diesem Moment schenkt mir mein Kind Aufmerksamkeit und Zuwendung, statt dass es einfach die Tür zumacht und geht.

Das ist ernst gemeint. In der Wirtschaft wird es längst verstanden, dass Reklamationen von Kunden keine Qual, sondern ein Geschenk sind – sie könnten ja auch wortlos zur Konkurrenz gehen. Konkurrenz? – darum genau geht es doch! Die Konkurrenz schläft doch nicht. Sie lauert vor dem Pausenhof, im Schwimmbad, in der Disco und überall, und sie hat immer Verständnis. Nur dass sie lügt, sagt sie nie.

Statt *immer Verständnis* setze ich dagegen: *Immer Respekt,* manchmal ernsthafte Einwände, wie nur Respekt sie erzeugen kann, immer Liebe und die Gewähr einer unverbrüchlichen Solidarität.

Über die eigene Pubertät kann jede*r Geschichten erzählen. Hier nur eine ganz kleine. Ich darf sie erzählen, weil erstens mein Vater inzwischen hochbetagt verstorben ist und wir uns zweitens später darüber sehr gut austauschen konnten: Es war auf dem Höhepunkt der Krise zwischen ihm und mir. Es gab wenig, was ich nicht zu kritisieren hatte, und im Lernen von Freiheit war ich immer erbarmungslos. Da ergab es sich, dass er in seiner Firma ein Problem in seiner Funktion als Vorgesetzter bekam. In diesem Moment habe ich ihn fundamental überrascht, indem ich mich einfach hinter ihn gestellt hatte. Es hat ihm, wie ich später erfuhr, sehr geholfen. Und wie kam es: Nicht, weil ich irgendwie toll war. Sondern, weil meine Eltern das in mir durch ihr Verhalten zu mir so angelegt hatten – *Erntezeit.*

Pubertät – Fürsorge und Dominanz entkoppeln sich!

Um das, was ich im vorherigen Abschnitt beschrieben habe, in praktischen Leben mit den Nachkommen nicht nur gezwungen umzusetzen, sondern gern zu tragen (und nicht etwa nur leidend zu *er*-tragen), braucht es schon manchmal Größe. Sie entsteht – wie fast alles in diesen Texten – durch Wachstum! Am Vorabend der Pubertät wäre es fein, wenn man schon sagen könnte: Sie *entstand*! Die Größe ist schon da! Aber etwas Zeit ist auch jetzt immer noch.

Bisher war es einfacher. Nicht die Situationen selbst, sondern mein Umgang mit ihr. Wenn mein Vierjähriger aufs Brückengeländer klettern oder der Siebenjährige den Helm nicht aufsetzen wollte, waren Fürsorge und Dominanz noch vereint.

Und jetzt? Fürsorge ungebrochen. Aber Dominanz? Sobald ich es ernst damit meine, dass junge Menschen Freiheit lernen sollen, entsteht ein Zielkonflikt. Zu Beginn habe ich den Jüngeren den Rücken dafür gestärkt, ihre wachsende Fähigkeit zur Autonomie auch einzusetzen. Und als Älterer sehe ich zugleich die wahrscheinlichen Fehler und Risiken. Was also tun?

Als erstes mir selbst etwas zutrauen. Unaufgeregte Leadership, sagte ich dazu. Wenn ich jeden Rat, den ich gebe, mit einem Verbot „bekräftige" – ich würde eher sagen: schwäche –, und obendrein gleich noch die zugehörige Sanktion ankündige, ist das etwa Leadership? Oder wenn ich, vermeintlich heimlich, gleich noch hinterher recherchiere?

Auch das sind langjährig geübte und anerzogene Reflexe. Wenn ich schon meinem Dreijährigen gesagt habe: Tue dies nicht, sonst … – so etwas bleibt. Nicht mein Wort scheint wichtig zu sein, so lernt mein Kind von mir, sondern die Schwere der angekündigten Sanktion.

Wenn dagegen gelernt wurde, dass das Wort Gewicht hat, auch ohne Drohung, wird die allmähliche Rückführung der Dominanz leichter. *Leichter* ist immer noch schwerer als *leicht!* Und wegen des Rauchens – Schlimmeres war damals noch nicht so in aller Munde wie heute – haben wir damals auch schlecht geschlafen. Aber alles ging sehr gut, und der einzige (freilich auch nur sehr kurzzeitige) Raucher in der Familie bin ich selbst geblieben – Glück gehabt. Zwar berechenbares Glück, aber trotzdem.

Dabei möge bloß nicht der Eindruck entstehen, als könnte mir ein Kind im Dialog nichts Wichtiges zurückgeben. Natürlich kann es, ja muss es! Im ersten Kasten war davon bereits die Rede. Wir Älteren müssen uns die Welt der Jüngeren genauso erklären lassen wie umgekehrt. Es ist die Welt, in der sie täglich leben, und von der ich nichts oder nicht genug verstehe, eben weil ich nicht in ihr lebe (beinahe sage ich: nicht leben muss – aber das hinzugedachte *muss* ist gerade das Indiz meiner Unkenntnis). Wobei *Welt* ein recht ungeordnetes Durcheinander aus Gegenständen, Trends, Gruppendruck und was weiß ich allem sein kann. Spielt aber keine Rolle! Es ist die Welt, um die es dann geht. Das sind Denkanstöße und keine Kochrezepte mit Erfolgsgarantie. Jedes Leben ist anders, weil auch die Menschen verschieden sind. Und die Umstände.

Pubertät ist Weichenstellung!

Das Leben ist meistens gnädig und nicht nachtragend, sagte ich. Die Pubertät ist vielleicht der Zeitpunkt, wo es am ehesten nachtagend straft. Die mögliche Höchststrafe ist mit einem Satz beschrieben: Zerrüttung der Beziehung.

Das ist kein guter Gedanke, und Angst ist sowieso ein schlechter Ratgeber. Außerdem passt ein Angst-Szenario nicht zu dem Vorschlag von zuvor, sich auf diese Zeit zu freuen. Bei positiver, optimistischer Betrachtung entsteht ein anderes Bild, nämlich: Wir sind gut vorbereitet in diese Zeit gegangen – Ernte!

Wir haben unsere Kinder darin unterstützt, ein eigenes Weltbild zu entwickeln, mit ersten eigenen Anschauungen, egal, wie lange diese halten. Und darauf verzichtet, ihnen in ihrem Wandel Positionen von gestern vorzuhalten. Wir haben es ihnen andererseits nicht bequem gemacht, und das wollten sie auch nicht. Sie wollten ja den Widerstand, um daran zu wachsen.

Wir haben es verstanden, immer die Sache von der Person zu trennen, die Ansichten von der Sprecher*in. Wir haben Meinungen geäußert, Vorschläge, auch Warnungen. Aber keine negativen Werturteile.

Wir haben uns „stärkere Mittel" nie grundsätzlich verboten. Aber wir mussten sie nicht ziehen.

Wer überall mit *JA* antworten kann, hat 100 Punkte. Ich würde für mich selbst sagen: wir hatten 50 Punkte. Das war schon ganz gut. Im Zeugnis würde vielleicht *ausreichend* stehen. Und ja, es hat ausgereicht, um die Beziehung zu allen Kindern heil und gefestigt über diese Zeit zu bringen.
Vorfreude auf mehrmals Pubertät, wenn ich diesen Gedanken schon vorher gekannt hätte, wäre berechtigt gewesen.
Warum nicht weitere Geschichten von mir? Muss es doch geben? Es gibt sie, aber sie passen nicht mehr. Seit meiner Geburt lebe ich hier in dieser Weltecke in einer fast beispiellosen Kontinuität. Alles ist zwar, so scheint es, in dieser Zeit höher weiter schneller bunter schriller aufgeregter teurer anspruchsvoller verschwenderischer geworden, aber irgendwie immer noch so. Das stimmt, aber nicht für alles. Die Auseinandersetzungen von mir mit meinen Eltern waren zeitbedingt anders. Jung gegen Alt, die 68-er, das ist bekannt. Und Alt gegen Jung? Neben der persönlichen Komponente, die immer gleich abläuft, spielte für viele Eltern damals echte Angst mit. Es war die Angst, dass hier eine ahnungslose Horde heranwächst, die sich anschickt, alles zu zertrümmern, was seit 1945 neu geschaffen wurde. Da ich vor meiner Geburt nicht da war, konnte ich das nicht sehen, und verhielt mich dementsprechend. Die Details sind nicht mehr von Interesse.
Als ich dann eine Generation weiter war, selbst Vater, habe ich meinen Kindern gerne Dinge erklärt, mit Gedanken einmal so herum und dann anders herum, und bin am Ende der Frage *Sag doch mal, Papa, wie DU es nun siehst*, am liebsten ausgewichen. Da hätte ich gern mehr Farbe zeigen können. Unter

dem Eindruck meiner eigenen Pubertät hatte ich das Pendel einfach auf der entgegengesetzten Seite angehalten.

Nun darf ich als Großvater gespannt sein, wo denn meine Kinder das Pendel als Eltern anhalten werden. Lange muss ich nicht mehr warten.

Kapitel 3

Schulnoten – erste Gedanken

Glücklich, wer von selber gute Noten hat. Könnte man meinen. Zu Beginn sprachen wir darüber, was denn mit *Glück* gemeint sein kann, und es gab so viele verschiedene Aspekte! Gute Noten in etwa so, wie das Glück des Anglers, der an der richtigen Stelle sucht und einen ganz dicken Fisch erwischt? Oder der vom Christkind schon bei der Geburt mit einer sehr prächtigen Angel ausgestattet wurde? Oder glücklich, weil sie/er bewundert wird? Von wem? – oder das genaue Gegenteil?

Glücklich auch im Sinne von erfolgreich? Mit 8 besteht der Erfolg aus dem Lob der Eltern. Heile Welt. Und mit 9 und 10 dann der Übertritts-Stress, für die eine ein Spiel, für den anderen angstbesetzt – wer oder was macht Angst, und wer *hat* (selber) Angst. Die Eltern? Und mit 13? Wann fühle ich mit 13 Erfolg? Wer erinnert sich noch zurück? Mit 13 oder 14 ist das Spektrum der Wertvorstellungen und Emotionen breit, glaube ich. Wen von den Älteren kümmert's? Es sollte kümmern! Zu blöd? Streber? Uncool (wenn das noch so heißt)? Und, wenn Gymnasium, wie ist es dann mit 17? Wo längst die Gehirnwäsche läuft, die stündlich hämmert mit ihren Parolen, dass Glück durch Erfolg und Erfolg durch Anpassung erreicht wird?

Schulnoten und Glück, es kommt mir vor wie ein Slalomlauf über viele Jahre, wobei, so ist das beim Slalom, die Stange einmal rechts von der Route steckt und gleich danach links. Ich meine jetzt das *glücklich-Sein,* nicht das *Glück-Haben.*

Slalom, aber in Zeitlupe. An jeder Stange ist unendlich (fast unendlich – sagen wir: genügend) Zeit. Die Trainer*in hat immer schon die nächsten vier Stangen im Blick und sucht die beste Route, während ihr Schützling sich mit der ersten müht. Sie weiß, dass nach der harten Wendung nach links *vielleicht* bald wieder ein ebenso harter Schwenk in die andere Richtung kommen muss, und sucht die Ideallinie. *Vielleicht?* Ja, vielleicht. Das nämlich unterscheidet den Slalom vom Leben, dass im Slalom die ganze Strecke schon am Start bekannt ist. Und für andere ist die Schulzeit sowieso nur eine gemächliche Schussfahrt – Glück gehabt, könnte man dann sagen.

Schulnoten – wie ein Fünfer entsteht

Wer nichts gelernt hat, kriegt 'ne Fünf oder gleich 'nen Sechser. So what? Wer sich die falsche Schule ausgesucht hat, kriegt schlechte Noten. So what?

Und wer auf der passenden Schule ist und immer fleißig, kriegt lauter Einser? – Nee. Jetzt denken wir uns mal, dass alles passt: Die richtige Schule, der nötige Fleiß, und die Slalomstange steht gerade so, dass gute Noten eigentlich das Ziel wären, aber es kommen schlechte.

Überlegen wir zuerst den Mechanismus, und später die Situation.

Das Grundmodell ist einfach, direkt und falsch: Klugheit führt zu Wissen. Wissen führt zu guten Noten. Punkt.

Erste Erweiterung: Vor Prüfungen steht die Angst. Manchmal mehr, manchmal weniger, auch innerhalb derselben Person. Angst könnte (eigentlich) ein Leckerbissen für empathische Eltern sein – dazu später.
Zweite Erweiterung: Vor dem Lernen stehen Blockaden. Es drückt der Fünfer vom letzten Mal. Und es drücken, je nach aktueller Slalomstange, viele Emotionen. Und überhaupt der Mut-Nehmer, der alles Selbstvertrauen lähmen will und überall mitmischt.
Damit entsteht ein erweitertes Modell, und das soll für diesen Zweck auch das letzte sein: Klugheit führt zu Wissen, wenn das Lernen Spaß macht und ohne Angst erfolgt. Wissen führt zu guten Noten, wenn die Kandidat*in ihre PS im entscheidenden Moment auf die Straße bringt. Gute Noten beflügeln das Lernen. Die positive Rückkopplung erledigt den Rest.
Praktisch wird es keine einzige Familie geben, wo das für alle Kinder, alle Fächer und die ganze Schulzeit lang immer nur klappt. Darum geht es auch nicht. Es geht auch nicht darum, jetzt alle weiteren Faktoren mit ins Bild zu holen, wie etwa leichtfertige Selbstüberschätzung mit Spaß am Lernen, freiem Kopf in der Prüfung und dann – einem Fünfer. Nur ein Beispiel. Es geht um Ansatzpunkte für den Leader.

Schulnoten – der Fünfer entsteht im Kopf, der Einser im Herzen

Insgesamt steht der Notenerfolg auf zwei oder eigentlich drei Beinen, Kopf und Herz, und dazu genügend Training. Hier will ich nur vom Herz reden, damit das nicht vergessen wird. Und ich meine nicht die bunten Bildchen, die in Mails und SMS etc. milliardenfach inflationiert um den Globus segeln. Ich meine: *Sich ein Herz fassen*. Couragiert sein. Den Angsthasen im Griff haben. Prima Idee: *Sei couragiert, dann geht das schon*. Würde das reichen? Nein! Es wäre wie beim Passfoto: *Schau doch mal entspannt! Nein, nicht so verkrampft! Nein, es wird ja immer schlimmer! ENTSPANNT!!!!!* Bis die Delinquent*in schreiend das Lokal verlässt.

Ich werde nicht der Scharlatan sein, der windige Versprechungen macht, sondern Elternteil mit viel Verantwortung. Ich kenne mein Kind und gaukle ihm nichts vor. Aber: ich gehe mit meiner Zuversicht bis ganz an den Rand, bis ganz dorthin, wo das Eis wahrscheinlich gerade noch trägt. Und von dort rufe ich ihm zu: ***Ich** habe keine Angst, und **du** musst auch keine haben – komm nur.* Und auch nicht Angst haben, wenn wieder Fünf. Und vielleicht dann wieder. Und wieder. Kein Scharlatan sein, aber mit Augenmaß und breiten Schultern durchhalten. Der Gedanke dahinter ist übrigens immer gleich, egal ob Prüfungsangst oder Lernblockade.

Und damit ist klar, wer von beiden an sich arbeiten muss, damit der Fünfer weggeht: *Orthos, mê orthumenos – es wagen, selber wirklich fest zu stehen, ohne Hilfe*. Hier hat Marc Aurel, der Kaiser wieder Recht. Wenn ich als Eltern jemandem beim Wachsen helfen will, damit sie oder er allmählich selber stabil in den Schuhen stehen kann, muss vorher *ich* fest stehen. Ohne Zukunftsangst, ohne Angst vor den Zuschauern, völlig frei. Gibt es einen einzigen Vater oder eine einzige Mutter, die da keine Nacht mit sich und den eigenen Ängsten gekämpft hat?

In solchen Momenten sind alle Eltern irgendwie so, wie einst Aeneas im Epos, als sie, an fremder Küste gestrandet, perspektivlos dasaßen – und einer muss die Führung übernehmen, und das ist natürlich Aeneas, der Chef:

Talia voce refert curisque ingentibus aeger
spem vultu simulat, premit altum corde dolorem.
Also lautet sein Wort, und siech von unsäglichem Kummer
Zeigt er Hoffnung im Blick; tief birgt er den Schmerz in dem Busen.

Die Übersetzung ist schön für die Ästhetik. Eigentlich jedoch ist der Text härter: Aeneas täuscht Hoffnung eigentlich nur vor (*simulat,* wie auf Deutsch *simulieren*). Erstes Buch, Verse 208-209, Übersetzung Artemis & Winkler, 9. Aufl. 1997.

Ja, das ist es. Schmerz und Sorgen manchmal nach innen pressen. Bis an die Grenze gehen. Aeneas hatte keine Wahl, er stand mit dem Rücken an der Klippe. So schlimm haben Eltern es nicht. Hoffnung vorlügen und dann auf göttliche Fügung hoffen, das muss niemand. Wie zuvor gesagt: so weit gehen, bis das Eis dünn wird und gerade noch trägt. Mein Kind ist jedenfalls nicht dazu auf der Welt, um mich zu trösten. Wenn es in der Schule stürmisch wird, werden Eltern zumindest zu kleinen Aeneasen. Ob nach Jahren Rom gründen oder ein Kind durch die Schule führen – wo bitte ist der Unterschied!

Das ganze ließe sich auch modern ausdrücken. Aber ich sagte es schon, Worte, die 2000 Jahre überbrücken können, haben ihre ganz eigene Kraft und manchmal ihren Zauber.

Wie stellst du dir das eigentlich vor?

Wieder eine sechs. Wie stellst du dir das eigentlich vor? Was soll aus dir mal werden? – Och, Papa, kein Problem. Ich habe einen klaren Masterplan, den ich dir jetzt vortragen werde. Ich werde dieses Jahr wiederholen. Wenn ich meine Entwicklung so betrachte, ist das sinnvoll. Im nächsten Jahr werde ich meine Blockaden lösen und durch Selbstmanagement auch mehr Freude an den Themen haben. Mit 20 werde ich das Abitur machen und in einem NC-Fach studieren, voraussichtlich Zahnmedizin. Promotion mit 29 und danach keinesfalls Wissenschaft, sondern Unternehmensberatung. Mit 40 werde ich dort den Partner-Status erreicht haben. – *Oh prima, Kind, gut dass wir mal darüber gesprochen haben! Damit hast du mich jetzt wirklich beruhigt!*

Nachhaltig bleiben, aber wie?

Egal welcher Verein, egal welcher Trainer: nach drei bis vier Jahren fängt der Verschleiß an, und nach dem Rauswurf bei Verein A fängt der bei A gerade gefeuerte Trainer beim Verein B neu und erfolgreich an, bis zum nächsten Crash. Ausnahmen bestätigen die Regel, und die ist notwendigerweise so wie sie ist.

Warum behält die Klasse ihre Deutschlehrer*in nicht die gesamte Schulzeit lang? – gleiche Ursache. Beim Fußballtrainer liegt das auch an der Gier im Profigeschäft. Auch, aber nicht nur, und darum das Lehrer-Beispiel gleich dazu. Alles, was der Mensch sich ausdenkt, um andere bei der Stange zu halten, egal ob Zuckerbrot oder Peitsche, ist nach einiger Zeit abgenutzt. Der

Verschleiß von „Methoden" trifft jeden, der sich auf sie verlässt oder verlassen muss.

Väter und Mütter sind die einzigen Trainer der Welt, die vom ersten Tag an einen 18-, 25- oder im Grunde noch langjährigeren Vertrag bekommen, normalerweise für beide Seiten ohne Kündigungsrecht. Was also können sie tun? Einigermaßen verschleißfrei sind nur ihre innere Haltung, ihre Stärke, ihre Autorität, ihr (begründeter) Optimismus – nicht Worte ohne Substanz –, ihr Mut, ihre Zivilcourage. – Oh, bitte aufhören damit! Das liest sich, als ob ein einziger Mensch das alles besitzen könnte, aber diesen Menschen gibt es nicht. Es geht ja auch nicht um das Besitzen, sondern um das daran-Arbeiten. Wachsen lassen als echte Arbeit, aber Arbeit an und mit sich selbst. Und so eingebettet halten vielleicht auch „Methoden" etwas länger. Jede*r möge es für sich und seine Familie herausfinden.

Sieben Grundsätze – sieben Vorschläge plus einer

Methoden wendet man an, Grundsätze hat man. Man hat sie sich erarbeitet, arbeitet weiter daran, revidiert sie. Grundsätze sind eine ernste und gute Sache. Mit Augenmaß.

> Corporate Identity. Grundsätze für den eigenen Laden. Die komplette Führung ist angetreten zur Gruppendynamik. Jeder darf mal, und der gemietete Unternehmensberater schreibt emsig mit. Whow, was sind wir toll. Wer solche und so viele Grundsätze hat – was kann da noch schiefgehen!

Freiheit gebrauchen. Ein Kollege und ich, wir waren an diesem Tag das Dream Team. Als wir die lange Liste der guten Vorsätze sahen, schlugen wir als weitere Nennung vor *Du sollst nicht töten.* Kam nicht so gut. Den ironisch verpackten Hinweis, dass der Laden gerade unterwegs dazu war, die wirklich wichtigen Dinge durch Vermengung mit zu viel Trivialem zu entwerten – keiner hatte das verstanden.

Später, gegen Ende zu, ein zweiter Vorstoß: *Wir könnten doch verabreden, dass wir uns die die Grundsätze auswendig merken, um sie immer parat zu haben?* Klar, angesichts der langen Liste war das erneut Ironie. Blicke entsprechend. *Du sollst nicht töten,* sagte ich ihnen wortlos. Am liebsten hätten sie …

Das Beispiel trifft unsere Situation nur ungefähr. Denn Gruppendynamik in Unternehmen hat neben der Erstellung einer solchen Liste auch andere, hilfreiche Ziele, eben Gruppendynamik. Den Zusammenhalt stärken. Dann ist der Weg das Ziel, nicht die abschließend erstellte Liste. Was ich aber sagen will: Grundsätze sollten nicht zu ausufernd sein. Schwer ist das, und mit den folgenden Vorschlägen bin ich im Begriff, die eben aufgestellte Messlatte sofort wieder zu reißen! Darum die Ironie in der obigen Geschichte. Sie ist zugleich auch Selbstironie für das, was ich gerade im Begriff bin zu schreiben. Am Ende des Kapitels komme ich darauf zurück, um zu retten, was dann noch zu retten ist ...

Die folgenden Vorschläge sind daher Spielmaterial. Streichen, ergänzen und ändern ist ausdrücklich erwünscht!

Vorschlag I

Ich gebe Sicherheit: ***Wenn etwas schief geht, stehst du nicht allein. Wir beide teilen uns das Risiko***

Es geht um den Grundkonsens, jenseits von Stimmungen und Kontroversen, auch, wenn diese mal hart ausfallen. Das ist klar, verbindlich und eigentlich nicht auslegungsbedürftig.

Trotzdem: Vorsicht vor Missverständnissen:

Teilen bedeutet *teilen* und nicht *abwälzen.*

Mit anderen Worten: auch wenn wir uns das Risiko teilen, es gemeinsam tragen, behältst du (Tochter oder Sohn) einen ordentlichen Batzen davon bei dir. So schwer, dass du ihn gerade noch tragen kannst.

Und noch etwas: Jedem platzt mal der Kragen, auch mir. Übermenschen gibt es nur im Märchen und bei Friedrich Nietzsche.

Vorschlag II

Ich verstehe mich als Coach und akzeptiere diese Rolle

Da steckt mehr drin, als auf den ersten Blick sichtbar. Ich überwinde die Distanz zur (Fehl-)Leistung meines Kindes. Ich mache mir klar, dass ich kein Zuschauer bin, sondern Akteur, dass ich (Mit-)Verantwortung für die Ergebnisse trage, wobei sich der Inhalt dieses *Mit-* über die Jahre wandeln kann, und bedenke, dass ich nicht immer Teil der Lösung bin, sondern manchmal auch Teil des Problems.

Mehr noch: Ich bleibe Akteur, selbst wenn ich mir einreden wollte, dass ich keiner mehr bin, denn auch ein untätiger Coach ist ein Coach. Nur eben kein guter.

Der Job ist unkündbar. So will ich denn ein brauchbarer Coach sein.

Ich suche Wege, den Job immer wieder besser zu machen. Ich suche den Dialog mit mir und bin mir selbst dabei ein unbequemer Chef.

Deshalb scheue ich mich nie, in den Spiegel zu blicken, und stehe zu mir selbst, mit allen Mängeln und Fehlern.

Wenn ich jeden (schweren) Fehler nur einmal mache, bin ich schon besser als viele. Das hilft mir.

Ich vertreibe meine Ängste, so gut es geht. Mein Kind bekommt von mir keine Ängste, sondern Hilfestellung.

Ich suche Chancen und positive Bilder.

Ich will kein Übermensch werden. Ich versuche nur das Machbare.

Vorschlag III

Wir nehmen uns gemeinsam etwas vor, und ich übernehme Verantwortung für meine Vorhersagen und damit auch für deine Leistung

Zwischendurch gesagt: Dieses *ich* ist, wenn zwei Eltern gemeinsam wachsen lassen, natürlich ein *wir.* Nur in der egozentrischen Sicht des Verfassers mutiert das semantische *wir* immer wieder zu einem grammatischen *ich.* Weil natürlich zwei Eltern auch zwei Personen sind, und letztlich dann doch jede von beiden selbst seine/ihre Grundsätze bestimmen und leben muss. Schön, wenn sie gut harmonieren!

Zurück zum Vorschlag III. Er ist, wie oben, kein Freibrief. Es ist auch schwierig, den Gedanken in dieser Formulierung laut zu sagen, denn das Missverständnis liegt zu nahe. Denn auch Kinder sind Menschen, und jeder Mensch sehnt sich nach einem Platz, an dem er all seine Last abwerfen kann. Diesen Platz gibt es nur für die Kleinen und ganz Kleinen.

Um was also geht es:

Wir beide, du und ich, glauben gemeinsam an den Erfolg, wir sind ein Team.

Rückschläge gehören uns beiden, der Erfolg aber gehört ganz dir. *Du* hast dich durch die Hürden gekämpft. Das darf, das wird dir keiner schmälern.

Erfolg: *Du* erklärst *mir*, wie du es geschafft hast.

Rückschlag: Ich bin dir eine Erklärung schuldig, warum meine Vorhersage nicht gestimmt hat.

Jetzt kann man es immer noch falsch verstehen, wenn man will, aber es wird schon schwieriger. Klar, wenn ein Läufer kurz vor dem Ziel ohne Not stehen bleibt, dann schuldet *er* eine Erklärung, nicht der Trainer. Was aber, wenn der ihn aber zu einem Wettkampf angemeldet hat, wo er nur verheizt wird – darum geht es bei diesem Vorschlag.

Verantwortung für meine Vorhersage heißt: ich überlege mir gründlich, was ich meinem Kind in Aussicht stellen kann und warum. Und *dann erst* lasse ich mich daran messen.

____

____

____

____

____

Einschub

So viel ist jetzt von Haltung etc. die Rede, dass es fast so aussieht, als wäre Schule nichts weiter als eine mentale Herausforderung für Eltern. Richtig ist, wie vorher schon einmal gesagt, dass es neben der Haltung um ganz viel „operative Zuwendung" geht! Vor allem bei jüngeren Kindern. **Die Stunden und aber Stunden, die gemeinsam verbracht werden (müssen), um zu üben, um Sicherheit zu gewinnen, sind durch nichts zu ersetzen**. Hier liegt die tägliche und eigentliche Herausforderung. Trotzdem schreibe ich hier über das andere, über das, was noch hinzukommen sollte, über die Grundsätze. Jede Aufgabe wird leichter, nachdem ich reflektiert habe, warum sie zu tun ist und wie.

Vorschlag IV

Ich gebe Geborgenheit in der Zukunft: ***Ich weiß immer einen Weg für dich!***

Hier haben wir das positive Gegenstück zu dem satirischen Klassiker von vorhin – *Was soll aus dir mal werden!* Denn, ganz nüchtern betrachtet, hat doch fast jede*r diesen Stoßseufzer der gequälten Elternseele, wenn schon nicht selber gesagt, dann doch vielleicht gedacht, und wenn schon nicht gedacht, dann sicherlich andere sagen hören. Die darin verborgene Sehnsucht habe ich satirisch dargestellt: *Kind, nimm mir meine Angst* – aber: falscher Adressat.

Biografie, zu Erfahrung verdichtet, darf hier sein. Biografie pur dagegen geht nicht, aus Rücksicht auf meine Mitreisenden. Trotzdem kann ich sagen: ich weiß beim Herkules, wovon ich rede, welche Ängste es geben kann. Auch, wenn man sie im „Endergebnis" nicht wiedererkennt. Es zählt der Augenblick, der bewältigt sein will. Und ich wage zu behaupten, dass nur wenige

Eltern gänzlich verschont bleiben. Wahrscheinlich reden nicht alle gern davon.

Hier findet sich auch der Antrieb, warum ich diesen Text schreibe: Mut zum offenen Umgang mit allem, was (fast) jede*n bedrücken kann.

Nein, mit meinen Ängsten muss ich schon selbst fertig werden. Natürlich, ich kann drohen, ausrasten, Nerven zeigen. Übermensch? – das hatten wir vorher schon.

Und wie schon vorher geht es wiederum um die Grundmelodie. Positive Bilder für Sieger (wer wird dabei besiegt: die eigene Verzagtheit).

Peter oder Petra, wer hat die Nase vorn? Stellen wir uns vor, beide hätten das gleiche Problem: entweder Versetzung oder ... – also mit dem Rücken zur Wand. Jetzt machen wir mit beiden ein Experiment. Peter hört von den Eltern täglich, was ihm alles bevorsteht, wenn er wieder versagt. Da ist nichts Gutes dabei – eben Rücken zur Wand. Petra bekommt in leuchtenden Farben beschrieben, wie gut das nächste Jahr wird. Noten geschafft, weiter in der gleichen Klasse, aber neue Lehrer*innen, neue Fächer, neue Zukunft.

Es ist so banal, dass ich mir das Stück Text sparen könnte. Könnte ich? Banal ist das Wissen. **Und manchmal ist es so schwer umzusetzen.**

Und zur Erinnerung: Als Coach bin ich dafür verantwortlich, dass mein Kind dort, wo ich es hinstelle, eine realistische Erfolgschance hat. Nur dann helfen positive Ansprache und Selbstvertrauen.

Vorschlag V

Ich finde den richtigen Platz für dich, denn ich schätze deine Vorlieben, deine Chancen und dein Potenzial richtig ein

Für jeden Coach ist das ein besonderer Punkt. Und weil ja der Coach zugleich Eltern ist, mit aller Emotion und Empathie, fast gegenläufig zur Erwartung an einen Coach, ist es noch schwieriger. Darum kam dieser Gedanke auch schon bei den vorherigen Vorschlägen vor, teils zwischen und teils auf den Zeilen. *Ultra posse nemo obligatur*, wussten schon die Römer: Niemand kann für Dinge geradestehen, die er oder sie objektiv nicht leisten kann. Für meine Kinder das Erreichbare anstreben, nicht mehr. Aber auch nicht weniger. Für jede*n gibt es einen objektiven Horizont. Aber wo liegt er? Wer weiß es vorher?

Und noch etwas: Wer kann vorhersagen, ob und wann sich dieser vielleicht schlagartig erweitert – wir sprechen ja vom Wachsen!

Eine nicht gewährte Chance, vielleicht kostet sie die Zukunft? Ich korrigiere. Dieses *kosten* ist unangemessen. Ein Leben ist lang und bietet immer wieder Weichen und Abzweigungen an. Aber belasten kann die vergebene Chance schon. Und wieviel kostet zum Vergleich einmal überfordern? Lässt sich das eine mit dem anderen vergleichen? Was wiegt schwerer, die Krise jetzt oder ein Defizit-Gefühl nach Jahren, wenn es sich denn einstellt?

Eines stimmt immer. Der Coach trägt die größte Verantwortung. Erneut sei betont: Dieser Coach kann und möge nach Möglichkeit zwei Personen sein!

Und weil das alles so ist, halten sich die Gedanken der Vorschläge III, IV und V gegenseitig in Schach und ergänzen sich.

____

____

____

____

____

Vorschlag VI

Ich sichere dein Umfeld ab, damit du ungestört deinen Job machen – das heißt: fürs Leben lernen – kannst

So ein Zeugnis! Wenn das die Oma zu sehen bekommt! Statt Oma wahlweise Nachbarn, Freunde, Verwandte. Warum kriegen Kinder so etwas zu hören, wenn's mal nicht so gut gelaufen ist? War es nicht schon schwer genug, ein Jahr der ganze Prüfungs- und Notenstress! Soll ich jetzt mit 13 Jahren auch noch für die Familienehre kämpfen?

Ursachenforschung ist angesagt. Für wen ist es peinlich? – nicht für mein Kind, sondern für mich.

Also zurück und neu überlegen: Vor wem genau beschütze ich dich? Nicht vor der Oma, den Freunden usw., sondern vor *mir*! Vor *meiner* Enttäuschung, *meiner* Verstörtheit und Verunsicherung, vor *meinem* Ehrgeiz. *Ich* werde darüber stehen über dem, was sie alles sagen werden, wenn sie es denn tun. Denn Kinder sind keine Erntehelfer, die draußen den Erfolg der Familie einzusammeln haben. Dann wird es auch *dir* egal sein. Breiter Rücken für freie Kinder.

Oder Stress in der Schule, Stress mit einem Lehrer? Manche Kinder fürchten den Elternsprechtag – drohende Verbrüderung der feindlichen Gewalten? Gut, dass es meistens nicht so ist. Trotzdem ist die Beziehung für alle drei Seiten heikel. *Wir, deine Eltern, können dir vielleicht in einer einzelnen Sache nicht immer Recht geben, wenn was ist. Aber als Person stehen wir felsenfest hinter dir, notfalls auch als dein „Anwalt", wenn es mal eng werden sollte. Aber spar dir den Anwalt auf für Fälle, wo er richtig wichtig ist. Die kleinen Ärgernisse und Ungerechtigkeiten, das kriegst du alleine hin!* Auch das Wegstecken-Lernen gehört dazu. Denn Marc Aurels *Orthos, mê orthumenos, aufrecht stehen, ohne die ganze Zeit gestützt werden zu müssen,* passt schrittweise auch für Kinder, nicht nur für Eltern. Leben lernen!

Oder Stress mit Geschwistern – ich selber hatte keine. Das macht die Sicht einseitig. Alles andere erlebe ich zwei- oder dreimal, zuerst am eigenen Leib, dann als Eltern und jetzt schrittweise noch einmal als Opa. Geschwister nicht.

Wie also fühlt sich das an, wenn ein Geschwister etwas besser macht als ich selbst – keine Ahnung. Und wer keine Ahnung hat, soll auch nichts empfehlen. Aber wenn Eltern sich jedem Kind zuwenden, ohne zu vergleichen – mehr braucht es wohl gar nicht?

Absichern, das zum Schluss, ist hat nichts, aber rein gar nichts, mit „Helikopter-Eltern" zu tun. Kinder haben den Anspruch darauf, das Leben ganz zu lernen, zwar im geschützten Raum, aber nie ganz windstill.

____

____

____

____

____

Vorschlag VII

Ich helfe dir und verlange dir auch etwas ab! Das ist unsere „Geschäftsgrundlage"

Vom Helfen war bisher mehr die Rede als vom Abverlangen. Aber der Eindruck täuscht. Den härteren Job macht auf jedem Fall das Schulkind. Und der Job der Eltern: Mit guten und klaren Grundsätzen bleiben sie authentisch und verschleißfrei, und das ist doch dann auch eine „Gegenleistung" wert, oder? Deshalb, Kind, wünsche ich mir deinen Beitrag.

Es geht um die Niederungen. Um den Alltag. Nicht um die Weichenstellungen (Überlegungen dazu finden sich an anderer Stelle und gehören hier dazu gedacht, sonst wird es schief). Im Augenblick geht es um den täglichen Alltag. Der Philosoph Harry G. Frankfurt hat dafür die Wünsche erster und zweiter Stufe. Auf der zweiten Stufe wünschst du Kind dir, nicht so oft nachlässig zu sein – du *willst* ja erreichen, was du dir vorgenommen hast. Aber wie durch den Alltag kommen? Die täglichen, naheliegenden Wünsche der ersten Stufe – Schwimmen gehen statt Hausis…
An dieser Stelle sind zwei Bemerkungen nötig.

Bemerkung 1: *Klare Grundsätze*: In diesem Kontext hört sich das Wort fast feindselig an, Unerbittlichkeit, so in der Art. Aber nein! Unerbittlich sind diese Grundsätze höchstens gegen mich selbst, und nicht einmal da. An allen Ecken und Enden geht es darum, wie ich mich selbst in die Pflicht nehme, oder nehmen sollte. Und sogar das Abverlangen fällt vielleicht dem Elternteil schwerer als dem oder der Betroffenen?

Bemerkung 2: Wenn manche Gedanken hier in fiktive „Ansprachen an ein Schulkind" gekleidet sind – es ist wirklich fiktiv gemeint, aus Gründen der leichteren Darstellung! Im Alltag wäre das Motto doch eher so: Immer daran denken, aber nicht dauernd darüber sprechen. Mein kaiserlicher Freund Marc Aurel schrieb über eine gute Eigenschaft, ich glaube mich zu erinnern: Aufrichtigkeit. Wer immer darüber redet, sagt er, muss wohl einen Grund haben, und keinen guten. Wer es wirklich so hält, wie er behauptet, dem müsse man es anmerken wie Mundgeruch – ja, sogar Humor konnte der Kaiser.

Letzter Vorschlag

Du Kind bist mein*e Partner*in, nicht meine Witzfigur

Es tut irgendwie weh, diesen Satz hinzuschreiben. Zu groß ist die Unterstellung. Niemand, der diese Zeilen liest, wird betroffen sein, sonst hätte er kaum bis hierher gelesen. Aber nicht darüber sprechen? Jeder kennt doch den Horror, zu sehen wie ein Kind etwas sagt, ganz ernsthaft, so, wie es das versteht und sieht, und die „Großen" rundherum, die in diesem Moment eher zu kümmerlichen Zwergen werden, amüsieren sich darüber.

Machen wir es positiv. Welches Weltbild wünsche ich mir für meine Kinder? Hier ein paar Stichworte, gesprochen aus Kindersicht:

Auf Aussagen (jeder Art) von meinen Eltern kann ich mich verlassen.

Auf Fragen kriege ich eine verwertbare Antwort (Oh Alltag … - wenigstens der Versuch, auch wenn nicht immer …).

Probleme löse ich (selbst).
Wenn das nicht geht, kriege ich Hilfe.
Die anderen nehmen mich ernst und niemand führt mich vor – was aber eigentlich gar nicht Teil des kindlichen Weltbildes sein kann. Denn Vorführen ist so abwegig wie jede Form des Missbrauchs, solange das Kind ihn nie erlebt hat. Das ist hart gesagt. Hart und wohlüberlegt.
Und, ja, als Kind habe ich Freude daran, andere zum Lachen zu bringen. Aber nur beabsichtigt, wenn ich will, dass sie lachen.
Ich denke mir, dass jedes Kind mit genau diesem Modell ins Leben startet und es so lange behält, wie es ihm niemand kaputtmacht.

Zu guter Letzt: Meine Grundsätze sind meine Freunde und keine Zuchtmeister!

Ich komme zurück zu der einführenden Geschichte, in der ich mich etwas ironisch über die ausufernde Sammlung von Grundsätzen äußerte. Und jetzt bin ich selbst allem Anschein nach an diesem Punkt gelandet. Ja, das Problem existiert. Zum Glück, denke ich gerade bei mir, kann mich keine Leser*in jetzt anrufen und mich auffordern, auf den Schlag meine vorgeschlagenen Grundsätze vollständig und der Reihe nach zu rezitieren. Aber das wäre auch nicht das Ziel. Mit ihnen habe ich doch nur versucht, die verschiedenen Impulse, die mich leiten (sollen), und die sich teilweise ergänzen und teilweise gegenseitig in Schach halten, irgendwie zu zerlegen, um sie sichtbar zu machen. Und jetzt dürfen sie sich wieder zu einem dichten Knäuel vereinigen, ohne täglich einzeln hervorzutreten. Und wenn es an einem Tag ganz eng wird, dann wird sich der entsprechende Grundsatz von selber melden. Wenn er nämlich benötigt wird, steht er meistens sofort Gewehr bei Fuß. Meistens. Das ist der nächste Punkt. Meine Grundsätze sind harte Knochen, aber am Ende doch gnädig und tolerant. Sie vernichten mich nicht, wenn ich sie ab und zu vergesse, denn ich bin ein Mensch und kein Roboter.

Sie hätten sich auch nicht beklagt, wenn ich sie ganz anders entflochten hätte, zum Beispiel über Eigenschaften: Ich hätte sprechen können von Respekt, Geduld, Toleranz, Offenheit (im Geben und Wahrnehmen), Mut, Augenmaß. Unter diesen Überschriften hätten dieselben Gedanken, die ich vorher dargelegt habe, auch Platz gefunden. Darum nannte ich das Ganze eine Liste von Vorschlägen – das war keine Rhetorik.

Im Endeffekt mag es für jeden Eltern-Mensch einen oder zwei oder wenige Punkte geben, für jeden andere, die sich besonders bemerkbar machen, die u.U. auf meiner Liste überhaupt nicht vorkommen, und andere, die so in Fleisch und Blut sind, dass sie keiner Erwähnung bedürfen. Der Grundsatz, dem alle Grundsätze folgen können, wäre dann vielleicht dieser: *Als Eltern-Mensch denke ich verantwortlich über meine Grundsätze nach und bemühe mich im Alltag, ihnen zu folgen, so gut es eben geht.*

Kapitel 4

Wachsen lassen – eine Sache des Tuns

Was dem Fußballer sein Rasen, ist beim Umgang mit Menschen die eigene Haltung. Wer aber schlecht spielt, verliert auch auf dem besten Rasen, und mit Haltung allein gewinne ich niemanden. Es kommt darauf an, wie ich sie einsetze, was ich tue. Das Tun im Alltag ist meistens unspektakulär und braucht nicht so viele Worte. Wenn aber niemand da wäre, der das Tun wirklich tut, kann der Rasenwart mit seiner ganzen Pflege einpacken, um im Bild zu bleiben. Dann hilft es auch nicht, wenn ich die Rasenpflege – bzw. innere Haltung – vorher über -zig Seiten im Detail beschrieben habe. Sprechen wir also jetzt über die Wirksamkeit nach außen, über das Tun. Ohne es geht nichts. Und das ist die tägliche Herkulesaufgabe.

Auch für dieses Kapitel gibt es eine Kurzfassung, diesmal von Erich Kästner: *Es gibt nichts Gutes, außer, man tut es.* Wer trotzdem eine Langform lesen möchte: Bitte sehr, hier ist sie.

Der Löwenanteil ist nicht Haltung, sondern Zeit, Geduld und langjährige Ausdauer!

Der Vergleich mit dem Marathonlauf passt überall und ist abgedroschen. Deswegen kommt das Wort *Marathonlauf* in meinem Text nicht vor – oder doch?

Die eigentliche Frage lautet nicht *Was ist zu tun*, sondern *Wer tut es*. Dies aber würde in einem Essay über die Aufgabenverteilung in der Familie münden. Aus der Großelternperspektive habe ich hierzu nur Randnotizen beizutragen. Das eigentliche Thema erzählen besser all jene, die es tagtäglich bewältigen. Als Oma & Opa noch Mama & Papa waren, war die Palette der Möglichkeiten kleiner – ich sage: mit allen Vor- und Nachteilen, die das im Vergleich zu heute mit sich brachte – andere Zeit.

Randnotiz 1: Moderne Familien sind auf Kante genäht. Das Ziel, beide Elternteile gerecht an allen Aufgaben teilhaben zu lassen, daheim und im Job, fordert, um es täglich zu verwirklichen, manchmal anscheinend fast so viel, wie es an Glück dafür zurückgibt. Sicherlich haben die Corona-Monate die Gewichte verschoben, zumindest temporär. Immer Corona wäre „der Tod".

Randnotiz 2: Externer „Back-up" durch Freunde oder Großeltern ist eine Hilfe. Das ist zu banal, um es aufzuschreiben. In der Tat harmoniert es aber gut mit dem „leeren Nest" der Bevölkerungswissenschaftler, das ist der potentiell aktive Lebensabschnitt der Älteren, der beginnt, sobald die Jungen das Haus verlassen haben. Den hat es vor etlichen Jahrzehnten in dieser Breite noch kaum gegeben. Hier ist der Bedarf der Jungen nach Unterstützung eine – ich möchte sagen: manchmal für die Älteren fast gnädige Lösung. Und so entsteht aus der schwierigen Situation beider Seiten am Ende nicht immer, aber manchmal eine Win-Win-Konstellation, bei der es für beide Seiten passt. Ist doch schön, oder?

Was soll ich wann üben!?

Bei Haltung geht es um das Mensch-Sein. Dafür ist jeder Mensch kompetent. Pädagogik nimmt für sich Wissenschaftlichkeit in Anspruch, und so mögen die Themen des Lernens auch von dort bearbeitet werden. Zyklisch, wie mir manchmal scheinen will, wie Mode. Aber das ist vielleicht zu oberflächlich gedacht – Schwamm drüber. Ich begnüge mich auch hierzu mit einer Randnotiz:

Seit 2800 Jahren kennt Griechenland die Schrift, entstanden aus noch älteren Wurzeln. Vor knapp 2000 Jahren hat der Römer Quintilian pädagogische Gedanken aufgeschrieben, die im Mittelalter, in der Renaissance und bis ins 20. Jahrhundert immer wieder nachgefragt wurden. Vor 150 Jahren stelle ich mir Schule als einen Hort der Prügel vor, und als ich selbst in die Schule kam, war die Finsternis gerade erst halbwegs überwunden. Das sieht immerhin nach Fortschritt aus. Was aber, wenn man die letzten 30 oder 40 Jahre unter die Lupe hält? Fortschritt oder Kreisel? Grundschullehrer*in ist jedenfalls einer der Berufe, die ich der Kinder wegen lieben könnte, wegen der Bürokratie aber meiden würde. Aber zurück in die Familie! Großeltern, vergesst den Vorsatz, mit Enkelkindern Schreiben zu üben …

Vielleicht muss man schon eine Weile Großeltern gewesen sein, um spontan zu sehen, was gemeint ist. Es sind die in kurzen Abständen wechselnden Moden beim Schreiben-Lernen, sowohl was die Vorgaben zur Rechtschreibung betrifft als auch das zu lehrende Schriftbild. Da verliert man leicht den Überblick.

In den höheren Klassen wird es besser. Hier werden die Stoffe immer reicher – nun, vielleicht ist das ja die Erklärung, warum sich dort die didaktische Energie der Pädagog*innen eher auf eine wirkliche Weiterentwicklung des Stoffs richtet?

Kapitel 5

Motivation – ein Chamäleon

Der Überschrift nach hätte *Motivation* überall hingepasst. Besonders in Kapitel 2 als Facette der inneren Haltung. Aber übertragen auf das Fußballspiel gehört Motivation nicht zum Rasen, der passiv da ist, damit ein Spiel gespielt werden kann, sondern sie spielt im Spiel aktiv mit. Ich meine nämlich nicht den Modetrend zur andauernden Selbstmotivation und Selbstoptimierung. Sondern: Spiel mit jemandem. Aber *mit jemandem spielen* – was soll das denn sein? Sicher werde ich keine Rezepte propagieren. Motivation, wie ich sie sehe, ist etwas Eigenes. Sie fußt auf einer bestimmten Haltung, wodurch sie dem Kapitel 2 nahesteht, und damit ist der zynische Beigeschmack, der darin liegen könnte, *mit* jemandem zu spielen, sofort wieder vom Tisch. Dennoch bleibt sie, wie eben schon gesagt, nicht bei der Haltung stehen. Darum bekommt sie ein eigenes Kapitelchen.

Im Grunde geht es um Banalitäten. Oder sagen wir so: Wenn man sich zurücklehnt und genau hinschaut, wird alles sehr übersichtlich. Die Kunst liegt nicht im Erkennen, sondern in der Umsetzung. Aber das ist ja nichts Neues.

Das Wort *Motivation* hat viele Gesichter. Schauen wir uns, bevor wir in die Tiefe gehen, ein paar davon an. Zuerst alles in Unordnung bringen, um es dann zu sortieren – ich liebe es.

Als erstes fällt auf, dass nicht zu jeder Bedeutung von *motiviert* bzw. *nicht motiviert* – um letzteres geht es vor allem – die Tätigkeit *motivieren* passt:

- Ich bin nicht wirklich motiviert, dir noch ein weiteres Mal die Kartoffeln aus dem Feuer zu holen.
- Das Projekt wird fertig, alle im Team sind hochmotiviert.
- Frau M ist eine motivierte Nachwuchskraft.
- N's Sohn ist nicht motiviert, den Betrieb von N zu übernehmen.
- Ja, ich bin schon motiviert, aber …
- D ist total motiviert, ihrer Mama nach den Fünfern vom Anfang jetzt die dritte gute Note zu präsentieren.
- Wie willst du den X denn dazu bringen, den harten Auflösungsvertrag doch noch zu unterschreiben? – Ich werde ihn schon zu motivieren wissen, verlass dich drauf!

Zusätzliche Beispiele für noch weitere Facetten finden sich mühelos – jede*r ist eingeladen, selbst welche zu suchen:

____

____

____

____

____

Und jetzt die unterschiedlichen Bedeutungen auf sich wirken lassen. Ist es nicht ein riesiges Spektrum, das da – scheinbar – mit einem einzigen Wort beschrieben wird? Oder gibt es vielleicht doch ein gemeinsames Dach, unter dem sie alle Platz hätten? Ich glaube es, um dem Ergebnis vorzugreifen, nicht, und deswegen habe ich dieses Kapitel geschrieben.

(Wann) meine ich wirklich *motivieren*, wenn ich *motivieren* sage? Nur um diesen ehrlichen Aspekt geht es, und nicht darum, jemanden mit vorsätzlichen Lügen zum Kauf eines Produkts oder mit vorgehaltener Waffe zum Öffnen des Tresors zu „motivieren".

Wenn ich jemanden motivieren will, muss ich bei der oder dem Betreffenden an irgendetwas anknüpfen können, an eine gute Sache, dir wir beide kennen und wichtig oder schön finden. Wenn nicht, ist zwar noch nicht aller Tage Abend, aber dann heißt es, genau hinzuschauen!

Motipulation?

Zu Beginn zeigte sich, dass zu *nicht motiviert* nicht immer die Tätigkeit *motivieren* passt. Was aber passt dann? Wie gehe ich auf die Person zu, die *nicht motiviert* ist, mir nochmals zu helfen? Vielleicht muss ich mich einfach bei ihr entschuldigen, oder ihr etwas erklären? Vielleicht muss ich es sogar so verstehen, dass dieser Mensch innerlich schon mit mir abgeschlossen hat? Oder aber er hat einfach nur das Vertrauen verloren, dass es der Mühe wert sein könnte, mir doch noch einmal unter die Arme zu greifen, weil ich die Mühe bisher nie durch eigene Anstrengung gerechtfertigt habe. Wie kann ich also glaubhaft machen, dass ich diesmal die Kurve kriegen werde? Bedarf es lediglich eines kleinen *motivierenden* Anstoßes, weil die Bereitschaft eigentlich noch da ist? Sensibilität ist gefragt.

Und der Vertragspartner, der eine Unterschrift will? Vielleicht geht es um einen Mieter, der einer Sanierung nicht weichen will? Was meint der andere, wenn er von *motivieren* spricht? Eine faire und echt attraktive Abfindung oder höchste Brutalität? – wir wissen es nicht, beides ist denkbar. Offensichtlich sind beide Bedeutungen und das gesamte Spektrum dazwischen im Wort *motivieren* enthalten.

Beim Suchen kommen schnell Bedeutungen zusammen, um die wir uns kümmern müssen. Das sind keine Synonyme, also andere Wörter für dieselbe Sache, sondern Homonyme. Das meint: Das gleiche Wort – *motivieren* – steht für ganz verschiedene Sachen.

Mit Substantiven ist das ein beliebtes Ratespiel für Kinder: Schloss und Schloss etc. Mit Tätigkeiten wie *motivieren* geht es auch, aber es wird subtiler und uneindeutig! Wo bitte genau beginnt welcher abweichende Inhalt? Ein erster Versuch: *Motivieren* als Umschreibung von verführen, bestechen, überreden etc. Ich habe mein Gegenüber nicht innerlich überzeugt. Ich bringe ihn nur mit einem Trick dazu, zu tun, was ich will. Bedrohen, erpressen etc. Gleiches Muster, nur schlimmer. Täuschen, belügen, im Unklaren lassen, verschweigen. Auch hier die manipulative Abicht. All diese realen Handlungen können sich hinter einem gesprochenen *motivieren* verbergen, teils mit zynischem Unterton, und meinen eher *manipulieren*, oder Ärgeres. Das sollte die Wortverbindung in der Überschrift andeuten: *Motipulieren*. Weg damit.

Motipulation hat etwas mit unterschiedlicher Augenhöhe zu tun. Der Mächtigere oder Kompetentere kann den Schwächeren bedrängen, nicht umgekehrt.

Das kann zynisch sein, brutal sein, und in einem anderen Fall auch gut gemeint. Oder keines von beiden, sondern nur listig und etwas schlitzohrig.

Mein Klassiker zu letzterem steht bei Mark Twain. Es ist die Szene, wie Tom Sawyer zur Strafe den Zaun neu streichen muss. Die Strafe sollte Freizeit kosten und ihn zugleich dem Gespött der anderen Kinder aussetzen. So jedenfalls war sie gedacht. Nach kurzer Zeit jedoch gelingt es Tom, die Situation komplett umzudeuten, indem er, statt weiter selbst anzustreichen, den anderen Kindern dafür Zeitkontingente verkauft, die er sich fürstlich mit allem, was dem Jungenherz lieb und teuer ist, bezahlen lässt.

Das war klar manipulativ, und wer das so beherrscht, wird in der Welt des Tricksens und Täuschens vielleicht mal ein ganz großer. Vielleicht. Vielleicht bleibt er auch für immer ein kleines, liebenswertes Schlitzohr, dem man nichts übel nimmt.

Es geht auch schlimmer. Für die hässlichen, manchmal sogar vielleicht sogar menschenverachtenden Steigerungen braucht es keine Beispiele. Jeder kann sich die Reihe vorstellen. Nein, es gibt nicht nur eine einzige Reihe. Wenn wir die Tätigkeiten nebeneinander schreiben, entstehen mindestens drei Ketten, die sich am Start teilweise überlagern.

Kette 1: Motivieren >> verhandeln >> überreden >> Druck ausüben >> erpressen >> bedrohen >> …

Kette 2: Motivieren >> verhandeln >> überreden >> verführen >> bestechen >> …

Kette 3: Motivieren >> täuschen >> im Unklaren lassen >> verschweigen >> belügen …

Motivieren ist nach **unten** gleich in mehrere Richtungen offen!

Einen Geiselnehmer würde ich belügen, betrügen, erpressen, verführen, bestechen, hintergehen – was auch immer. Hauptsache die Geisel kommt frei. Und im Leben zweimal treffen? – den bestimmt nicht mehr!

Aber das Rahmenthema lautet *Wachsen lassen*. Da gelten andere Regeln. Skrupellos wie ein Baulöwe seine Mieter wird seine Kinder sowieso niemand behandeln. Trotzdem ist es sinnvoll, sich im Alltag ab und zu an diese drei Ketten zu erinnern. *Überreden*? – naja. *Bestechen*? – ok, kann ja mal vorkommen, *mal. Täuschen und belügen?* – Nein.

Exkurs: verhandeln

Kreativität, Rhetorik, Ethik, List, Adrenalin, Konzentration, Brutalität Ausdauer, Flexibilität, Konzilianz, Integrität, Pokerface, Kaltschnäuzigkeit, Siegeswillen, Konsensorientierung, Mut – die komplette Liste ist noch länger. Nur werden niemals alle Eigenschaften gleichzeitig benötigt. Und manche von manchen nie. Je nachdem, was *verhandeln* jeweils für einen Inhalt hat. Außerdem findet man sowieso niemanden mit all diesen Eigenschaften.

Verhandeln mit einem Gewaltverbrecher, der Geiseln genommen hat, folgt anderen Regeln als die Suche nach einem außergerichtlichen Vergleich. Nicht immer sind die Stärken und Schwächen für beide Seiten des Verhandlungstischs gleich. Wenn sie sehr unterschiedlich sind, wird aus der vermeintlichen Verhandlung schnell ein Diktat.

Zwei Absätze anstelle eines Buchs. Der Markt ist voll von Ratgebern zum Verhandeln, und zu jedem Aspekt wird sich etwas finden. Ausgehend von *Motivation* interessiert mich hier nur der zwischenmenschliche Aspekt. Wenn ich *verhandle,* gehört mein Eigeninteresse zur Geschäftsgrundlage. Ich biete etwas an und erwarte eine Gegenleistung. Es findet ein Austausch statt.

Wenn ich vorhabe zu *motivieren,* geht es nicht um Austausch! Die gesamte Wirkung ereignet sich in meinem Gegenüber. Er oder sie gibt etwas, nein, tut etwas, und kommt selbst in den Genuss der Wirkung. In der Chemie entspricht das dem Katalysator, der eine Reaktion in Gang hält, ohne sich selbst dabei zu verbrauchen oder zu verändern. Nun ist ein motivierender Mensch keine tote Materie, keine seltene Erde, der es egal ist, ob die Abgase im Auspuff sauber werden oder nicht. Wenn Motivation gelingt, entsteht natürlich Freude auch beim Motivierenden: Ich freue mich über ***deinen*** Erfolg (nicht über meinen). Und verbrauchen? Natürlich, *wachsen lassen* kostet manchmal auch Kraft.

Motempathie!

Die Konstellationen im Übergangsbereich zwischen Motivieren und Verhandeln können zwischen Erwachsenen vielfältig sein, sowohl im persönlichen als auch im beruflichen Umfeld. Das muss uns hier nicht weiter beschäftigen. Bei den Kindern scheint es übersichtlicher zu sein.

Übersichtlicher ist freilich immer noch etwas weniger als übersichtlich, und der Grenzbereich könnte ungefähr so aussehen:

- Bei klaren, notwendigen Ansagen an kleinere Kinder ist weder motivieren noch verhandeln angesagt.
- Je älter Kinder werden, desto wichtiger und reflektierter werden ihre eigenen Ansichten – ein Feld für mögliche Verhandlungen, wenn man sie deutet als *Meine Vorstellung von deiner Zukunft und deine Vorstellung: finden wir eine für uns beide vorstellbare Lösung?*

In der letztgenannten Situation geht es um Weichenstellungen, die über den Tag hinaus wirken. *Mach dein Abitur, dann bekommst du eine Tüte Gummibärchen,* das würde keinen Sinn machen. Und einen Porsche? – macht in *meiner* Welt auch keinen Sinn. Warum nicht, begründe ich das ganze Buch lang. Dennoch gibt es eine Konstellation im Grenzbereich zur Motivation, die sich nicht von der Hand weisen lässt:

- Ich helfe als Eltern ab und zu mit kleinen Versprechen nach, die ich als angemessen empfinde und die Freude erzeugen (und die ich auch einhalte!). Die Grenze bleibt vielleicht genau dadurch gewahrt, dass ich mir bewusst mache, was ich gerade tue, und dass es dafür eben eine Grenze gibt. Mein Kind kaufen? – das soll nicht sein.

Wenn es das alles nicht ist, dann ist es vielleicht „echte" und „reine" Motivation. Über die sprechen wir jetzt.

Ich weiß ja nicht, ob Väter mehrheitlich fundamentalistischer denken als Mütter, mich selber habe ich da jedenfalls in Verdacht. Ein spontaner Reflex von der Art: *Aha, Kind findet das Fach x blöd, also, was kann/muss ich etwas beitragen, damit das mit dem Fach x wieder besser wird – wäre doch gelacht!* Und während Papa über Fach x redet, findet Mama in empathischen Gesprächen heraus, dass es überhaupt kein Motivationsproblem mit Fach x gibt, sondern die Ursache der Unlust ganz woanders liegt! Vielleicht Mobbing, vielleicht die Lehrkraft, vielleicht die Sitznachbarin, viele Möglichkeiten. Die Kunst liegt dann weniger darin, an einer Lösung mitzuwirken, sondern erst einmal das wirkliche Problem dingfest zu machen. Das erfordert viel Vertrauen, das Eltern sich vorher erworben haben (müssen).

Oder es liegt doch am Fach x. Woran dann genau? Angst, es nicht zu können, sich zu blamieren? Langeweile mit dem aktuellen Stoff? Grundsätzliche Ablehnung des Faches?

Auf jeder dieser Ebenen gibt es genügend Möglichkeiten. Erneut ist es vor allem wichtig, das Problem möglichst gut zu erkennen. Gegen Angst hilft Geborgenheit. Gegen vermeintliche Lernhemmung ein Spiel mit Eselsbrücken.

Endlich fahren wir zu zweit auf einem Fahrrad!

Wie bitte? – na ja: Lateinisch *tamen* heißt *dennoch* und *tandem* heißt endlich. Alles klar?

> Der Fernsehkoch hieß Clemens! Lateinstunde, erste Klasse Gymnasium. Statt der erkrankten Lehrerin kommt – der Direx persönlich. Und fragt Vokabeln ab. Klein Christian hat nichts gelernt und kommt dran. *Sanft, mild? – Oh, ausgerechnet das kann ich mir nie merken …* Ich dachte damals noch, in

einem solchen Moment würde sich die Erde öffnen und ich samt Direx darin verschwinden, oder so. Weit gefehlt! Für den Rest der Stunde bekamen wir eine Lektion in Eselsbrücken, sehr begeistert und sehr nett. Niemand hat mich gefressen. *Clemens* mir zu merken, war eigentlich nicht schwer. Aber gelernt habe ich was Anderes: der Fernsehkoch heißt so – wir hatten nämlich keinen Fernseher, und ich hatte keine Ahnung, was ein Fernsehkoch genau tut …

Angst in Spaß zu verkehren, besser kann es nicht gehen. Dazu Druck rausnehmen, das hatten wir schon vorher. Was aber, wenn es um ein ganzes Fach geht? Ich habe das nur als betroffenes Kind erlebt, nie als Eltern. Aber die Reaktion meiner Eltern war schon gut, ich würde es vielleicht auch so gemacht haben: *Ok, du magst das Fach nicht. Aber du willst ja das Abitur, und da wird es ohne Englisch nirgends gehen. Machen wir es doch so: Solange du nicht schlechter wirst als vier, ist alles ok. Aber so viel wenigstens strengst du dich an? Ist das ok?* Es war ok. Natürlich war das ein Gesprächsprozess über einige Zeit, der hier in Zeitraffer steht. Aber am Ende haben sich beide Seiten daran gehalten. Davon zu unterscheiden ist ein anderer Fall, bei dem trotz großer Anstrengung maximal eine Note vier erreicht wird, mit der jederzeitigen Gefahr der Verschlechterung. Dann haben wir eine andere Diagnose und dementsprechend andere Dinge zu bedenken und zu tun. Motivation wäre dann nur ein Randthema.

Motivation klappt, wenn ich mich in die Seele meines Kindes versetzen kann und das Kind sich mir so weit öffnet, dass ich nicht im Nebel stochern muss.

Und es ist schön zu erleben, wie dann aus etwas zuvor Angstbesetztem sogar Spaß resultieren kann. Spaß beim Tun und Freude über das, was überwunden wurde.

Motivieren mit Empathie ist nach **oben** offen!

Teil II

Für unterwegs

Kapitel 6

Mut

Begraben will ich Cäsar, nicht ihn preisen

Die Menge tobt und johlt. Der verhasste Tyrann ist tot. Brutus mit seinen Gefährten hat ihn beseitigt. Tot. Cäsar ist seit heute Geschichte. Jetzt wird sich alles zum Guten wenden.

Auf tritt Marc Anton, ein Parteigänger von Cäsar. *Mitbürger, Römer, hört mich an!* Die Menge tobt weiter. Nach einiger Zeit setzt sich der Redner durch, verschafft sich Gehör. *Begraben will ich Cäsar, nicht ihn preisen (usw.)* – die Rede, erdacht von Shakespeare, gehört zum kanonischen Repertoire der Rhetorik. Wobei sie nichts ist als eine geschriebene Rede, erdacht oder real – darauf kommt es gar nicht an. Geschrieben ist nicht gesprochen, und wenn wir in Cäsars Zeit bleiben wollen, fragen wir doch Cicero, was die drei wichtigsten Dinge bei einer Rede sind: erstens *actio*, zweitens *actio* und drittens nochmals *actio*. Actio ist die Körpersprache, das ganze Auftreten und selbstverständlich auch die Stimme: Lautstärke, Tonhöhe, Festigkeit, Tempo, bei allem ein ständiges, dem Inhalt angepasstes Variieren. All dies ohne Micro, gebündelt zu einer unwiderstehlichen Gewalt. Wer so auftritt, wer so agiert, zeigt Mut. Die

Fortsetzung ist bekannt: Nach der Rede tobt und johlt die Menge wiederum, aber jetzt in die andere Richtung. Marc Antons Rede hat sie mitgerissen, fortgerissen. Oder war es nicht die Rede, sondern der Mut, den er zeigte?

Doch Brutus ist ein ehrenwerter Mann – ein geflügeltes Wort. Nebenbei: die nächste Zeile besser im Original lesen! *So are they all, all honorable men.* Die Zeile hat etwas, was sie für mich nur im britischen Original hat, jedenfalls nicht im Deutschen. Wobei andererseits Römer definitiv keine Briten sind ... Aber dazu folgt später ein eigenes Kapitel. Jedenfalls ist es kaum möglich, den Ablauf und die Wirkung einer antiken Rede aus den geschriebenen Texten abzuleiten. Bei letzteren handelt es sich nicht um echte Manuskripte. Vielmehr hat der Redner, Cicero besonders, die Rede im Nachhinein so geschrieben, wie sie ihm als schriftlicher Text angemessen schien. Gesprochen wurde anders. Shakespeare hat dies im Grunde kopiert. Hätte Marc Anton diese Rede tatsächlich gehalten, wäre sie anders gekommen als im Theater.

Wer so vor uns spricht, hat das Zeug zum Leader. Ihm wollen wir folgen. Was also macht letzten Endes die Faszination und die Wirkung aus? Ist es die geschliffene britische Rhetorik? Ist es Mut? Oder etwas Drittes? *Mut* hat so viele Facetten. *Mut* ist wie eine gemeinsame Decke über recht unterschiedlichen Dingen. In diesem Kapitel soll sie ein Stück weit gelüftet werden!

Mut, oder was?

Bei der folgenden Aufzählung geht es mir nicht um Vollständigkeit. Hätte ich eine, die ich für vollständig halte, käme sofort jemand mit einer Tat, einer

Konstellation oder mit was auch immer, mit etwas, das ebenfalls mit Mut zu tun hat und an das noch nicht gedacht war. Und dann? Dann käme wieder jemand. Darum sollen diese Beispiele genügen. Ich lade dazu ein, jeweils das, was nach Mut aussieht, mit anderen Attributen zu belegen, die statt *Mut* ebenfalls passen könnten, vielleicht sogar treffender als *Mut*. Da wäre zum Beispiel die Tapferkeit, die das zum guten Ende bringen muss, was der Mut entschieden hat. Oder eines von diesen: Optimismus, positives Denken, Selbstvertrauen, Selbstachtung. Oder Anstand. Oder ein Glaube. Oder kühle Berechnung. Oder: ... nur munter gesucht!

Wer bis hierher gelesen hat, ahnt vielleicht, wo das Kapitel münden soll. Ich behalte es aber noch eine Zeit lang für mich. Manche der Beispiele stammen aus Texten, sind also von einem Autor inszeniert oder interpretiert oder erfunden. Oder von mir. Das ist egal. Wir nehmen sie einfach so, als wären sie ein genaues Abbild der Wirklichkeit, von der sie vorgeben zu sprechen. Und los geht's:

- Shakespeares Marc Anton tritt vor die ihm nicht gewogene Menge und bringt sie dazu, die Richtung zu wechseln.
- Ein Fonds-Manager erzielt durch riskante Anlagen hohe Gewinne. Die Anleger jubeln.
- Pereira, Journalist in Lissabon in der Zeit der Diktatur, in gesetztem Alter und zufrieden, gerät in Tabucchis Roman durch Zufall zwischen die Fronten von Widerstand und Geheimpolizei. Am Ende stellt er sich der

Situation und trifft unter akuten Risiko eine Entscheidung, die sein weiteres Leben auf den Kopf stellen wird.

- Cicero vertritt als junger, ehrgeiziger und aufstrebender Anwalt eine für das römische Establishment unliebsame Persönlichkeit. Er beschreibt das Gänsehaut-Szenario, und wie er es rhetorisch für sich genutzt, ich könnte auch sagen ausgeschlachtet hat. Anwälte aus modernen Polizeistaaten werden solche Szenarien sofort wiedererkennen. Man braucht nur die Bewaffnung auszutauschen, aber nicht die Methoden autoritärer oder totalitärer Obrigkeiten.
- Ein Patient nimmt den Kampf mit einer schweren Krankheit auf.
- Ein schwuler Basketball-Profi in USA outet sich.
- Der verwundete Sokrates in Brechts gleichnamiger Erzählung entscheidet sich nach inneren Kämpfen, zuzugeben, dass seine vermeintliche Heldentat in der Schlacht, durch die sie entschieden wurde, nur dadurch zustande kam, dass er sich beim Weglaufen einen Dorn in den Fuß getreten hat und nicht mehr laufen konnte.
- Ein Urchrist lässt sich für seinen Glauben steinigen.
- Petrus verleugnet Jesus bei drei nichtigen Anlässen. Was war sein Motiv?
- Ein Katastrophenhelfer hilft beim Abdichten des Tschernobyl-Reaktors und verstirbt danach.
- Ein anderer Techniker, Familienvater, arbeitet seit Jahren im gefährdeten Gebiet unter unzulässiger Belastung – und weiß das auch.

- Ein angehender Elite-Soldat (wahlweise: Feuerwehrmann, französischer Elite-Student) unterzieht sich einem entwürdigenden Aufnahmeritual, z.B. lässt er sich gefesselt auf die Schienen legen)
- Ein Bergsteiger will sich durch Free Climbing auf einer noch nie bezwungenen Route unsterblich machen und schaff es, oder wahlweise: verunglückt tödlich.
- Sokrates, der überlieferte, nicht der aus Brechts Erzählung, entscheidet sich gegen die Flucht und für das Gift.
- Ein Mitglied der Geschäftsführung reist nach anderthalb Jahren erfolgloser Kompromisssuche allein in die Zentrale der Gegenseite, um endlich die umstrittene Zahlung eines zweistelligen Millionenbetrages zu erwirken. Statt, wie angenommen, unter vier Augen sprechen zu können, findet er sich mit einer Delegation aus fünf Personen konfrontiert, zwei Juristen und drei Spezialisten für die Details. Ohne Beistand, auch ohne eigenen Protokollanten entscheidet er sich dennoch, zu bleiben.
- Ein Passant rettet ein Kind vor dem Ertrinken und ertrinkt dabei selbst, wahlweise: überlebt.
- Der Dompteur steckt den Kopf in das Maul des Löwen.

Ich freue mich, wenn die Vielfalt der Beispiele die Phantasie angeregt hat.

Mutig sein und/oder als mutig gelten?

Mutig zu sein oder von anderen als mutig gesehen zu werden. Beides kann zur Deckung kommen, aber nicht zwangsläufig. Wenn nicht, kann es mit

Show zu tun haben, aber nicht zwangsläufig. Beim Dompteur, für den sein Handwerk als Routine ist, ist es Show, sonst würde er es nicht jeden Abend „wagen" – während sein Publikum vor Entsetzen die Luft anhält. Aber so ganz hundert-pro berechenbar ist es halt auch wieder nicht. Ab und zu bleibt ja auch mal ein Kopf im Löwen drin. Damit will ich vorab zwei Dinge zeigen. Erstens kann sich die Bewertung des Risikos durch Dritte von meiner eigenen unterscheiden. Und zweitens ist es von außen kaum möglich, das Innenleben von dem zu beurteilen, der als mutig angesehen wird. Tut der Dompteur es denn wirklich nur deswegen, weil er sich sicher fühlt, weil er alles als planbar ansieht und über das vermeintliche Risiko nur lacht? Oder weint er vor jedem Auftritt und macht nur immer weiter, weil er keinen Ausweg aus diesem Dasein weiß? Oder pendelt er unsicher zwischen Angst und Zuversicht, vielleicht vermengt mit noch weiteren Motiven? Eine bewunderte Frau in seiner Nähe? Oder ein prügelnder Vater hinter ihm?

Ich hätte auch jedes andere Beispiel auswählen können. Es ging mir darum, die Aufmerksamkeit gleich zu Beginn auf den Nebel zu richten, der zwischen der Szene, die man sehen kann und ihren möglichen Deutungen liegt. Wie mutig ist der Mutige wirklich?

Mut: ein Konglomerat verschiedener Impulse

Mit dem Mut verhält es sich ähnlich wie mit dem Erfolg. Beim Erfolg entscheide ich selbst über meine Ziele. Darum kann streng genommen auch nur ich selbst beurteilen, ob ich welchen habe. Stimmt natürlich nicht immer.

Wenn der Weltrekordhalter und hohe Favorit zum Sprint bei Olympia antritt und dann nicht gewinnt, hat er offensichtlich sein Ziel verfehlt, und die ganze Welt nimmt live Anteil an seinem Misserfolg. Wollte er behaupten, dass für ihn die Teilnahme wichtiger gewesen sei als der Sieg, das wäre lächerlich. So offensichtlich ist es auch bei einem Taucher, der zu eingeschlossenen Höhlenforschern vordringt, sie drunten versorgt und nacheinander rettet. Er hat offensichtlich Mut, und jeder kann es sehen.

Im normalen Leben sind die Triebfedern selten so klar. An der Entscheidung für eine „Tat", eine Vorgehensweise oder eine Strategie können verschiedene Motive in bunter Vielfalt zusammenwirken: Ein Stück Altruismus, etwas Berechnung, dazu Eitelkeit und vielleicht noch ein Schuss Dummheit – ich phantasiere gerade und denke an keinen realen Vorfall. Mit entsprechender Phantasie wird das *Warum* bei vielen der aufgezählten Beispiele mehrdeutig.

Ich werde jetzt einige typische Motive isoliert herausstellen, sozusagen im Labor. In der Praxis ist das selten zu erwarten. Hier wird man selten einem einzigen Motiv in Reinform begegnen. Stattdessen regiert uns doch ein unübersichtliches Geflecht aus sich überlagernden, teils verstärkenden und teils gegenseitig in Schacht haltenden Beweggründen und Antrieben. Kein Außenstehender kann da hineinsehen. Und, schlimmer noch (oder besser?): Ich selber vermutlich auch nicht – auch wenn meine Eitelkeit das nicht so gerne hört.

Immanuel Kant, der seine Tage abgesondert vom realen, spontanen Leben hoch oben auf der Zinne seines theoretischen Gebäudes verbrachte und von dort seine Verdikte auf die Menschen hinabschleuderte – ja, für ihn gibt es das reine Motiv: Die Pflicht. Dieser Messlatte seines kategorischen Imperativs genügt nur, wer im kritischen Moment *aus Pflicht* und nur aus Pflicht handelt. Was das ist, hat er präzise definiert. Wer dagegen in der Tiefe seines Bewusstseins (hatte Kant eigentlich eine Vorstellung vom Unterbewusstsein?) auch nur eine noch so kleine Spur eines anderen Motivs zeigt, scheidet aus. Platt gesagt: Wer tausend Euro in den Opferstock legt, darf und soll das tun, wenn ihm niemand zusieht. Lässt er sich dabei sehen: Weg mit ihm, hinab in die Niederung des hypothetischen Imperativs (anstelle des reinen, des kategorischen). Dieser existiert, ist auch zulässig, aber er ist ethisch irrelevant. Die tausend Euro für den guten Zweck bleiben nützlich, aber sie verlieren für den Geber ihren Wert. Jedenfalls den ethischen. Die Pflicht reklamiert für sich die vollen einhundert Prozent Aufmerksamkeit.

Mit dem Abstecher zu Kant habe ich unversehens Mut und Ethik übereinander geschoben. Das *kann* berechtigt sein, und Mut *kann* im Einzelfall in der Nähe des kategorischen Imperativs wohnen. Ein Passant rettet ein ertrinkendes Kind. In einem anderen Fall haben die beiden überhaupt nichts miteinander zu tun. Ich entscheide mich für die Selbstständigkeit und behaupte mich – wobei es hier bereits wieder zwickt: Ich habe vielleicht Angehörige, die von mir abhängig sind? Dann ist es sofort wieder komplexer.

Es kann folglich um Altruismus gehen, aber auch um eigene Interessen. Oder gleichzeitig um beides. Das Motiv der Handlung kann entweder moralisch richtig sein, oder kann ohne relevanten Bezug zur Moral sein, oder skrupellos

– oh je: Unbemerkt lande ich im Singular und spreche von *dem* Motiv! Entgegen den vorherigen Überlegungen. Das objektive Risiko kann groß sein oder klein, entweder absolut oder gemessen am erwarteten Ertrag. Gleiches gilt für die Erfolgschancen.

Ein weiteres Beispiel in Nahaufnahme

Ich komme zurück auf das Geschäftsführer-Beispiel. Wie unschwer zu erraten, ist dieser mir sozusagen persönlich bekannt, auch von innen. Was also hatte ihn an diesem Tag geritten? Vorab: Das Problem, um das es ging, wurde irgendwie schrittweise gelöst. Jene seltsame Gesprächsrunde hat nachträglich gesehen nichts geschadet und wahrscheinlich ein wenig geholfen. Heute ist der Druck draußen und alles ist vergessen. Wir können daher unbelastet analysieren. Ich biete dazu denkbare Motive an, ohne sie zu kommentieren. Das überlasse ich der Phantasie der Leser*in. Wahrscheinlich gibt es noch weitere. Jedes von ihnen kann eine Rolle gespielt haben oder auch nicht:

- Die andere Seite durch besondere Verwegenheit einschüchtern wollen
- Zu feige, um aus der kritischen Situation die sofortige Konsequenz zu ziehen und entweder abzureisen oder anstelle der eins-zu-fünf-Anordnung ein vier-Augen-Gespräch einzufordern
- Besonderes Pflichtgefühl im Umgang mit den Geldern, und daher der Wille, jede Chance auf eine Lösung unbedingt zu nutzen

- Besondere Leichtfertigkeit im Umgang mit den Geldern, da auch bei ungeschickter Verhandlungsführung kein persönliches Haftungsrisiko zu befürchten war
- Das Glücksgefühl des Simultan-Schachspielers
- Zu langsam im Kopf, um rechtzeitig die Brisanz zu erkennen

Es ist kaum vorstellbar, dass unser damaliger Akteur eine solche Checkliste abgearbeitet haben könnte, während er sich in Windeseile sammeln und entscheiden musste. Und trotzdem könnten alle diese Motive oder einige davon mitgewirkt haben. So kann die Deutung durch Dritte, je nachdem, für welches Bündel von plausiblen Motiven sich jeder entscheidet, zu gegensätzlichen Bewertungen der Person und ihres Handelns führen.

Das ist ganz normal und passiert nicht nur bei der Frage des Mutes. Wenn ich die Handlungsweise eines Dritten interpretiere und mir dazu einen Satz von „passenden" Motiven denke, dann kann ich damit richtig liegen, aber leider auch komplett falsch. Denn wenn der Zusammenhang zwischen Motiv und Tat so sein könnte, wie ich es mir denke, folgt daraus nicht, dass er tatsächlich so ist. Wie schön könnte die Welt sein, wenn alle immer an diese einfache Wahrheit denken wollten!

Feigheit macht mutig

Dieser Satz sieht paradox aus, ist aber leicht zu erklären. Wenn die Angst vor Alternative B unermesslich steigt, braucht es nur wenig Mut, sich für Alternative A zu entscheiden. Vorausgesetzt natürlich, dass es keinen dritten Weg gibt.

Wenn B zum Beispiel bedeutet: Ich verweigere im obigen Beispiel das erniedrigende Aufnahme-Ritual und halte ab morgen lieber die Position als Außenseiter aus (nennen wir das B1) beziehungsweise verzichte gleich ganz auf die verheißene Stelle bzw. Rolle bzw. Teilnahme (nennen wir es B2). Dann haben wir damit also gleich zwei Alternativen B1 und B2. Aber B2, auf die Sache einfach zu verzichten, stehe ich vor meiner Familie nicht durch, und auch ich selbst will auf die Zukunftschance nicht verzichten. Und B1, mich ab jetzt täglich mobben zu lassen, wäre um ein Vielfaches schlimmer als einmal Zähne zusammenzubeißen und die Erniedrigung zu erdulden. Faktisch gibt es sowieso nur eine Alternative, denn das Mobbing hält keiner lange aus, und dann fällt die Katze, wenn ich zunächst B1 wähle, in Kürze auf dieselben Füße wie bei B2: ich müsste kapitulieren.

Also mache ich mit, lasse mich demütigen, hoffe, dass sie mich rechtzeitig von der Schiene ziehen, bevor der Zug tatsächlich anrollt – und räche mich gemeinsam mit den anderen am nächsten Kandidaten. So habe ich mich zweimal erniedrigt: Erst vor den anderen, indem ich das Ritual erduldet habe, und durchs Mitmachen beim nächsten Mal auch noch vor mir selber. Die Feigheit vor Alternative B gab mir den Mut zu A.

In der Liste von Beispielen taucht immer wieder das Motiv der Angst oder Feigheit (das sind zwei Paar Stiefel, aber braucht jetzt nicht vertieft zu werden) auf. Auch in den näher besprochenen Beispielen war es präsent. Wo also steckt in solchen Fällen der Mut? Und vor allem: Wer wagt von außen zu entscheiden, ob das, was er vor sich sieht, gerade ein „solcher Fall" ist?

Mut ohne echte Alternative

Hinter dir tausend Meter Abgrund, vor dir ein auf Angriff gepolter Kampfhund. Du kämpfst und verteidigst deine Chance.

Hinter dir tausend Meter Abgrund, vor dir eine Meute von hungrigen Löwen. Du springst und ersparst dir den grausameren Tod.

Wenn Beispiele besonders spektakulär sind, sind sie meistens Theorie. Die Praxis sieht anders aus, aber nur an der Oberfläche. Zum Beispiel so: Jemand kämpft „mutig" gegen seine Krankheit und „besiegt" sie. Der Unterschied ist nur graduell: Die Sache mit dem Kampfhund ist nach kurzer Zeit entschieden. Einer von beiden muss über die Klippe. Das mit der Krankheit kann dauern. Zum Mut, den Kampf aufzunehmen, gesellt sich die Tapferkeit, ihn täglich durchzustehen.

Leben wäre eine prima Alternative. Unter diesem Titel erschien vor über 40 Jahren das Protokoll einer Tumorkrankheit vom Anfang bis zum bitteren Ende. Hätte Maxi Wander, die Autorin, die Chance gehabt, 40 Jahre später zu erkranken, dann vielleicht, ja vielleicht hätte sie die Alternative *Leben* ziehen können. Dreimal *vielleicht*.

Der Kampf gegen die Krankheit als eine Spielart von Mut, oder was jemand als Mut empfinden mag. Der Mut, einem heraufziehenden Schicksal ins Auge zu blicken, einem entweder unabwendbaren, oder einem wahrscheinlichen, oder einem ungewissen. Ist es wirklich Mut?

Wenn Mut darin besteht, aus zwei oder mehr Handlungsalternativen eine bestimmte zu wählen, die bestimmte Auswirkungen hat oder haben kann, welche Alternativen hat die Patientin Maxi Wander denn gehabt? Doch nur diese eine, nämlich dem Schicksal mit offenem Visier zu begegnen und die Krankheit anzugehen, sie mit inneren Kräften zu bekämpfen und womöglich zu besiegen? Oder sich fallen zu lassen, also den Weg über die Klippe zu nehmen, wenn auch auf Raten. War also das, was sie so eindrucksvoll demonstrierte, tatsächlich Mut oder nicht eher Entschlossenheit?

Und weiter: Sich mit haarlosem Kopf und eingefallenen Wangen zu zeigen? Nieder mit der Gesellschaft, in der das Mut kostet, statt dass sie der Leidenden (eben das ist der Wortsinn von *Patientin*) Hilfe und Zuwendung gewährt! Und wenn es so sein sollte, dann braucht sie wiederum nicht Mut, sondern Selbstbewusstsein! Den Stigmatisierern frei ins Gesicht sehen, oder noch besser: Von oben auf sie herab.

Nebenbei gesagt: Dass sie sogar die Größe hatte, drüber auch zu schreiben, ist nochmals eine andere Sache.

Mut = Selbstbewusstsein

Wie so oft gibt es auch vergiftete Varianten. Eine davon besteht darin, jemandem scheinbar respektvoll *Mut* zu attestieren, wenn es doch nur darum geht, dessen nonkonformes Verhalten aus dem dumpfen Schutz der drögen Masse heraus ironisch anzuprangern. Das ist ja zugleich auch ein rhetorisches Stilmittel. Es funktioniert prima aus der Position des Höhergestellten oder des sich selbst höherrangig Wähnenden.

Rhetorisch ist es manchmal schwierig, mit diesem Angriff geschickt umzugehen, ohne sich in der Situation zu schaden. Gesellschaftlich genügt es, dem Betreffenden die Verachtung zurückzugeben. Am besten ihn meiden, sagt der Stoiker. Ich muss ja nicht jeden Handschuh aufheben, den mir ein hergelaufener Trottel hinwerfen will. Auch wenn er hoch oben sitzt. Den Trottel erkennt man nicht immer an seinen Insignien.

Mut = kalkulierter Effekt

Meine Aneinanderreihung folgt keiner Systematik. Niemand soll den Eindruck haben, dass hier ein von A bis Z durchgeplantes Gebäude namens *Mut* entstehen könnte. Am Ende des Kapitels mehr dazu.

Marc Anton hat dieses Kapitel eröffnet. Natürlich wollte er, wenn es denn diese Szene je gegeben hat oder hätte, genau den erwarteten politischen Effekt erzielen. Aber: Sein Auftritt hätte auch misslingen können, mit unkalkulierbaren Konsequenzen für ihn persönlich. Welche Ziele hatte er und wie schätzte er sein Risiko ein? Wie sehr brannte er neben dem politischen auch auf den persönlichen Erfolg? Wieviel Risiko war der ihm wert?

Oder Cicero als junger Anwalt. Er will nach oben, unbedingt. Seine Strategie heißt: Unerschrockenheit vor dem Establishment demonstrieren, sich kampfbereit für die gute Sache zeigen. Entsprechend inszeniert er sich in diesem

Prozess. Es sind klare und ehrgeizige persönliche Motive. Aber soll das mich als Bertachter daran hindern, ihm für etwas Bewunderung zu zollen, wozu ich selbst weder fähig noch bereit wäre? Die Gegenwart kennt genügend analoge Situationen im Zwielicht von Idealismus und Inszenierung. Stoff zum Nachdenken. Gut, würde ich meinen, dass es Personen gibt, die sich dem stellen, auch wenn sie außer der *Pflicht* etwas mehr Ego mitbringen als ich. Ist es nicht so, Herr Kant?

Kalkulierter Effekt, ganz anders: Ich gebe mein Leben hin, um dadurch das höchste zu erwerben, was meine Seele erreichen kann. Ein Schritt weiter: Ich gebe es nicht nur hin, sondern ich werfe es weg, etwa in einem Flugzeug in Richtung Twin Towers. Aus der Sicht des Betrachters ist das Risiko einhundert Prozent, nämlich Tod, und der Gewinn entsprechend Null. Der Betreffende bewertet beides quasi umgekehrt. Aber auch hier gibt es Schichten: Wahrscheinlich war nicht jeder Urchrist bereit zum Martyrium.

Der Ansatz, Märtyrer und Mörder in einem Satz zu nennen, ist problematisch, weil so den Eindruck entsteht, als wären beide Handlungen moralisch gleichwertig. Sind sie natürlich nicht! Vielmehr sind sie diametral entgegengesetzt. Verglichen habe ich nicht die Handlungen, sondern die subjektive innere Verfassung. Objektiv führte die im einen Fall dazu, ein mörderisches (und nur in zweiter Linie selbstmörderisches) Verbrechen zu begehen und im anderen dazu, ein Kapitalverbrechen zu erdulden. Und entgegengesetzt ist auch der Werdegang, der zu dieser inneren Verfassung führte.

Mut infolge Unwissenheit

Muss man dazu viel sagen? Wer die Gefahr nicht kennt, kann auch nicht mutig sein.

Mehr ist aus der Sicht des Betroffenen, der posthum zum Helden gemacht wird, nicht zu sagen. Aus der Sicht derer, die die Unwissenheit nutzen oder selbst erst herbeiführen, schon. Ob Krieg, Indoktrination zum Gotteskrieger oder Abordnung in den chinesischer Kohlebergbau, das macht in diesem Punkt nur einen graduellen Unterschied: Unwissende oder Naive oder Perspektivlose werden verheizt.

Unwissende? Nächste Klippe. Wie unwissend ist jemand, der mit bloßen Händen Kairos Müll sortiert und in ihm lebt, um sich und die Familie zu ernähren? Unwissenheit? Mut? Oder einfach die Ausweglosigkeit der fehlenden Alternative. Es ist schwierig, Schubladen zu definieren. Versucht man es, scheitert man bereits daran, *Unwissenheit* vernünftig von irgendeinem Gegenteil abzugrenzen. Klar ist nur die moralische Forderung an den, der jeweils mehr weiß.

Kein Mut, sondern Gewissenlosigkeit

Er ist ein mutiger Manager. Selbst gut abgesichert und als Person in der Regel von den Risiken befreit, für deren Übernahme er fürstlich bezahlt wird, jongliert er mit Arbeitsplätzen und mit dem Geld anderer.

Nur diesen einen Satz dazu. Genügend ist zu diesem Thema gesagt und gedruckt. Der Punkt ist subtiler. Mut zu Lasten Dritter findet sich auf vielen

Ebenen. Ich rase durch das Wohngebiet, um pünktlich zu sein. Ich spekuliere mit der Altersversorgung, auf die neben mir auch meine Angehörigen angewiesen sind.
Auch hier wieder das verfluchte Problem der Abgrenzung. Welches Risiko kann ich verantwortbar eingehen, wenn andere mitbetroffen sind? Wie mutig können wir gemeinsam sein, wenn wir uns verstehen und gut ausgetauscht haben? Welches Risiko muss ich evtl. akzeptieren, auch im Interesse der Angehörigen? Mit welchen Entscheidungen bleibe ich allein? Was sehen die anderen in mir, wenn sie mir vertrauen? Bin ich der, der es rechtfertigt?
Der Absatz versprach so schön einfach zu werden, und urplötzlich sind wir doch wieder mitten im Eingemachten.

Wo bleibt der „wahre" Mut: Gibt es ihn überhaupt?

Bin ich mutig – oder bin ich vielleicht ein Feigling? Ich glaube nicht an diese Frage. Ich glaube nicht daran, dass Mut eine einheitliche, eindeutig zu beschreibende Charaktereigenschaft wäre, und dazu sollte dieses Kapitel den Stoff liefern. Erinnert *Mut* nicht irgendwie an den Scheinriesen Tur-Tur in Michal Endes Geschichte von Jim Knopf und Lukas, dem Lokomotivführer? Von weitem riesig, und aus der Nähe immer nahbarer, und wenn ich ganz dicht dabei bin, bleibt wenig übrig, was ich nicht auch in mir finden kann.
Mut ist ein König mit wenig Land. Und doch versucht er sich aufzuspielen wie eine Großmacht. Wie ein Kuckuck legt er seine Eier in den Nestern der ehrlichen Waldbewohner ab, und wenn seine Nachkommen die angestamm-

ten Bewohner verdrängt haben, sagt er, all dies sei *sein* Land. Einige solche Bewohner sind im Lauf des Kapitels aufgetreten.

Wenn daher von *Mut* die Rede ist, geht es vielfach nicht tatsächlich um Mut, sondern um andere Eigenschaften, die er aus ihrem Nest werfen will. Hilft mir das? – Ja und nein. Wenn ich jene andere Eigenschaft nämlich auch nicht habe, dann eher nein. Aber das muss nicht der Fall sein. Angenommen, ich bin zu einem Wettlauf verabredet und gehe dabei kläglich unter. Was folgt daraus? Klar, die anderen waren schneller. Aber warum? Hatte ich tatsächlich von irgendetwas Notwendigem zu wenig? Oder zu viel von etwas, das mich behindert? Das ist ein Unterschied! Und klar, jetzt fällt es mir ein, ich habe gestern zu viel getrunken und zu wenig geschlafen. Kein Wunder also, dass ich verloren habe.

Trinken kann ich mir abgewöhnen, und früher zu Bett gehen kann ich auch. Ich *habe* kein Defizit. Ich muss nur dafür sorgen, dass ich meine PS nächstes Mal besser auf die Straße kriege!

Ich wage es in bestimmten Situationen nicht, jemandem zu widersprechen. Habe ich keinen Mut? – es ist eine Frage des Selbstvertrauens. Niemand wird mich beißen. Und mein Selbstvertrauen kann ich systematisch stärken und trainieren! Und ebenso so geht es mit etlichen anderen Nestbewohnern. So wird Mut lernbar und planbar, wie Schlagfertigkeit.

Stimmt das? Klar, es gibt solche Hemmungen in jedem Menschen, größere oder weniger große, die sich durch Nachdenken und Üben abbauen lassen. Das ja. Es gibt auch solche, die sich nicht so einfach abbauen lassen. Das muss man sehen. Es hat keinen Sinn, die Welt rosa zu quasseln, damit es ein schönes Buch wird. Wenn ich mit Rucksack durch eine 100 Meter lange Röhre kriechen müsste, würde ich vielleicht sterben. Hat das viel mit Mut zu tun? Im Szenario des Action-Films hat es das. Dort machen solche Faktoren den ganzen Mut aus. Vielleicht kann man durch Drill sogar die meisten Menschen weit in diese Richtung bewegen? Nach dem Prinzip von vorher: Hinten der Abgrund, vorne die Löwen?

Es geht nicht um Drill, sondern um aufrechten Mut in innerer Freiheit. Mut gepaart mit Verantwortung. Für sich selbst und für die anderen. Vielleicht können diese Gedanken dazu helfen?

Erklärt Pereira

Einen König mit wenig Land nannte ich den Mut. Ich sagte nicht, er sei ein König ganz ohne Land. Sollte ich aus allem Gedruckten, das mir bisher unterkam, ein Beispiel für „echten" Mut benennen müssen, fiele meine Wahl auf den unscheinbaren Lissaboner Journalisten, der, als er plötzlich vor der Situation stand, stehen geblieben ist, nicht vor ihr weggelaufen, nichteingeknickt ist, ohne Ansehen der Konsequenzen.

Ihm gehört stellvertretend meine Bewunderung. Und mit ihm allen, die in schlimmen Verhältnissen für wenig Ertrag großes wagen. Aus Pflicht, würde Kant sagen. Es ist ja nicht so, dass ich ihm, dem großen Denker, alle Legitimation absprechen wollte. Ich bewundere Pereira und mit ihm die unzähligen Mutigen, die es in keine Weltliteratur geschafft haben, weil sie nur einfache,

real existierende Menschen sind, für Taten, bei denen ich an mir zweifle, zu denen ich dank des gnädigen Schicksals bisher noch nie aufgerufen war.
Und schon zwei Zeilen später melden sich die verfluchten Abwägungen zurück: In der Geschichte hat Pereira anscheinend keine Angehörigen.
Härte, Selbstvertrauen, Resilienz, selbst Optimismus lässt sich lernen und lehren. Dort wo die Ethik anfängt, ist jede*r einsam.

Einsamkeit braucht Tapferkeit

Bei denen auf großer Bühne, sofern sie sich um ihre Ethik kümmern, lässt sich die Einsamkeit beobachten. Helmut Schmidt während der Geiselnahmen. Pereira konnte und musste allein für sich selbst entscheiden. Mutig und großartig. Und Helmut Schmidt? Später hat er gesprochen, wie ihn die damaligen Entscheidungen immer wieder eingeholt haben. Auch mir als Zuschauer hat sich das eingeprägt.
In den frühen 1960-er Jahren gab es zwei politische Ereignisse, die mich als Schulkind erreicht haben: der Mord an John F. Kennedy und der Bau der Berliner Mauer. Die Ungarn-Krise davor nahm ich nur über die Sorge der Eltern wahr. Das Hochwasser in Hamburg kenne ich überhaupt nur aus den späteren Berichten und sehe, wie Helmut Schmidt hier Mut gezeigt hat. Den Mut, im rechten Moment Regeln zu brechen und die Folgen später zu vertreten. Es endete gut, und Helmut Schmidt wurde gefeiert. Wie eng zusammen liegen die Wörter *gefeiert* und *gefeuert*. Muss wohl Zufall sein? Oder steckt da mehr drin – *Hosianna und Kreuzige ihn*?

Während der RAF-Krise ging es nicht um Mut. Damals musste die Tapferkeit für sich stehen, denn sich dem Handeln zu entziehen, war dem Regierungschef nicht möglich. Und egal, wie er entscheiden würde, es würde Opfer geben. Entsetzlich, dieser Gedanke.

Ich kann das jetzt nicht entscheiden. Wie oft hört man diesen Satz. Und fast immer liegt der Fall so, dass das vermeintliche *Nicht entscheiden* nur bedeutet, den Ausgang zu wählen, der zwangsläufig eintreten wird, wenn ich nicht handle. Das bedeutet: Ich habe die Entscheidung ja doch getroffen!

Tapferkeit dagegen bedeutet hier: Ich weiche der Entscheidung nicht aus und verdränge nichts. Wie damals Helmut Schmidt. Von hier aus öffnet sich ein weites Feld für neue Assoziationen. Jede*r kann das fehlende Kapitel für sich und das eigene Leben selbst zu hinzufügen. Und dabei den Assoziationen nachgehen, die sich dann wieder neu ergeben. Auch das gehört zum Philosophieren: Das Aufspüren der gedanklichen Ketten, von denen die Welt unsichtbar durchflochten ist.

Kapitel 7
„Repressive“ Begriffe

Kann ein Begriff repressiv sein?

Streng genommen kann er das natürlich nicht. Mit *Repression* verbinden wir die Vorstellung, dass einzelne Personen oder Gruppen gegen andere Personen oder Gruppen Zwang ausüben oder sie in einer anderen Weise an der freien Entfaltung hindern. Allerdings spielen Begriffe dabei eine große Rolle, indem sie benutzt bzw. missbraucht werden. Ein Begriff ist ein Wort zusammen mit seinem Inhalt. Das bedeutet, dass nicht jedes Wort automatisch auch für einen Begriff steht. *Schnaipfenhüpfer* zum Beispiel ist zwar ein Wort, aber es steht für gar nichts, hat also keinen Inhalt.

Im Normalfall passen Worte und Begriffe so gut zusammen, dass es im Alltag nicht notwendig ist, sich darüber Gedanken zu machen. Nehmen wir als Beispiel gerade das Wort *Begriff*. Für unseren Bedarf hat es ausgereicht, die Bedeutung von *Begriff* in einem prägnanten Satz zu erklären. Aber es ist möglich, die Definition bei Bedarf so weit zu verfeinern, dass (fast) alles, was zum Inhalt gehört, wirklich beschrieben ist und alles, was nicht dazugehört, ausgeschlossen ist. Hätte ich statt *Begriff* das Wort *Rauminhalt* gewählt, so hätte ich auch das Wörtchen *fast* noch weglassen können, denn die Naturwissenschaften sind exakt und definieren sich eine eigene Sprache, die keinerlei Unschärfen zulässt. Im normalen Leben gibt es immer Unschärfen, und die können zum Problem werden – und nicht nur sie. Hätte ich nämlich statt *Rauminhalt* das Wort *Volumen* benutzt, wäre es schon wieder komplizierter, denn das Wort *Volumen* hat neben der physikalischen zahlreiche weitere, übertragene Bedeutungen.

Was aber ist der Inhalt von *Fettleibigkeit*? Oder von *zu schnell?* Wer das Wort hört oder gebraucht, verbindet damit eine plausible Vorstellung vom Inhalt, die auch kommunizierbar ist. Wer sich aber ärztlich mit zu hohem Gewicht oder juristisch mit Geschwindigkeit befasst, braucht eine genauere Eingrenzung. Er oder sie braucht also bei eigentlich klarem Inhalt eine Operationalisierung, die gelegentlich auch die Terminologie verändert: Adipositas statt Fettleibigkeit.

Allerdings ist die Welt der Wörter noch komplizierter. Und gerade dort, wo es kompliziert wird, wird es auch gefährlich. Bleiben wir zunächst noch einen Moment kompliziert, aber ungefährlich. Wer die 100 Meter in weniger als 11 Sekunden laufen kann, wird zu Recht als sportlich gelten. Aber was wäre, wenn nun jemand festsetzen würde, dass sich die Eigenschaft *Sportlichkeit* allein nach der Sprintzeit für 100 Meter richten soll? Das hört sich blödsinnig an, wäre es auch. Aber behalten Sie das Beispiel im Hinterkopf und überlegen Sie beim Weiterlesen mal, wie Sie selbst *Sportlichkeit* definieren würden: Was genau soll dazugehören, was nicht?

Ich bleibe im Ungefährlichen und stelle mir vor, dass gerade eine wissenschaftliche Untersuchung über die Lebensweise irgendeiner Gruppe durchgeführt wird. Dabei soll von den Teilnehmer*innen auch erfragt werden, wie sportlich sie sind. Was also tun? Die Macher*innen der Studie würden sich vielleicht fünf oder zehn einzelne Fragen ausdenken und daraus für den Zweck dieser Erhebung einen Index *Sportlichkeit* erfinden. Jede*r wüsste dann genau, dass sich dieser Index ausschließlich im Rahmen dieser Studie interpretieren lässt.

Würde jedoch dieser Verwendungszweck irgendwann vergessen, so hätten wir eventuell einen *repressiven* Begriff im Sinne dieses Kapitels. Denkbar wäre dann, dass mit der Zeit pädagogische Ziele oder die staatliche Förderpolitik an dieser Vorstellung von Sportlichkeit festgemacht würden – und der Rest vergessen wäre. Oder aber, dass dadurch eine vielleicht unmerkliche Sogwirkung auf das eigene Denken entsteht, und damit sind wir endgültig beim Thema.

Einige wenige Begriffe, zum Beispiel *Erfolg, Mut* oder *Gerechtigkeit,* durften sich hier einzeln präsentieren oder dürfen es noch, um die Vielfalt ihrer Bedeutungen und ihre Mehrdeutigkeit durchzuspielen. Das geht aber nicht für alle Kandidaten, und so schiebe ich in die verbleibende Lücke dieses Kapitel, in dem ich die gerade beschriebenen Mechanismen anhand einiger mir wichtig erscheinender Begriffe vertiefe. Angesichts des Rahmenthemas *Wachsen und wachsen lassen* wird es mir dabei mehr auf die Wirkungen auf mein eigenes Denken ankommen als auf die politische Dimension. Ganz voneinander trennen lassen sich beide freilich nicht.

Glück oder die Rückseite des Mondes

Zu diesem Zweck wähle ich Gegenstände aus, die im Leben wichtig sind und an deren Existenz kaum jemand zweifeln würde: Glück, Lebensqualität, Gesundheit und Intelligenz. Und zum Abschluss fahren wir noch zusammen für 10 Centimos Straßenbahn – Nein, das muss jetzt (noch) niemand verstehen.

Nach dem bisher Gesagten können wir erstens davon ausgehen, dass jede Leser*in zu den genannten Begriffen eine intuitive Vorstellung hat und dass sich diese Vorstellungen mehr oder weniger ähneln. Sie können aber im Einzelfall auch unterschiedlich sein. Deshalb sind zweitens wahrscheinlich kaum zwei Personen zu finden (und da liegt der Hase im Pfeffer), die mit jedem dieser Begriffe spontan wirklich deckungsgleiche Vorstellungen verbänden – es sei denn, die Erklärung begnügt sich mit der Beschreibung der alleräußersten Oberfläche. Darauf spielt die Überschrift mit der Metapher vom Mond an, der hinter der sichtbaren Vorderseite eine geheimnisvolle und unsichtbare Rückseite verbirgt.

Ich bin so glücklich! – Das freut mich sehr für dich! Falls die beiden Sprecher sich näher kennen, kennt der zweite möglicherweise den Grund. Wenn nicht, wird er vielleicht anders antworten, etwa so: *Erzähl, was freut dich so?* Oder das Gespräch schnell in eine andere Richtung lenken, zum Beispiel so: *Sieht man dir richtig an. Willst du gleich einen ausgeben?* Nur eine bestimmte Antwort wird mit Sicherheit nicht kommen, nämlich die Gegenfrage *Was genau verstehst du denn unter Glück?*

Was aber, wenn jemand sagt: *X ist glücklicher als Y.* Nun, angenommen, Y wäre am ganzen Körper schwer krank, obdachlos, und dazu drogensüchtig und depressiv, dann wäre der Satz belanglose Ironie. Was aber, wenn X und Y Nachbarn sind, dritter Stock links und dritter Stock rechts, beide mit Familie, beide in ähnlichem Alter, beide männlich oder beide weiblich, anscheinend gesund und beide mit sicherem Arbeitsplatz? Was wäre dann die wahrscheinliche Antwort? Vielleicht ein lapidares *Aha, wenn du meinst.* Oder aber eine wirkliche Nachfrage, zum Beispiel: *Wie kommst du zu dieser Einschätzung?* Schalten wir einen Gang höher. Zwei Brüder, die sich selten sehen und sich auch wenig zu sagen haben, kommen nach längerer Zeit ins Gespräch. *Also,* sagt der eine, *wenn ich uns so betrachte, man kann schon sagen: Ich bin definitiv glücklicher als du! – Komm, blas dich nicht so auf mit deinem gebrauchten Ferrari da. Was verstehst DU schon von Glück.* Angenommen, Sie sollten ohne weitere Informationen nur aufgrund dieses kurzen Wortwechsels Partei ergreifen und entscheiden, wer von beiden wohl glücklicher sei, was würden Sie tun?

Nicht nur das Glück ist so kompliziert. Auch andere zentrale Begriffe, mit denen wir im Leben umgehen, ähneln dem Mond. Sie sind schön anzusehen, sie erscheinen uns klar umrissen, sie werfen sogar Schatten. Zum Beispiel beim Glück: Unglück als sein Schatten wird erst im Lichte des Glücks fassbar und fühlbar. In einer Welt ohne Glück und Freude (sagen wir: in einem Auffanglager) tritt das, was jede*r als tiefes Unglück empfindet, weniger in Erscheinung, weil es nirgends von Glück angeleuchtet wird. Das führt zur politischen Dimension: Es besteht im genannten Beispiel das Bedürfnis, diesen

Zustand von Glück oder Unglück aus dem Nebel des Relativen herauszuholen. Andererseits setzt unsere Rechtsordnung ausdrücklich darauf, *Armut* nicht absolut, sondern in Relation zum Wohlstand der anderen zu definieren. Das alles gehört zur dunklen, unerforschten Rückseite der intuitiv so klaren Begriffe. Und noch mehr gehört dazu: Hinter dem Glücksmond wohnt z.B. auch die ironische Abwertung, so im Sinne von *Na, wenn's dich glücklich macht,* bis hin zur ironischen Umkehrung, wenn *Glück* gesagt wird, aber Pech gemeint ist.

Wahrscheinlich würden die beiden Brüder kaum auf den Gedanken kommen, eine Skala festzulegen, an der sie einfach ablesen könnten, wie an einem Thermometer, wer von beiden der Glücklichere sei. Eher würden sie in dem festen Bewusstsein auseinandergehen, dass dieser Wortwechsel jetzt wieder für drei Jahre gereicht hat, oder, je nach Mentalität, könnten sie sich ja auch prügeln, oder der eine zertrümmert den Ferrari des anderen. Oder aber: Der ohne Ferrari könnte bedrückt sein, weil er zwar überzeugt ist, dass er „eigentlich" der Glücklichere ist, jedenfalls glücklich, es ihn aber trotzdem bedrückt, dass sein Glücklich-Sein niemandem imponiert und vielleicht so wirkt, als würde er sich sein wenig spektakuläres Leben ohne Ferrari nur schönreden.

An dieser Stelle kommt die Wissenschaft ins Spiel

Und genau an dieser Stelle fängt das Wort *Glück* an, sein repressives Potenzial auszuspielen. Diesem Effekt gehen wir jetzt nach. Die Gefahr beginnt, sobald der Bruder ohne Ferrari mit dem Wort *Glück* einen anderen Inhalt verbindet als – und jetzt kommt es: Einen andern, als er bei seinem Bruder oder sonst jemandem vermutet! Diese Vermutung kann stimmen oder falsch sein, und beides müsste ihn nicht berühren. Aber sobald er seiner eigenen Vorstellung von Glück weniger „Überzeugungskraft" zutraut, zunächst gegenüber anderen und am Ende auch gegenüber sich selbst, spielt das schon keine Rolle mehr. Der Mensch ist unglücklich über sein Glück. Wie paradox!

Wenn es dabei nur – das *nur* in Anführungszeichen, denn was ist schon wichtiger als glücklich zu sein – um Glück ginge, könnte das Kapitel hier enden. Das Fazit bisher lautet: *Was mich glücklich macht, bestimme ich selbst. Niemand anders hat das zu beurteilen.* Und im Kleingedruckten wäre noch darauf hinzuweisen, dass Verantwortung und Rücksichtnahme dem eigenen Streben nach Glück Grenzen setzen. Aber das ist ja sowieso selbstverständlich.

Was aber, wenn Eltern über ihr Kind attestiert bekommen, es sei hochbegabt oder einseitig oder minder oder was weiß ich wie begabt oder unbegabt? Ganz fertig ist das Kapitel noch nicht.

Der entscheidende Punkt war der Übergang von der einfachen Aussage *Ich bin glücklich* zum Vergleich. Wer nämlich vergleichen möchte, benötigt eine Skala. Das ist nicht schwer, wenn das Kriterium, das verglichen werden soll, seine eigene Skala gleich mitliefert. Welcher See hat die größte Fläche? Auch für Gruppen geht das noch mühelos, wie zum Beispiel: In welcher Stadt sind die Neugeborenen am schwersten? Wohlgemerkt geht es um die Festlegung der Skala. Ob die vorhandenen Daten immer ausreichen, solche Fragen zu beantworten, und ob sie stimmen oder gefälscht sind, ist zunächst unerheblich. Schwieriger ist der Umgang mit der Frage, in welcher Stadt die Kinder glücklicher sind. Warum die Frage sehr sinnvoll sein kann, habe ich beschrieben. Bloß die Skala, auf der wir das ablesen würden, fehlt noch, und sie ist auch schwer zu beschaffen.

Ginge es immer um so apolitische Themen wie die Körpergröße, dann könnten wir das ganze ohne weitere Diskussion bei der Wissenschaft abladen. Aber bei Themen wie Gesundheit, Lebensqualität oder Intelligenz würde ich als Bürger schon verstehen wollen, wie die jeweiligen Skalen entstanden sind, jedenfalls ansatzweise.

Wer normiert mir meine Lebensqualität?

Es ist gut und auch notwendig, dass sich die Medizin nicht nur dafür interessiert, bei welcher Behandlungsart die Menschen länger überleben, wenn es Alternativen gibt, sondern auch dafür, *wie* sie überleben. Und natürlich auch dann, wenn es keine Alternativen gibt, außer zum Beispiel den Verzicht auf Behandlung.

Für solche Fragen wünscht man sich Indikatoren, mit denen sich so etwas wie Lebensqualität plausibel beschreiben lässt. Zum Glück gibt es solche, und zwar schon lange, so dass sie immer weiter verbessert werden konnten. Sie helfen der Medizin, ihre Ergebnisse zu vergleichen und mit der Zeit immer besser zu werden.

Aber hilft mir das auch, wenn ich als individueller Patient vor einer schweren Entscheidung stehe?

Dabei geht es *ausdrücklich nicht* um die Frage, ob meine Behandlung so erfolgreich verlaufen wird, wie im Durchschnitt anzunehmen. Das weiß vorher keiner. Sondern es geht um die Frage, ob die Kriterien, die in einem solchen Index stecken, auch meine eigenen Kriterien sind.

Wenn es um mich selber geht, werde ich in diesem Fall eher nicht genau danach fragen, wie der Index für Lebensqualität, der hier eventuell maßgebend ist, aufgebaut ist. Ich würde mir lieber in einfachen Worten erklären lassen, was mich bei den verschiedenen Optionen möglicherweise erwarten könnte, und dann entscheiden.

Trotzdem ist es sinnvoll, die Machart eines solchen Index einmal verstanden zu haben. Warum, das wird sich gleich zeigen. Es funktioniert so ähnlich wie beim Glück: In einer Serie von ausgeklügelten Interviews erfragt die Wissenschaft von freiwilligen Personen deren Werte und Prioritäten. Und wenn die Basis breit genug ist, also genügend Menschen gefragt wurden, kann man annehmen, dass die Gewichtungen, die die Testpersonen vorgenommen haben, auch für andere Menschen gelten. Kommt dann zum Beispiel heraus, dass *Telefonieren können ja/nein* mit 4 % zur Lebensqualität beiträgt, müsste für die betreffende Person nur noch festgestellt werden, ob sie telefonieren kann oder nicht, und so fort. Das Beispiel ist erfunden, es soll nur den Mechanismus erklären.

Beim Glück ist das vergleichsweise einfach. Wenn der Index in Hessen entwickelt wurde, wird er schon auch für Rheinland-Pfalz passen. Stammt er aus den USA, muss man schon überlegen, und wenn er aus Nepal stammt, wäre man sehr zurückhaltend.

So viel zum Glück. Was aber, wir bleiben bei dem erfundenen Bespiel, wenn ein Index für Lebensqualität bei einer Patient*in mit einer ganz speziellen Krankheit angewandt werden soll? Für sie könnte speziell das eigene Telefon vielleicht entweder gar keine oder vielleicht sogar eine besonders große Bedeutung haben? Stimmt das Maß dann noch?

Immer noch ist nichts passiert. Aber jetzt gleich passiert's.

Und wenn ich für andere entscheiden muss?

Manche Menschen werden schon früh im Leben mit Entscheidungen konfrontiert, die für sie zu Grenzerfahrungen werden, anderen bleibt dies lange erspart. In der Mitte des Lebens trifft es dann sehr viele. Entweder plötzlich oder auch länger vorhersehbar bin ich als nächster Angehöriger aufgerufen, Entscheidungen zu treffen, die ich weder treffen will noch eigentlich kann. Ich werde es natürlich trotzdem tun, und ich werde es aus einer starken inneren Haltung heraus tun. Hoffentlich. Die starke innere Haltung wird mir helfen, die Entscheidung gut und autonom zu treffen, so ähnlich wie vorhin beim Glück.

Natürlich wird man mich dazu auch beraten, und das ist auch gut. Von welcher Auffassung von *Lebensqualität* aber gehen diejenigen aus, die mir mit ih-

rem Rat zur Seite stehen? Wer oder was hat sie geprägt? Welchem Einfluss haben dabei jene vorgefertigten Standard-Maßzahlen, vielleicht ausdrücklich, vielleicht auch nur weitgehend unbewusst?
Dem Druck der normierten Erwartung in diesem Moment standzuhalten, erfordert Stärke. Ich weiß nur so viel: Ich kann damit alles falsch machen. Oder manches richtig! Mehr dazu zu sagen wäre (mir) zu viel. Nur eines: Die Begriffe *Druck* und *repressiv* sind unter derselben Hausnummer anzutreffen.

Post scriptum: Niemand, der diese Entscheidung im Vollbesitz seiner Kräfte für einen Angehörigen trifft oder treffen muss, ist davor gefeit, dass sie ihm früher oder später ein zweites Mal begegnet – wenn er selbst der Schwache ist, an dessen statt von anderen entschieden wird.

Lebensqualität extrem: Das drohende Leben mit Behinderung

Wenn eine Schwangere trotz eines bekannten Risikos auf die empfohlenen Tests verzichtet oder aus dem Testergebnis nicht die Konsequenz zieht, die ihr Umfeld erwartet, sagt man dazu, sie treffe diese Entscheidung trotz eines *drohenden* Lebens ihres Kindes mit Behinderung. Aus dem Wort *drohend* lässt sich ablesen, dass die Lebensqualität mit der entsprechenden Behinderung nach der Einschätzung derer, die so reden, zu gering sei, um überhaupt leben zu wollen. Und mehr noch: Wer so spricht, wähnt sich offensichtlich in einer allgemein geteilten Position. Aber ist das wirklich so? – Menschen, die selbst betroffen sind, antworten entschieden anders! Einerseits.

Vorsicht an dieser Stelle. Leicht drängt sich das Argument auf, vermeintlich hilfreich für das Lebensrecht von Menschen mit Behinderung, zu welchen herausragenden Leistungen zum Beispiel der geniale Physiker Stephen Hawking fähig war. Es ist hilfreich gemeint, bewirkt aber eher das Gegenteil. Denn unmerklich vollzieht sich dabei ein Schwenk weg vom Recht des Kindes hin zu seiner potenziellen Nützlichkeit. Und um die geht es gerade nicht. Manchmal entsteht der Eindruck, dass bei der Abwägung der Rechte und Interessen das Kriterium *Lebensqualität des Kindes* ohnehin nur das Vehikel darstellt, auf dessen Trittbrett die Sorgen und Interessen der werdenden Eltern fahren, ohne auf diese Weise zu laut in Erscheinung treten zu müssen.

Das sah jetzt aus wie eine eindeutige Positionierung. War es aber nicht. Denn wir wissen andererseits nicht, wie manche Menschen, die besonders schwer ge- und betroffen sind, darauf antworten würden, ob sie gerne zur Welt gebracht wurden, wenn sie zu einer solchen Antwort in der Lage wären. Wir wissen es nicht! Das ist die andere Seite.

Thema dieses Kapitels ist ohnehin nicht die ethische Entscheidung. Die liegt mit aller damit verbundenen Last bei den Eltern. Hier geht es allein um die Freiheit, diese Entscheidung verantwortlich treffen zu können – und in den Augen der Welt treffen zu dürfen, unabhängig davon, wie sie am Ende ausfällt. Vielleicht ist es kein wirklicher Zufall gewesen, dass nach diesem Kapitel eines folgt, das mit der These beginnt: *Es hat keinen Sinn, an Gott zu glauben. Es hat keinen Sinn, nicht an Gott zu glauben.* Dort wie hier plädiere ich für die vollkommene Symmetrie, für die Gleichgewichtigkeit beider Ergebnisse

und damit gegen eine latent oktroyierte einseitige Beweis- oder Begründungspflicht. Mit einem Kind mit Behinderung zu leben ist nicht begründungspflichtig, auch wenn der Mainstream zunehmend dazu tendiert, solche Begründungen einzufordern, zumindest latent.
Lebensqualität im Übergang vom Surrogatparameter, also einer künstlichen Hilfsgröße für wissenschaftliche Studien, zur Maß-Skala für normiert akzeptables Leben: Hierin liegt das von mir so bezeichnete repressive Potenzial des Begriffs. Ich hätte mein Ziel erreicht, wenn jetzt bei der Leser*in sozusagen das Gegenteil einer self-fulfilling prophecy in Gang gesetzt würde, indem nämlich dieses Potenzial gerade durch die Beschäftigung mit ihm an Kraft verliert.

Und nochmals ist Stärke gefragt: Intelligenz

Lebensqualität und Intelligenz haben manche Gemeinsamkeit: Kein Zweifel einerseits, dass es etwas geben muss, das man so bezeichnen kann, und andererseits keine glasklaren Vorstellungen, welche Komponenten dem Grunde nach dazugehören sollen (und welche eher nicht). Und wenn das alles klar ist, fehlen immer noch die Relationen: Welches Kriterium soll wie stark auf das Endergebnis durchschlagen. Am Ende soll doch aus dem vieldimensionalen Gewirr von Eigenschaften, die zusammen irgendwie die Intelligenz ausmachen, eine einzige Maßzahl entstehen, die nicht nur alle Bestandteile beinhaltet, sondern jede gleich noch mit dem „richtigen" Gewicht.

Lebensqualität ist ein vergleichsweise junges Konzept. Die Versuche mit der Messung von Intelligenz bzw. dem, was in der jeweiligen Zeit als aussagekräftiger Indikator dafür angesehen wurde, sind älter. Die ganze Bewegung hat, um dorthin zu gelangen, wo sie heute steht, viel Schaden angerichtet, auch bei anfänglich besten Absichten. Die umfassende Darstellung *Der falsch vermessene Mensch* aus den 1980-er Jahren ist immer noch lesenswert, auch wenn die Entwicklung 1980 nicht stehengeblieben ist.

Am Grundproblem hat sich nämlich nichts geändert: Niemand kann zweifelsfrei sagen, worin denn Intelligenz genau besteht. Folglich werden in einem ersten Schritt Maßzahlen entwickelt, die dem, was denkende Menschen (in ihrer Zeit!) im Durchschnitt als *Intelligenz* ansehen, möglichst gut entsprechen sollen. Das ist sinnvoll, je nachdem, wozu man es gebrauchen will.

Das Problem kommt jetzt im zweiten Schritt. Sehr schnell verschwindet nämlich das Bewusstsein, dass mit keiner (!) derartigen Maßzahl wirklich Intelligenz gemessen wurde, sondern lediglich das Abschneiden der getesteten Person in einer Reihe von willkürlich gewählten, wenngleich sicherlich relevanten Kriterien, die zudem in eine ebenfalls willkürliche Rangordnung gebracht wurden.

Und dann passiert's auch hier: *Intelligenz ist das, was der Test gemessen hat.*

Würde man eines der Kriterien herausnehmen und vielleicht ein anderes dafür ergänzen, würde sich zwar die vom Test gemessene Intelligenz aller Menschen verändern, aber natürlich nicht ihr wirkliches Denkvermögen. Es würde sogar ausreichen, nur die Gewichte der Kriterien zu verändern, also eine

Kriterium stärker zu berücksichtigen und ein anderes dafür schwächer, und schon wäre derselbe Effekt da.

Dies alles wird unterwegs schnell vergessen, weil fast niemand die Geheimnisse des Testens hinterfragt, und heraus kommt, wie eben schon festgehalten: *Intelligenz ist das, was der Test misst.* Oder noch deutlicher: *Der Test misst die wahre Intelligenz.* Trotzdem weiß jede*r, dass das nicht stimmt. Man braucht ja bloß die verzweifelten Hilfsbegriffe anzusehen, mit denen sich die nicht von den Tests geadelten Teile der menschlichen Persönlichkeit gegen die Verengung des Menschenbildes und des Intelligenzbegriffs zur Wehr setzen, wie zum Beispiel *soziale Intelligenz.*

Das eventuell repressive Potential von *Lebensqualität* entfaltet sich, wie wir gesehen haben, vor allem in Situationen, in denen ich für andere entscheiden muss, weil sie selbst dazu entweder grundsätzlich oder momentan nicht in der Lage sind. In eine vergleichbare Lage komme ich als Elternteil, wenn ich mit einem Testergebnis für mein Kind konfrontiert werde. Sinngemäß stellt dies an mich analoge Anforderungen wie diejenigen, die ich oben diskutiert habe. Wobei (und dies kommt erschwerend hinzu) dem IQ fast so viel öffentlicher Glaube entgegengebracht wird wie dem Grundbuch beim Amtsgericht, in welchem die Besitzverhältnisse aller Grundstücke und die Hypotheken festgehalten sind, und vielleicht sind manche dieser Zahlen auch ebenso dauerhaft in das Leben eines Kindes eingebrannt wie die Hypotheken auf das Haus. So habe ich es als Kind selbst erlebt, und man kann nur hoffen, dass die kritische Distanz zwischenzeitlich gewachsen ist. Und nochmals: Ich ne-

giere nicht den orientierenden Wert solcher Tests. Ich bemühe mich nur, deren repressives Potenzial ins rechte Licht zu stellen!
Die gemessene *Intelligenz* berät nicht nur, sondern sie klassifiziert, und dieser Klassifizierung kann sich keiner ganz entziehen. Denn selbst wenn der Test als freiwilliges Serviceangebot daherkommt – hinterher muss der betroffene Mensch, oft wahrscheinlich sind es Kinder mit ihren Eltern, unausweichlich mit dem Ergebnis leben.
Man kann das alles machen. Ich kritisiere es nicht fundamental. Vorausgesetzt, dass ich als Nutzer*in zuvor zu dem Test auf Augenhöhe komme, dass ich weiß, was er genau misst, und auch verstehe, wie stark die jeweiligen Komponenten auf das Gesamtergebnis durchschlagen. Wer aber hat dazu die Möglichkeit? Was vielfach haften bleibt, ist eine Zahl, nichts als eine Zahl, und der wird geglaubt.
Einen vorherigen Absatz schloss ich mit der Feststellung, dass *Druck* und *Repressiv* unter derselben Hausnummer anzutreffen sind. Machen wir es diesmal positiv: *Innere Stärke* und *zu dem Test auf Augenhöhe kommen* bilden ebenfalls eine WG. Mit genügend Selbstvertrauen und einem breiten Rücken lässt sich das repressive Monster bändigen. Wahrscheinlich wird es dann sogar zu einem freundlichen Diener. Die gilt für Intelligenz und für weitere „übergriffige“ Begriffe.

Repressiv, aber nochmals anders: Der Gesundheitsbegriff

Die gängigen Definitionen von *Gesundheit* gehen auf die Entwürfe der WHO aus den Jahren nach dem Zweiten Weltkrieg zurück. Details sind hier nicht von Belang. Wesentlich ist, dass Gesundheit seither als eine Eigenschaft gesehen wird, die man durch positive Attribute beschreiben kann. Gesundheit ist also mehr als „nicht krank". Der Unterschied ist von politischer Bedeutung, weil ein umfassenderer Gesundheitsbegriff den Anspruch jedes Menschen an seine Lebensbedingungen erhöht, für deren Bereitstellung die Politik verantwortlich ist.

Das repressive Potenzial, dessentwegen ich *Gesundheit* als weiteres Beispiel ausgewählt habe, hat sich bisher in zwei Stufen entfaltet. Zunächst ging es um die latente gesellschaftliche Ächtung von gesundheitsgefährdenden Verhaltensweisen und letztlich auch Krankheiten, die mit diesen Verhaltensweisen verbunden sind, wie z.B. das Rauchen. In den USA war das wohl ausgeprägter als hier, und das gilt hoffentlich auch für die neuere Entwicklung. In jüngerer Zeit nämlich endet die potenzielle Repression nicht bei der Ächtung des Unliebsamen. Im Fokus steht die Forderung nicht nur nach permanenter Selbstüberwachung, sondern auch nach Selbstoptimierung im Sinne der sozialen und vor allem beruflichen Anforderungen. Wahrscheinlich sind wir diesbezüglich gerade erst an der ersten Türschwelle angelangt, am Eingang in ein neues, gelobtes Land. Nennen wir es ***App-surdistan***.

Erneut kann die Empfehlung nur lauten: Augenhöhe zum potenziell repressiven Instrumentarium herstellen, mit ihm spielen und nach Möglichkeit den

Punkt vermeiden, an dem der repressive Gesundheitsbegriff selbst zum Gesundheitsrisiko mutiert. Allerdings steht diese Empfehlung eventuell in Konkurrenz zu anderen, vielleicht ebenfalls sinnvollen. Sobald es um eine konkrete Strategie für die nächsten Jahre geht, melden sich alle unterschiedlichen und häufig widersprüchlichen Ziele, Empfehlungen und Verantwortlichkeiten gleichzeitig zu Wort. *Lieber reich und gesund als arm und krank* ist dabei meistens keine wählbare Option.

Und zum Schluss: Für 10 Centimos mit der Straßenbahn

Man kann Ortega y Gasset aus der Distanz von 100 Jahren für manches loben, nicht für alles. Und sicher nicht für sein Frauenbild. Das hätte man/frau sich auch nach den Maßstäben der damaligen Zeit schon anders gewünscht. Trotzdem hinterließ er uns einen Essay aus dem Jahr 1917, literarisch brillant und intellektuell genüsslich, in welchem er sich gegen jegliche Uniformierung bzw. Normierung des Schönheitsideals wendet – *Ästhetik in der Straßenbahn* ist die Übersetzung betitelt. Ausgangspunkt der Argumentation ist die These, dass der Glaube an die Existenz eines uniformen Schönheitsideals seinen Ursprung in der platonischen Ideenlehre genommen habe, der zufolge jedes irdische Objekt nichts weiter wäre als eine mehr oder weniger „gelungene" Realisation der zugehörigen Idee, die als Urmutter aller ihrer Abkömmlinge unerreicht und unangetastet im Reich der Ideen residiert. Dem stellt Ortega y Gasset die Vorstellung gegenüber, dass jedes Gesicht, wie auch jedes Buch oder andere Objekte, den Plan seiner eigenen ästhetischen Vervollkommnung in sich selbst trägt und besitzt – *Werde, der du bist.* Hätte er die Gelegenheit, seinen Essay heute noch um ein paar Zeilen zu verlängern, so wäre ihm vielleicht aufgefallen, dass die *Influencerin* des Jahres 2021 nichts weiter bzw. nichts weniger Hehres verkörpern will als die Realisation der platonischen Einheits-Idee im 21. Jahrhundert – *werde, die ich bin.*

Mit oder ohne die Influencerin hätten wir damit zum Abschluss die repressive *Schönheit.* Doch der Autor bleibt nicht bei der Ästhetik stehen. In einem kühnen Schwenk von der platonischen Antike zur Neuzeit landet er unmittelbar bei Kant, dessen Ethik er einer unerbittlichen Kritik aussetzt. Es ist der Aufruf, das eigene Denken und Handeln nicht von repressiven Potenzialen prägen zu lassen. Und jetzt, das Sie sich bis zu diesem Punkt vorgearbeitet haben, kann ich ja verraten, was es war, das ich zu Beginn so sibyllinisch angekündigt hatte: All der Mühe, die ich mir selbst und Ihnen mit diesem Kapitel über repressive Potenziale von Begriffen gemacht habe, stellt Ortega y Gasset gleichwertig die folgenden Zeilen seines Essays entgegen oder zur Seite, mit denen ich (fast) schließen werde.

Denn so, wie die Griechen aus dem Sein das All-eine und aus der Schönheit eine allgemeine Norm machten, sieht später Kant das Gute, die sittliche Vollkommenheit in einem allgemeinen, abstrakten Imperativ beschlossen.

Nein: Es gibt keine all-einige und allgemeine Pflicht. Ein jeder von uns trägt etwas Unveräußerliches und Ausschließliches in sich. Für mein Verhalten besteht nach Kant folgendes Kriterium: Ich soll immer das wollen, was auch jeder andere wollen könnte. Dadurch aber wird dem Ideal der Inhalt genommen, wird es in eine richterli-

che Maske mit unpersönlichen Zügen verwandelt. Voll und ganz wollen kann ich nur das, was als Bestreben meiner gesamten individuellen Persönlichkeit in mir lebendig ist.

Mehr, so lässt er den Essay an der Haltestelle Cuatro Caminos abrupt enden, kann man für 10 Centimos nicht erwarten – ich liebe den Text[3].

Nachwort

Ich habe über dieses Kapitel mit dem Vater eines Kindes, das mit dem Down-Syndrom zur Welt kam, gesprochen. Seine klare Haltung hat mich vom ersten Tag an beeindruckt und zu eigenem Mitdenken angespornt, und darum gab ich ihm den Text vorab zur Lektüre und bat ihn um einen Kommentar. Den habe ich bekommen.

Ich finde, dass wir in einer scheinheiligen Zeit leben, in der die ganze Zeit an den Begriffen herumgedoktert wird, so als würden dadurch alle Probleme verschwinden (Mein Kind ist in der Schule kein „behindertes Kind", sondern ein „Kind mit besonderen Bedürfnissen"), und hintenherum viel dafür getan wird, dass es diese „Kinder mit besonderen Bedürfnissen" in Zukunft nicht mehr gibt. Aus eigener Erfahrung

[3] Ich bemühe mich um Fairness gegenüber Kant und gebe in diesem Sinne zu Protokoll, dass Ortega y Gasset in seinem Essay nicht wirklich versucht hat, Kants Gedanken authentisch aufzunehmen. Das war sicherlich nicht unbeabsichtigt, und ich teile diesen Ansatz, um das vorweg zu sagen. Hätte Ortega y Gasset sich strikt an der komplexen Gedankenführung Kants entlanggearbeitet, so hätte er diese nicht mit so wenigen Zeilen „erledigen" können. Trotzdem treffen seine Gedanken einen zentralen Punkt. Ortega y Gasset hat sich lediglich die Freiheit genommen, seine Zielscheibe etwas neben Kant aufzustellen, und zwar dort, wo Kant meistens vermutet wird. In der Straßenbahn und im täglichen Leben kommt es ja auch nicht so sehr darauf an, was gedacht und geschrieben, sondern was daraus gemacht wurde. Vor diesem Hintergrund unterschreibe ich Ortega y Gassets These, dass Kant, wenn er schon nicht der Verfechter war, so doch zum Kronzeugen gegen ethisch verantwortbare Vielfalt gemacht wurde.

kann ich bestätigen: Man ist eher in der Position, sich erklären zu müssen, wenn man sich für das Kind und gegen den Test entscheidet, als andersherum.

Nebenbei bemerkt …

Wie habe ich geschlafen?

Meine App sagt es mir.

Wie ist mein Puls, meine Temperatur, meine Fitness?

Meine App sagt es mir.

Wir erleben die Somatisierung und Profanisierung des Beichtspiegels.

Endlich Frieden für die wöchentlich im Beichtstuhl geschundene Seele?

Die tagtägliche – und nächtliche – Beichte vor dem Gott der unbegrenzten Leistungsbereitschaft wird schlimmer.

Kapitel 8

Es hat keinen Sinn, an Gott zu glauben

Es hat keinen Sinn, nicht an Gott zu glauben

Dieses Kapitel ist seiner Natur nach (noch) persönlicher eingefärbt als die anderen. Das soll mich aber nicht daran hindern, es zu schreiben:

Gott. Um die Kernfrage herum, gibt es ihn oder gibt es ihn nicht, schlichten sich andere Überlegungen auf wie Barrikaden. Sie sind interessant zu diskutieren, aber tragen zur Antwort auf die Frage nach der Existenz Gottes nichts bei.

Bert Brecht lässt seinen Herrn Keuner auf diese Frage mit der Gegenfrage nach dem eigenen Verhalten antworten: *Würde sich dein Verhalten denn in Abhängigkeit von der Antwort ändern? Wenn nein,* so fährt er fort, *können wir die Frage fallen lassen. Wenn doch, so hast du dir die Antwort schon gegeben: Du brauchst einen.* Das ist bestechend argumentiert, aber keine Antwort auf die gestellte Frage. Angesprochen wird nur mein persönlicher Umgang mit der Frage und mit meinem Leben.

Lukrez, einer meiner Helden aus der Antike, Epikureer und als solcher in besonderer Weise vom klerikalen Bannstrahl verbrannt, das hatten wir schon weiter oben, argumentiert damit, dass die Erscheinungen, die den Göttern zugeschrieben werden, samt und sonders mit natürlichen Ursachen erklärt werden können.

Als das Leben der Menschen darnieder schmählich auf Erden
lag, zusammengeduckt unter lastender Angst vor den Göttern,
welche das Haupt aus des Himmels Gevierten prahlerisch streckte
droben mit schauriger Fratze herab den Sterblichen dräuend,
erst hat ein Grieche gewagt, die sterblichen Augen dagegen
aufzuheben und aufzutreten als erster dagegen;
den nicht das Raunen von Göttern noch Blitze bezwangen noch drohend
donnernd der Himmel; nein, nur umso mehr noch den scharfen
Mut seines Geistes reizte, dass aufzubrechen die dichten
Riegel zum Tor der Natur als erster er glühend begehrte,
also siegte die Kraft des lebendigen Geistes, und weiter
Schritt er hinaus die flammenumlohten Mauern des Weltalls,
und das unendliche All durchstreift' er männlichen Sinnes;
bringt als Sieger darum zurück von dort die Erkenntnis,
was zu entstehen vermag und was nicht, und wie einem jeden
schließlich die Macht ist beschränkt und im Grunde verhaftet der Grenzstein.
Drum liegt die Furcht vor den Göttern unter dem Fuß, und zur Rache
wird sie zerstampft, uns hebt der Sieg empor bis zum Himmel.
Lukrez, De rerum natura, erstes Buch, Verse 62ff[4]

[4] Lukrez, De rerum natura. Welt aus Atomen, Reclam-Verlag Leipzig/Stuttgart.

Der Text zeigt: Es geht nicht um eine bestimmte Religion. Es geht um die Frage, ob menschliche Erkenntnis grundsätzlich in der Lage sei, die Welt aus sich heraus schlüssig und komplett zu erklären. Dabei wendet Lukrez ein rationales Prinzip an. Er sagt, dass wenn einfachere Annahmen ausreichen, die Dinge zu erklären, hier die Existenz von Atomen, man keine komplexeren Hypothesen bemühen solle, hier einen Olymp voller Götter. Das macht Sinn. Zwei Fragen bleiben allerdings offen. Die erste von beiden ist logischer, die zweite materieller Natur.

Die logische Frage ist unmittelbar einsichtig. Eine Wirkung, die bislang dem Gott zugeschrieben wurde, wird nun anders erklärt, ohne dass der Gott für die Erklärung benötigt wird. Kann aber daraus abgeleitet werden kann, dass der Gott nicht existiert? – mit den Regeln der Logik kann es das nicht. Denn der Gott kann ja trotzdem existieren, auch wenn er mit dem Schleudern der Blitze nichts zu tun hat.

So einfach sich das anhört, die römische Kirche wollte sich niemals – und will es wohl bis heute nicht – auf diese Logik verlassen. Sie musste hilflos zusehen, wie sich Gottes Territorium mir jeder neuen Entdeckung der Wissenschaften verkleinerte. Immer deutlicher wurde der Wortlaut der Bibel widerlegt. Bei realistischer Einschätzung dieser Entwicklung hätte sie ihre Position schon vor vielen hundert Jahren komplett neu aufzubauen müssen, bildlich gesprochen ohne den Blitze schleudernden Donnergott und ohne seine moderneren Varianten. Damit hätte sie ihre Position vom Standpunkt der Logik aus ein für alle Mal stabilisiert. Hat sie aber nicht. Stattdessen verteidigte sie in allen Jahrhunderten verbissen jeden Zentimeter ihrer jeweils aktuellen Lehre. Offenbar hatte sie Angst, dass mit Epikurs Argument und allen immer schneller nachdrängenden Erkenntnissen gleich der ganze Gott vom Tisch gewischt würde. Mit anderen Worten: Die Kirche hält Epikurs Argument für stärker als die eigene Logik.

Darum konnten sich die Befürworter des Gottesglaubens in seiner jeweils aktuellen Fassung erbitterte Stellvertreterkriege mit denen liefern, die die Grenze des irdischen „Reichs Gottes" durch immer neue Entdeckungen immer weiter nach hinten schoben. So kämpfte die Kirche mit dem bzw. um das gleiche untaugliche Argument wie Lukrez. Bis auf einige versprengte Kreationisten in USA ist dieses Thema wohl ausgestanden. Man könnte fast darüber lachen, wenn man nicht wüsste, wie viele von den besten Denkern diesem Krieg physisch zum Opfer fielen oder zumindest schwer zu leiden hatten – *Und sie bewegt sich doch.*

Der Umgang mit dem materiellen Argument ist schwieriger. Auch das hier zugrundeliegende Problem ist – natürlich, wie auch anders! –seit der Antike bekannt. Es geht um die nicht abzustellende und nach jeder Antwort in neuer Form wiederkehrende Frage nach dem *Warum,* mit der schon jedes dreijährige Kind die Eltern zum Wahnsinn treiben kann. Warum muss ich so rennen – weil der Bus gleich kommt – warum kommt der gleich – weil das so im Fahrplan steht – warum steht – *lauf schneller, Kind, dort hinten sieht man ihn doch schon! – warum …*

Philosophisch geht es um das das Problem des unendlichen Regress. Er entsteht aus der Notwendigkeit, jede Antwort, und sei sie noch so bestechend, erneut zu hinterfragen. Kein denkender Mensch, wenn er denn denkt, entkommt dem. An irgendeinem Punkt des Fragens, früher oder später, muss er eine Stopp-Regel anwenden. Tut er es nicht, so nimmt das Fragen kein Ende. In der Antike gehörten die Denker, die keine Stopp-Regel anerkennen wollten, zu den Skeptikern oder auch Akademikern. In der Praxis ist es kaum möglich, ohne Stopp-Regel zu leben, und so hatten sie Mühe, ihr praktisches Leben trotz des unendlichen *Warums* dennoch schlüssig zu erklären.

Eltern werden unwillig, wenn ihr Kind im dümmsten Moment den Skeptiker gibt. Man hat sich im Alltag mit bestimmten Standards arrangiert und fragt nicht weiter. *Basta* als Stopp-Regel. Wenn etwa die Durchsage der Lufthansa deren heutige Verspätung damit begründet, dass die erwartete Maschine zu spät eintreffen wird, weil sie dort, wo sie herkommt, zu spät gestartet ist – intellektuell ist das einfach nur peinlich. Die „Erklärung" am vorherigen Abflugort wird das ganze Ding einfach um eine weitere Station nach hinten schieben, und alle sind's zufrieden. Man hat ja eine Erklärung bekommen. Dabei wäre in diesem Fall sogar eine brauchbarere zur Hand, dass nämlich die Umläufe der Flugzeuge und ihre Zeitpuffer nach der Devise gestickt werden: Gewinn vor Service. Solange die Leute es schlucken …

In Indien gab es eine Stopp-Regel, die sogar schön visualisiert war: die Erdscheibe ruht, damit sie nicht herunterfallen kann, auf vier starken Elefanten, die auf einer Schildkröte stehen. Und diese steht auf der Schlange, und –?

Stop. Unter der Schlange braucht es nichts mehr, dazu ist sie ja die Schlange. Im Alltag, siehe Lufthansa, reichen meistens schon die Elefanten. Im Denken ist es der Urknall. Wir haben keinen Grund, über den indischen Mythos zu lächeln.

Welche also ist, bitte, die bessere Stopp-Regel? Gott oder Urknall? Wer, bitte, hilft mir da raus? Gott gegen Urknall, Spielstand null zu null? Ich habe für mich keine Antwort, aber ich akzeptiere die Frage als berechtigt und sinnvoll.

Nebenschauplätze

Eingangs sprach ich über Motive, die sich, wenn ich es zulasse, von allen Seiten an die eigentliche Gottesfrage anlagern, einige davon wirklich interessant. Und wenn ich es zulasse, kann ich mich mit diesen so gut beschäftigen, dass ich die Frage in der Mitte aus den Augen verliere. Das nimmt zumindest etwas Druck vom Kessel, wenn ich in der Mitte sowieso nicht weiterkomme. Zwei davon zeige ich hier.

Pico della Mirandola (1463 bis 1494) war jung, aus bestem Hause, reich bis zum Überdruss. Trotzdem brannte er darauf, selbst aus eigener Kraft in den Wissenschaften, die zwangsläufig zur Domäne des Klerus gehörten, zumindest von diesem strengstens kontrolliert wurden – den Grund siehe oben –, etwas Bleibendes zu leisten. Auf seine Kosten wollte er die gesamte Elite Europas zu einem Symposium einladen, auf dem er seine Thesen – es waren aberwitzig viele – zur Diskussion stellen wollte. Es kam nicht dazu, denn einige davon wurden vom Vatikan zunächst beanstandet und im Lauf der

Verhandlungen endgültig verboten. Pico andererseits blieb kompromisslos, und so fiel der Kongress aus. Wahrscheinlich handelte es sich bei den wenigen beanstandeten Thesen um genau diejenigen, derentwegen Pico den gesamten Aufwand treiben wollte. Allein Picos Vorrede hat die Zeit in einem schmalen Bändchen überdauert, und in ihm findet sich eine Ansprache Gottes an Adam, zugleich als Person wie als Urbild des Menschen schlechthin, das wechselt etwas, die zu schön ist, um hier auf sie zu verzichten.

So traf der beste Bildner schließlich die Entscheidung, dass der, dem gar nichts Eigenes gegeben werden konnte, zugleich an allem Anteil habe, was jedem einzelnen Geschöpf für sich selbst zuteil geworden war. Also nahm er den Menschen hin als Schöpfung eines Gebildes ohne besondere Eigenart, stellte ihn in den Mittelpunkt der Welt und redete ihn so an:

Keinen bestimmten Platz habe ich dir zugewiesen, auch keine bestimmte äußere Erscheinung und auch nicht irgendeine besondere Gabe habe ich dir verliehen, Adam, damit du den Platz, das Aussehen und die Gaben, die du dir selber wünschest, nach deinem eigenen Willen und Entschluss erhalten und besitzen kannst. Die fest umrissene Natur der übrigen Geschöpfe entfaltet sich nur innerhalb der von mir vorgeschriebenen Gesetze. Du wirst von allen Einschränkungen frei nach deinem eigenen freien Willen, den ich dir überlassen habe, dir selbst deine Natur bestimmen. In die Mitte der Welt habe ich dich gestellt, damit du von da aus bequemer alles ringsum betrachten kannst, was es auf der Welt gibt. Weder als einen Himmlischen noch als einen Irdischen habe ich dich geschaffen und weder sterblich noch unsterblich dich gemacht, damit du wie ein Former und Bildner deiner selbst nach eigenem Belieben und aus eigener Macht zu der Gestalt dich ausbilden kannst, die du bevorzugst. Du kannst nach unten hinein ins Tierische entarten, du kannst nach eigenem Willen wiedergeboren werden nach oben hinein in das Göttliche.[5]

Für mich leisten diese Zeilen, was Dichtung im besten Fall leisten kann: Sie berühren mich unmittelbar. Darum besser nicht versuchen, jede Zeile auszuleuchten.

Der Mensch in seiner Ambivalenz. Allein auf hoher See, nackt in der Wüste oder unbewaffnet im Dschungel ist er verloren, und doch macht er sich zum Beherrscher von allem – mit Gottes Zustimmung. Das *Macht euch die Erde untertan* ist der eigentliche Fluch Gottes, scheint mir. Überkompensation der eigenen Schutzlosigkeit bis zur Selbstvernichtung? Diese Dimension, Selbstvernichtung, konnte Pico noch nicht erkennen. Aber die andere, die Ambivalenz an sich. Die Welt musste sich nicht bis zum zwanzigsten Jahrhundert „gedulden", um immer wieder die göttlich-satanische Ambivalenz zu erblicken, wie sie in der Gattung und wahrscheinlich in jedem von uns angelegt ist.

Der Text verzückt und lässt schaudern. Bietet die Mitwirkung (eines) Gottes dabei Trost oder macht sie es nur schlimmer?

Wiederum habe ich keine Antwort.

---

[5] Pico della Mirandola, De hominis dignitate, Über die Würde des Menschen, Reclams Universal-Bibliothek Nr. 9658, 1997, bibliographisch ergänzte Ausgabe 2009, S.7.9.

Martin Luther. Seine Kirche hatte weniger Zeit zur Verfügung als die römische. Aber sie hat sie genutzt, vor allem zu Beginn. Wie viele Leben?
Welche Ambivalenz auch hier! Sprachgewaltig und durchsetzungsstark. Dabei nicht, jedenfalls nicht in seinem Handeln erkennbar, durch Selbstzweifel gebremst. Einer, der lieber siegen wollte als Kompromisse schließen? Einer, der meinte, die politische Dimension der römischen Kirche ausblenden bzw. auf eine theologische zurückführen zu können, und dabei die weltlichen Gräben nur noch tiefer aufriss? Keine Luther-Kritik auf zehn Zeilen. Lieber eine Geschichte:
Vor etlichen Jahren erlebte ich in München die Matthäus-Passion in einer Inszenierung von Enoch zu Guttenberg, die mir fast den Atem raubte. Für mich war es eher die Inszenierung des Dirigenten durch sich selbst als eine Verbeugung vor dem stillen Werk. Kaum zu ertragen, aber alles hat ein Ende. Dieses erreicht habend machte ich mich an die Arbeit, den Text der Aufführung mit dem Original zu vergleichen. Ich erinnere mich dabei an nichts Irreguläres. Aufgefallen aber war mir plötzlich die Sprache, der Abgleich des in Koine, der für Amateure der Griechischen lesbar-leichten Version geschriebenen Urtexts mit der übersetzten Luther-Version. Vielleicht war es die bedrückende Stimmung dieses Abends. Jedenfalls sah ich unter dem Eindruck dieses Abends plötzlich zwei Paare stehen, Jesus und Bach still auf der einen Seite, und gegenüber ein lauter Luther und ein theatralischer zu Guttenberg als deren selbsternannte Vollstrecker. Welch ein Kontrast, dachte ich bei mir.

Dies alles bedenkend frage ich mich: Auf welche(n) dieser vier Männer, oder sagen wir dieser drei, denn bei einem hat er sich ja festgelegt, setzt Gott? – eine weitere Frage ohne Antwort.

Keine Antworten …

Die Fragen nehme ich ernst. An den Antworten arbeite ich. Hätte ich (schon) welche, ich würde sie hier nicht notieren. Nicht aus Scheu. Sondern um den Aufwand zu vermeiden, das Buch immer wieder umschreiben zu müssen.

... auf welche Fragen?

Hilft ein rational erklärter Gott? Ist Gott mehr als ein philosophisches Thema, bei dem der Mensch sich an seinen Limitationen abarbeitet? Und, irgendwie unbefriedigt, das Thema wieder fallen lässt? Vielleicht ja, vielleicht nein? Oder ist Gott nur spirituell erfassbar? Eine innere Instanz? Ein Halt und Trost? Ganz befreit von Religionen, die versuchen, ihm ein Gesicht zu geben und/oder ihn im Sinne der Herrschenden zu funktionalisieren? Vergleiche George Harrison, *My sweet Lord?*

Bei der anfänglichen Auswahl meiner Fragen war ich sparsam. Geprägt von der Erziehung in der entsprechenden Kultur habe ich die „Kernfrage“ sehr nah an die Schöpfungsgeschichte und die Erklärung der Welt gerückt. Hätte ich größer gefragt, wäre es ein anderes Kapitel geworden. Aber so war es mir schon groß genug.

Kapitel 9

Sprachen sind nicht nur zum Sprechen da

Auf den Gedanken, ein Buchkapitel über Sprachen ausgerechnet mit dem Statement zu beginnen, dass die Sprache nicht nur zum Sprechen da sei, statt zuerst das ungeheure Potenzial der zwischenmenschlichen Verständigung eben durch Sprache und Sprechen hervorzuheben – darauf muss einer erst mal kommen. Vielleicht liegt es daran, dass ich zuerst mit den alten, angeblich toten Sprachen zu tun bekommen habe. Jedenfalls will ich hier zwar über vieles sprechen, aber kaum über das Sprechen. Und dennoch spreche ich über das *Sprechen,* wie schon der vorherige Satz belegt. Nur nicht über das mündliche Sprechen, nicht über Phonetik. Obwohl Sprache, Reden und Hören normalerweise zu Recht als Einheit verstanden werden. Heute also mal anders.

Wahrscheinlich die wenigsten kennen George Steiner. Er hat in einem Leben mehr gelesen und über die vergleichende Betrachtung von Sprachen nachgedacht als ich in zehn es könnte. Von ihm inspiriert will ich mich bemühen, ein paar Dinge, die mir gefallen, mit möglichst wenig Text plausibel zu erklären.

Dem Philosophen Martin Heidegger wird der Satz zugeschrieben, dass man überhaupt nur in zwei Sprachen philosophieren könne, nämlich Altgriechisch und Deutsch. Ob er das wirklich gesagt hat, habe ich nicht überprüft, es ist auch nicht entscheidend. Es kommt jetzt auch nicht darauf an, dass es in diesen beiden Sprachen tatsächlich gut geht, besser als zum Beispiel auf Lateinisch. Über letzteres wiederum, über die Mängel der lateinischen Sprache, hat sich Cicero Gedanken gemacht. Damit sind wir im Thema. Details oder Beispiele brauchen wir dazu nicht. Das Thema lautet: Nicht jede Sprache ist gleich gut dazu geeignet, bestimmte Gedanken oder auch Haltungen zum Ausdruck zu bringen. Für das, was mit *Haltung* gemeint ist, hier ein Beispiel. Ich spreche kein Wort Japanisch, habe es mir aber erzählen lassen: Japaner sagen nicht *Nein*. Ob es das Wort nicht gibt, oder ob es nur nicht gerne benutzt wird, ist dabei sekundär. Ein Wort für *Nein* existiert wohl, wird aber nur in bestimmten Situationen gebraucht. Frage an den Vater: *Gehen wir heute Abend essen? – Wir können uns hier etwas Gutes zubereiten.* Die Antwort war die Umschreibung eines *Nein*. Wie also heißt die Übersetzung von *Nein* auf Japanisch?

Karl May, James Bond und das Gymnasium

Karl May träumt den Traum einer Welt vor Babel, jedenfalls, was ihn selbst in den unterschiedlichen Auftritten überall auf der Welt betrifft. Generationen von Jugendlichen sind ihm auf seinen Reisen begeistert dorthin gefolgt, wo ihm jede beliebige Sprache nicht nur dem Wortschatz und der Grammatik nach, sondern bis hinein in die akzentfreie Aussprache so virtuos zu Gebote stand, dass er sich beliebig verstellen und dadurch bei Bedarf überall in jede Rolle schlüpfen konnte. Ein Traum.

Bildung und Ausbildung unterscheiden sich nicht dadurch, dass etwas gelernt wird, sondern in der Auswahl dieses etwas. Ausbildung konzentriert sich im Gegensatz zu Bildung am konkreten Verwendungszweck des Gelernten. Wäre es möglich, wie Karl May es erzählt, dass jemand auf einem Gebiet alles Wissen hätte, wäre der Unterschied zwischen Bildung und Ausbildung insoweit bedeutungslos. Aber so ist es eben nicht.

Das Gegenmodell zum Helden Karl May in all seinen Pseudonymen bzw. Rollen ist der Held James Bond. Klar, auch er ist „gebildet“, wenn auch merkwürdig, indem er zum Beispiel jeden edlen Tropfen anhand des Geruchs nach Herkunft und Jahrgang einordnen kann. Aber er wird vor allem Ausgerüstet. Der geniale Q stellt ihm vor jeder Mission immer genau die technischen Mittel zur Verfügung, die er später für diesen Job brauchen kann und brauchen wird. Ein gutes Buch für den Langstreckenflug zum Einsatzort würde man vergebens bei seiner Ausrüstung suchen.

Unsere Welt will Performance und Wachstum, und das Gymnasium beugt sich dem Trend, indem es sich selbst *James-Bond-isiert.* Sogenannte Bildungspolitiker nennen es *entschlacken.* Sie sind Ausbildungspolitiker, keine Bildungspolitiker. Ob sie es je reflektieren?

Sprache als Werkzeug

Meine Skepsis gegenüber dem Englischen ist eines der guten Dinge, die ich aus der Pubertät hinübergerettet habe. Obwohl die Entstehungsgeschichte total schräg war, eben pubertär, wie im ersten Kasten geschildert.

Ich kann ja mal erzählen, wie es weiterging. Mathematik-Studium, eines der Anfangssemester. Proseminar. Ich sollte über einen neuen Algorithmus vortragen. Eine der Quellen war ein gewisses JACM, also das Journal der Gesellschaft ACM, was auch immer das war. Der Betreuer nannte mir die Quelle, und ich schrieb „Gernell ACM". Ich wusste, dass das Mist war, aber fragen wollte ich nicht. So schrieb ich wenigstens unleserlich. In der Bibliothek schlenderte ich absichtslos durch die Regalreihen, und irgendwann fiel der Groschen. Unnötige Qualen.

Übrigens, erinnern Sie sich an das frühere Kapitel mit dem Thema Erfolg? So peinlich kann es sein, Misserfolg zu erzählen!

Inzwischen habe ich gut genug Englisch gelernt. Und heutzutage, wie das so schön heißt, wäre ich so, wie ich war, kaum zum Abitur und gewiss nicht zu einem Diplom gekommen. Doch Englisch blieb für mich zeitlebens ein Werkzeug, abgesondert von meiner ansonsten tiefen Liebe zu Sprachen. Und wenn ich beispielsweise sehe, wie die halbe medizinische Welt kritiklos die lateinische Terminologie in amerikanisierter Form nachplappert, – ... (ohne Worte).

Die Versuchung war nicht gering, Teile dieses Kapitels im Teil I unterzubringen, unter *Wachsen lassen,* und dort lautstark zu posaunen: LERNT ALLE GRIECHISCH! Aber darum geht es mir nicht, weil es mir darum nicht gehen kann.

Es ist das Recht, vielleicht auch die Pflicht jeder Familie, die Sprachen für die Kinder (auch) nach Nützlichkeit auszuwählen. Die globalisierte Weltwirtschaft will funktionales, optimiertes und performantes Personal. Zudem hat die Sache, wenn man ehrlich ist, mehr Vor- als Nachteile. Ich denke nur an die Perspektive, an quasi jeder Universität der Welt studieren zu können, allein mit Englisch …

Nochmals Vergangenheit: In den 1970er Jahren bekam ich als Student meinen Antrag auf Förderung eines Auslandsjahres in Stockholm allein aus dem einen Grund abgelehnt, weil mein Schwedisch zu schlecht war! Heute unfassbar.

Nein, Sprache als Werkzeug ist schon wichtig, nicht nur für Tourismus und Wirtschaft. Und Englisch hat da eben die Nase vorn. Aber kein Französisch zu sprechen, die Sprache unserer wichtigsten Nachbarn, macht mich trotzdem immer wieder traurig.

Sprache als Trainingsplatz

Latein zu lernen fördert das Verständnis dessen, was Sprache eigentlich ausmacht. Zudem ist es die Wurzel vieler wichtiger Sprachen in Europa und indirekt damit weltweit. Das dürfte die gängige Begründung sein, weshalb Familien sich für Latein entscheiden, entweder gleich oder dann als zweite Sprache. Der Gedanke ist auch begründet.

Es lässt sich aber auch die Gegenposition darstellen. Latein verbaut aufgrund des damaligen Stil- und Schönheitsempfindens jedweden Zugang zu einem modernen und gefälligen deutschen Schreibstil. Ich selbst laboriere hieran schon ein Leben lang. Vor einigen Jahren habe ich die Schriften eines Florentiner Humanisten, Alamanno Rinuccini, aus dem Italienischen und vor allem Lateinischen übersetzt. Da wurde mir der Kontrast so bewusst wie nie zuvor.

Wie übersetze ich lateinische „Mammut-Sätze“ ins Deutsche, wenn ich nicht einfach nur wissen will, was da steht, sondern den Leser*innen gleichzeitig etwas zeigen will: So arbeitete ich an einem Satz, dessen Inhalt sich in kurzer Zeit erschließt, teils stundenlang, um die damals als stilistisches Non plus Ultra empfundenen Brocken in möglichst schwer lesbares Deutsch zu transformieren, und so dem damaligen Sprachkünstler gerecht zu werden. Und klar: Solches Latein ist auf dem Globus der Sprachen quasi der Antipode zum Amerikanischen – ich muss es ja lieben.

Andrea Marcolongo, italienische Gräzistin, hat beschrieben, woran sie Menschen mit einer Ausbildung in Altgriechisch erkennt. Es ist die Tendenz, möglichst jeden Gedanken in eine abwägende Form von *einerseits – andererseits* oder verwandten Wortpaaren zu bringen, ausgehend von dem Griechischen *men – de*. Ja-a, auch in diesem Punkt bekenne ich mich schuldig.

Am Ende scheint es eins zu eins zu stehen. Wer seine sprachliche Ausbildung auf das Altertum gründet, wie ich, muss viele Dinge nicht eigens lernen, die anderen schwer fallen. Und muss sich zugleich manches abgewöhnen, wenn er im 21. Jahrhundert leicht verstanden werden will.

Weil ein *Unentschieden* keine Lösung ist, wo es um Weichenstellung geht, freue ich mich am Ende dann doch über jedes Kind, das den Weg der klassischen Sprachen gehen will. Es ist eine, sagen wir dazu: abgeklärte Freude. Eine kritische Freude, die im Auge behält, auf was zu achten ist.

Sprache als Quelle

Ich bewundere die Sprachwissenschaft, der es gelingt, aus dem puren Vergleich der indogermanischen Sprachen haufenweise historische Aufschlüsse zu gewinnen. Wann wurde wo das Geld eingeführt, oder der Ziegel? Die Antworten ergeben sich manchmal, wenn das Prinzip klar ist, wie von selbst. Es genügt beispielsweise zu wissen, wann in einer Region die Lautverschiebung etwa von *t* zu *z* vollzogen wurde, und schon ist die Einordnung gemacht: *Ziegel*. Details sind entbehrlich, es geht um die Idee dahinter.

Oder die Frage, aus welcher Gegend die Vorfahren der alten Griechen stammen. Man nehme den Wortschatz und prüfe, für welche Pflanzen etc. sie „eigene" Wörter haben, und was sie aus anderen Sprachen zukaufen mussten – und fertig. Wieder vereinfacht.

Ich finde das toll, auch wenn die Wirtschaft sich für solche Geisteswissenschaft vordergründig nichts kaufen kann. Und ich bin fasziniert zu sehen, wie das „lateinische" *a* aus dem griechischen Buchstaben *Alpha* hervorgeht, der seinerseits das um 90 Grad nach rechts gedrehte Symbol eines Stierkopfs mit Hörnern war, der zu Urzeiten *aleph* hieß ... Es gefällt mir, die Zusammenhänge der Welt, in der ich lebe, besser kennenzulernen. Und es gefällt mir zu sehen, wie nah die Hochkulturen des Zweistromlands uns heutigen noch stehen, eigentlich. Auch wenn es nach der sinnlosen Zerstörung nur noch melancholische Freude sein kann.

Sprache als Kulturgut

Moderne Schule lehrt Sprachen. Lehrt sie auch die Kulturen dazu? Ich maße mir kein abschließendes Urteil an. Bei den modernen Sprachen würde ich optimistisch eher zu einem *ja* tendieren, allein schon im Hinblick auf den Schüleraustausch, auf Studienreisen und alle weiteren zum eigentlichen Sprachunterricht hinzukommenden Aktivitäten.

Und Latein? – ich antworte mit *Fragezeichen*. Griechisch muss nicht mehr diskutiert werden, nachdem es an der Schule faktisch ausgestorben ist.

Dresden, Anfang der 1990er Jahre. Ich hatte dort zu tun, und für die Rückfahrt wollte ich etwas zum Hören kaufen. Ich fand: Odyssee, gesprochen von Thomas Holtzmann in der mehr als 200 Jahre alten Voss'schen Übersetzung. Gräzisten schätzen sie wenig, und das ist aus der Sicht der Sprachwissenschaft wahrscheinlich gut begründbar. Für mich war es wie eine Offenbarung. Ich fuhr, als hätte ich die Augen zu, in Chemnitz einfach geradeaus weiter in Richtung Erfurt. Deshalb schrieb ich das Jahr dazu: die neuen Wege waren noch ungewohnt. Was kann ich mehr verlangen von einem solchen Text? Nur vom Zuhören verstand ich urplötzlich die elementare Kraft des Versmaßes. Auch wenn es nicht viel mit dem griechischen Original-Ton zu tun haben dürfte, wie die Gelehrten kritisch anmerken. Die Griechen hatten vielleicht das Maß der Sprache mehr „im Blut", Dinge, die wir überbetonen müssen, um sie zu empfinden? Wie auch immer. Das gleiche jedenfalls in der Schule gepaukt zu haben – vergiss es. Um Homer ohne größere Mühe im Original zu lesen, ist mein Griechisch zu schlecht geblieben. Doch immerhin verdanke ich ihm jene kongeniale, erfüllende Nachdichtung.

Wir sind immer noch nicht an dem Punkt, warum man denn nun eine bestimmte Sprache lernen solle. Und, um es gleich zu sagen, wir werden zu diesem Punkt auch nicht gelangen. Weil es ihn nicht gibt.

Wie auch. Wenn wir den Reichtum der vielen Tausend Sprachen ansehen, sollen wir dann ernsthaft aus den fünf bis zwanzig, die so üblicherweise zur Wahl stehen, zwei oder drei wählen und dann uns einbilden, wir hätten die bestmögliche Wahl getroffen?

Hier schließt sich der Bogen zu Martin Heidegger. Soll man den linguistisch-kulturellen Sehfehler tatsächlich so weit treiben, um angesichts des Reichtums der Welt von „nur zwei Sprachen" zu sprechen, mit denen etwas Bestimmtes zu machen sei? Vielleicht hat er es ja gar nicht gesagt, ich würde ihm das wünschen.

Auch wenn kein Mensch je die ganze Vielfalt beobachten und studieren kann, kommt es mir jedenfalls schön vor, zumindest in diesem schmalen Segment, aus dem ich wählen konnte, etwas zum Erhalt des vom Vergessen bedrohten Erbes getan zu haben. Und mein Leben bereichert hat es obendrein.

Sprache zur Inspiration

Formt die Sprache das Denken der Menschen, die sie sprechen, oder ist es umgekehrt? War das Ei vor der Henne oder die Henne vor dem Ei?

Hätte Sigmund Freud mit seinem Konzept von Es/Ich/Über-Ich ein Italiener sein können? Wie hätte seine Theorie ausgesehen, wenn er in Rom zur Welt gekommen wäre? Im Nachhinein lässt sich sein *Es* bestimmt auch in einer Sprache darstellen, die, wie das Italienische, nur männlich oder weiblich kennt, und nichts Drittes. Aber das setzt eben voraus, dass es zuvor in einer Sprache erdacht wurde. Hätte also das Freud'sche Konzept überall entwickelt werden können? Wäre es inhaltlich immer genau gleich, lediglich mit anderen Worten, also anderen Metaphern?

Was macht es mit den Menschen, wenn Sonne und Mond *die* und *der* sind, wie bei uns, oder *der* und *die,* wie z.B. im Italienischen? Wäre *Mondgesicht* in einer Kultur, wo der Mond weiblich ist, als spöttisches Attribut zu gebrauchen? In den alten persischen Märchen zum Beispiel, ich denke an *Leila und Madschnun,* ist Leila, ein wirklich schönes Mädchen, *so schön wie der Mond.*

Das erste Beispiel kam aus der Wissenschaft, das zweite aus der Weltliteratur. Aber es gibt noch mehr davon. Und ich greife vor, was das mit mir anstellt. Es führt mir, je mehr Gelegenheit zum Schauen und vergleichen ich habe, immer deutlicher vor Augen, dass es wahrscheinlich im Gefüge meiner eigenen Sprache kein einziges Plätzchen gibt, welches nicht in irgendeiner anderen Sprache grundlegend anders geordnet wäre. Es geht um Wörter und ihre Abgrenzung zu den Nachbarn, es geht um Zeiten, es geht um Fälle, es geht um die Verbformen – was gibt es noch außer Aktiv und Passiv – es geht um alles, was zu Sprache gehört. Und über das Wunderreich der Schriften haben wir noch kein einziges Wort verloren.

Und was macht es mit einem Volk, wenn sich auf seinem Gebiet viele Handelsrouten kreuzen, und es dort nicht die eine lingua franca gibt, die alle Vielfalt unter sich begräbt? Im mittelalterlichen Georgien wurde, so las ich, kreuz und quer zwischen 100 Sprachen gedolmetscht, kaum vorstellbar!

Welche Sprache(n) also will ich angesichts dieser aussichtslosen Vielfalt lernen? Warum überhaupt eine? Ist es letzten Endes nicht egal, ob ich 19.999 Sprachen nicht verstehe oder 20.001?

Es ist nicht egal, und damit sind wir doch noch an einem Punkt angekommen, an dem der Text irgendeinen konkreten Ratschlag geben kann: Sprachen lernen – unbedingt! Am besten mehrere. Nicht zwingend „verhandlungssicher", denn es geht nicht um den beruflichen Gebrauch. Nur gut genug, um zu verstehen, wie diese Sprache „tickt". Wenn das das Ziel ist, kommt es weniger darauf an, welche Sprache(n) ich (neben dem obligaten Nutztier Englisch) gewählt habe, sondern vor allem darauf, was ich daraus mache. Welche Inspiration ich für das Verständnis und den Gebrauch meiner eigenen Sprache aus dem Vergleichen ziehe. Und welche Impulse mir die Kenntnis anderer Sprachen für das Nachdenken über meine eigenen Denk-Kategorien liefert. Denn diese Kategorien hängen von den Begriffen und Konzepten ab, die in meiner Sprache lebendig sind und mit denen ich lebe und arbeite. Und so ist mein komplettes Weltbild mehr von meiner Sprache geprägt, als es auf den ersten Blick den Anschein hat.

Beispiele I – Konstrukte und Bilder

Vor einigen Jahren hörte ich eine Erklärung, warum denn der Schutz des geistigen Eigentums in den Handelsgesprächen mit China so schwierig umzusetzen sei. Ganz einfach: In der Chinesischen Sprache – tun wir geschwind so, als gäbe es da nur eine – gibt es für diese Dinge keine Schublade. Plagiat ist einfach kein wahrnehmbarer Tatbestand, wenn es dafür kein Wort gibt.

Eine der skurrilen Verhandlungsrunden zwischen den USA und Nordkorea endete mit einem Vorschlag der Nordkoreaner, dem zuzustimmen die USA nicht bereit waren – *not prepared*. Wohl ein eifriger Volontär oder ein uneifriger Redakteur brachten es in Deutschland als *darauf nicht vorbereitet*. Die Leser*in bekam so einerseits eine unsinnige Nachricht, aber gleichzeitig war es die Chance, über einen Zusammenhang in der eigenen Sprache nachzudenken: *Bereit* oder *nicht bereit* zu sein für ein Zugeständnis etc. ist vom Begriff her der Endpunkt einer vorangegangenen Handlung, sei sie das Betanken des Flugzeugs – *startbereit* – oder eben ein Prozess des Nachdenkens und Abwägens. Ist doch mal interessant.

Solche Erlebnisse habe ich immer wieder, wenn mir im Italienischen Redewendungen unterkommen, deren Sinn sich nicht aus den typischen Bedeutungen ableitet, die mir ein Schulwörterbuch als erstes anbieten würde. Und in solchen Momenten wird mir bewusst, dass meine Muttersprache bei diesem Sprachbild doch ganz genauso tickt, oder recht ähnlich. Vorher hatte ich über dieses Sprachbild und seinen Ursprung nie nachgedacht, nun schon. Meine eigene Sprache beim Wort zu nehmen, lerne ich da. Und noch interessanter sind Figuren, die in meiner eigene Sprache nicht vorkommen. Bester Treibstoff für die Phantasie ist das! Das geht natürlich auch mit Englisch, wenn man es dementsprechend gebrauchen will, und nicht als heruntergekommenes Nutztier für das Telefonat eines Vietnamesen mit einem Spanier aus der Flughafenlounge von Kairo.

Beispiele II – Unschärfe und Präzision

Das deutsche Wort *sondern* scheint in nur wenigen Sprachen zu existieren. Englisch, Latein, Italienisch nur als Beispiele für Sprachen ohne *sondern*. Offenbar will die deutsche Sprache hier besonders explizit sein und die Alternative klar kenntlich machen? Und andere sind vielleicht konzilianter? Statt eines harten *Geh nicht hier, sondern da drüben* wäre das dann ein freundlicherer Gedanke, etwa *Hier ist es schlecht zu gehen, aber da drüben geht's doch*. Bin ich da zu hart mit meiner Sprache? Bei anderen Gelegenheiten wiederum ist das *sondern* eine prima Erfindung.

Oder das italienische *caparbio*. Ich stieß zufällig darauf, als ich ein Gedicht übersetzte. Es ist vielleicht kein häufiges Wort. Die Recherche im Lexikon, kreuz und quer mit allen Bezügen durchgeprüft, hat mich zu etwas geführt, was sich deutsch nur schwer abbilden lässt. *Caparbio* bezeichnet nämlich sowohl die irrationale Halsstarrigkeit, die sich keiner Einsicht beugen will, als auch die besonnene Zähigkeit, die sich keinem (vielleicht) überwindbaren Hindernis geschlagen gibt. Und alles dazwischen! Alles dazwischen? Gibt es da etwas dazwischen? Auf Deutsch gibt es da nichts, keine Grauzone. Entweder Held oder Spinner. Und was nun, wenn einer seinen Vater im Gedicht als *caparbio* ehrt? Ich liebe das Wort mittlerweile, weil es den Blick weitet für Grautöne, gerade zwischen mental gesund und nicht gesund! Weg mit den Schubladen!

Sola in casa – Allein daheim. Es ist der Titel einer italienischen Erzählung. *Allein*? Ja, allein, aber allein mit einer feinen Zusatzbotschaft: Allein ist eine Frau, jung oder älter, vielleicht ein Mädchen, aber kein Mann und kein Hund. Hier will die italienische Sprache präzise sein, sofort die Phantasie wachrufen. Im Deutschen dagegen ist das erst einmal egal. Zufall?

Ich halte den Umgang mit Ambivalenz in der Ausgangssprache und Starrheit in der Zielsprache oder umgekehrt für eine der interessantesten Dinge beim Übersetzen. Wie würde ich dieses *sola* transportieren. Ich habe vergessen, was die Übersetzung damit gemacht hat. Wahrscheinlich nicht viel. Und ich will es nochmals bekräftigen. Für solche Erlebnisse taugt wahrscheinlich jede fremde Sprache, und je weniger verwandt mit der eigenen, desto besser. Denn die Früchte ernte ich in meiner eigenen Sprache: Mehr Freude an ihr oder mehr kritische Distanz, je nachdem und immer im Wechsel. Die ideale Sprache, deren Konzepte mir immer angemessen scheinen, gibt es wohl nicht. Für das *caparbio* habe ich übrigens eine Lösung gefunden, mit der zumindest ich recht glücklich bin. Ich dopple es in der Übersetzung, mit je einem Wort für beide Bedeutungen.

Beispiele III – Aktiv und Passiv: Sonst noch etwas?

Entweder ich schlage oder ich werde geschlagen. Aktion oder leiden. Aktiv oder Passiv. Dass es etwas Drittes geben könnte, habe ich erst mit 15 erfahren, im Griechisch-Unterricht. Dieses Dritte nennt sich *Medium*, also etwas auf der Strecke zwischen den beiden anderen. Schwer vorzustellen ist das, wenn es nicht die Sprache von Geburt an ist. Für einen echten Pauker vom alten Schlag war das keine Schwierigkeit. Regelheft auf und mitgeschrieben: *Wenn nach … eine Form im Medium kommt, übersetze es mit …*. Handwerklich war das bestimmt die Lösung. Aber was habe ich davon gelernt? Warum bitte will das Griechische diese Form? Chance vertan.
Oder der Dual, ein Numerus zwischen Einzahl und Mehrzahl, selten gebraucht. Es war den Griechen eine eigene Abteilung in ihrer Sprache wert, bestimmte „Zweizahlen" herauszuheben. Nicht irgendwelche zwei, die zufällig zwei sind. Sondern zwei, die etwas verbindet. Der Schule war das nicht wichtig, weil selten. Aber ist das nicht schön zum Nachdenken? Eine Sprache, der solche Beziehungen so wichtig sind?

Beispiele IV – Der Umgang mit der Zeit und den Zeiten

Ich kann nahtlos mit dem Griechischen weitermachen. Dort gibt es in der Grammatik eine zusätzliche „Zeit", die eigentlich auch wieder gar nicht als Zeit fungiert, genannt Aorist. Ich komme darauf zurück.
Vergangenheit, Gegenwart, Zukunft, fertig. Das braucht man überall, also muss es das wohl auch in jeder Sprache geben? Das ist so, weil wir uns vor-

machen, den Blick immer nach „vorne" gerichtet zu haben. Aber was sehen wir dort vorne? Welche Grammatik würde im Gegensatz dazu zu einem Weltbild passen, in welchem sich alles rückwärts in die Zukunft bewegt, blind, und wo der Blick auf das gerichtet ist, was wir tatsächlich sehen können, nämlich die Vergangenheit. Solche Sprachen soll es, habe ich sagen hören, tatsächlich geben. Ich finde das keine Spielerei, und es hat mir einen wirklichen Ruck versetzt, als ich es hörte. Inzwischen ist es in einem Punkt sogar Teil meines Weltbilds geworden. Ich stelle mir seither mein Leben wie den Transport auf einem (hoffentlich noch sehr langen) Förderband vor, wie man es z.B. in Flughäfen benutzt, um lange Wege zu überbrücken. Nur, und das ist der Clou, stehe ich rückwärts auf dem Band, sehe daher nicht das abrupte Ende, das irgendwo auf mich zukommen wird – bzw. ich auf es. Kleine Sprach-Philosophie für den Hausgebrauch, könnte man sagen.

Mit dem Aorist verhält es sich wie mit dem Medium oder dem Dual: Regelheft auf und los: ... Damit ist er schulisch abgearbeitet. Man könnte auch sagen: Nutzlos erschlagen, ohne nach dem tieferen Sinn zu fragen. Um diesen tieferen Sinn zu schildern, könnte ich nichts anderes tun, als das zugehörige Kapitel aus dem herrlichen Buch von Andrea Marcolongo abzuschreiben. Aber das wäre erstens unanständig, siehe China und geistiges Eigentum, und zweitens möchte ich die Vogelflug-Perspektive nicht verlassen: *Der Wert von fremden Sprachen für die eigene* – die fremden Sprachen im Plural und mit dem unbestimmten Artikel, das nur nebenbei. Im Deutschen wird er dadurch ausgedrückt, dass man ihn weglässt. Das Italienische beispielsweise will ihn sehen, auch im Plural. Schlusswort zum Aorist: Ausgehend von dieser besonderen Form erschließt sich der insgesamt ganz andere Umgang der Griechen mit der Zeit, und folglich mit deren Darstellung in den grammatischen Zeiten. Nichts scheinbar elementar Menschliches scheint alternativlos.

Schlusswort zum Marcolongo-Buch: Sie erklärt darin Italienern auf Italienisch die Besonderheiten des Griechischen. Und für Italiener sind stellenweise andere Dinge besonders oder selbstverständlich als für Deutsche. Und so ist der Vergleich des italienischen Originals mit der (sehr guten!) deutschen Fassung ein zusätzliches Vergnügen. Ihr Buch existiert inzwischen auch auf Koreanisch, las ich. Ich würde es gern verstehen! Vielleicht noch nie hat mich eine Übersetzung so neugierig gemacht.

Ich habe hier 20 Jahre lang gelebt. Auf Deutsch bin ich da schon weg, auf Englisch wäre ich noch da. Selbst dort also, wo Zeitformen in zwei Sprachen scheinbar eins zu eins zueinander passen, tun sie es in Wirklichkeit nicht. Jedenfalls nicht zwingend.

Der Hausmeister sperrte den Keller auf – aha, und was dann? Vielleicht eine Szene aus einem Krimi? Im alten Rom gab es die nicht, aber dort hätte der Satz sowieso etwas anderes transportiert, etwa, dass der Hausmeister es versuchte, aufzusperren, oder ganz banal, dass es zu seiner täglichen Routine gehörte. Wieder einmal explizit im Deutschen und mehrdeutig im Lateinischen.

Und dazu abschließend die Krönung der Mehrdeutigkeit von Zeitbezügen, wiederum lateinisch. Das Lateinische kennt und liebt den sogenannten Ablativus absolutus. Das ist eine bestimmte Partizipial-Konstruktion, mit der zeitliche und logische Bezüge dargestellt werden – aber wie! Ob sich nämlich A ereignet hat, *nachdem* B erledigt war, oder *weil* B erledigt war, oder *obwohl* B erledigt war, bleibt dem Sinnzusammenhang anheimgestellt. Das ist, würde ich meinen, für Deutsch erzogene Ohren und Gehirne die Höchstdosis an vorstellbarer Ambivalenz. Und siehe da, auch das funktioniert.

Sprachen lernen? – Gern! Viele! Immer!

Welche? – Egal!

Es kommt nicht darauf an, welche ich gelernt habe, sondern darauf, was ich daraus für mich mache.

Ich übertreibe, ich weiß schon …

Bescheidenheit

Sprache ist nicht zuletzt auch Ästhetik, und jede Sprache besitzt ihre eigene. Eine Sprache so zu können, dass sie sich erschließt, ist der Traum. Und wenn es über einen Umweg geht, wie bei Homer und Voss. Wobei, um das Schwärmen zu begrenzen, niemand den Ton kennt, den der blinde Sänger vor 2800 Jahren angeschlagen hat. Geblieben ist nur die Ästhetik der Schrift. Voss war wohl einfach nur so frech wie genial. Und trotzdem!

Wer zwei fremde Sprachen spricht, steht irgendwie in höherem Ansehen als jemand ohne oder mit nur einer. Wer acht Sprachen spricht, wird bewundert. Irgendwo mag es ein Genie mit zwanzig Sprachen geben. Aber es kommt nicht aufs Bewundern an, sondern darauf, was eine*r damit macht.

Man kann sich dem Thema auch systematisch nähern. Das Studienfach *Indogermanische Sprachen* setzt das Erlernen von – ich glaube – elf Sprachen voraus, nämlich aus den verschiedenen indogermanischen Sprachfamilien je eine. Für mich ein Projekt, das im nächsten Leben ganz oben steht.
An Hethitisch, einer Sprache an den Wurzeln oder unteren Ästen des indogermanischen Baumes, bin ich vor einigen Jahren krachend gescheitert. Die Hoffnung, davon mit so wenig Aufwand, wie ich eben erbringen konnte, nennenswert zu profitieren, erwies sich als unrealistisch.
Für das aktuelle Leben habe ich etwas anderes. Jedes neue Fundstück auf einer meiner kleinen Sprachinseln macht mich froh und zeigt mir wieder etwas mehr von der Vielfalt menschlichen Denkens und menschlicher Werte.

Wenn Sprache, Stil und Sujet zur Symphonie werden

Nachdem nun einige entfernter liegende Felder abgegrast sind, führt der Weg zurück zur Literatur, wo die Sprache nicht allein nach der handwerklichen Vollendung strebt, sondern sich dazu in schönster Harmonie mit dem Sujet verbindet, dem sie sich zugewandt hat. Wer schon unter schlechten Übersetzungen leiden musste, weiß, wovon ich spreche,
Kurt Tucholsky hat in seinen Beiträgen für die Weltbühne, in den 1920er Jahren ein literarischer oder journalistischer Treffpunkt der Anständigen, ab und zu auch ein neu erschienenes Buch besprochen. Zwei davon erschienen mir über den Tag hinaus als lesenswert, und, angesichts des Rezensenten wenig überraschend, waren beide nach 40 Jahren und einem Weltkrieg noch im

Handel erhältlich. Aber wie! Jedenfalls das eine, das im Original amerikanisch war – einfach fürchterlich. Es war der Roman *Babbit* von Sinclair Lewis in der damaligen Rowohlt-Ausgabe. Den Verlag kann ich nach Jahrzehnten ruhig nennen, es trifft ihn heute nicht mehr. Die damalige Übersetzung ließ nur erahnen, dass ich hier ein ursprünglich gutes Buch in der Hand hielt. Doch der Zorn über die – was ist eigentlich das Gegenteil von Qualität, wenn sie nicht gering, sondern echt negativ ist – sagen wir: Dysqualität dazu … Nochmals von vorne: Mein Zorn war groß genug, um dem Verlag ein gesalzenes Protestschreiben im Stil der Übersetzung zu schicken. Die Antwort war genial. Für den Lektor war es die Chance für einen emotionalen Befreiungsschlag, und für mich ein Grundkurs über die Friktionen an der Grenzlinie, die die Kultur vom ökonomischen Ergebnis trennt, oder eben auch nicht. Mit anderen Worten: Der Lektor schüttete vor mir sein Herz aus, indem er mir die ökonomischen Zwänge bei der Herausgabe von Büchern beschrieb – billige Übersetzungen inbegriffen. Diese Erfahrung hat mich gelehrt, jedes Mal das Glück zu genießen, gute Texte in ihrer Originalsprache lesen zu können – ein leider viel zu seltenes Glück. Gute Übersetzungen gibt es. Ob ich aber eine davon in Händen halte, kann ich kaum beurteilen, wenn ich von der Ausgangssprache keine Ahnung habe. Es ist, als wollte ich aufgrund des Schattenwurfs auf der grauen Mauer auf die farbenfrohe Anmut der Ballerina schließen, die den Schatten geworfen hat.

Noch schöner, als im Original zu lesen, stelle ich es mir vor, jeden Gedanken schon beim Schreiben in die sprachliche Form kleiden zu können, in der er sich zuhause fühlt. Marc Aurel benutzte für seine Reflexionen das „Römerfranzösich", also Griechisch. Michel de Montaigne passte in seinem Bericht über die Italienreise die Sprache dem Land an: In Frankreich Französisch, in Italien Italienisch. Vielleicht nicht allzu schwierig, wenn er die ersten Lebensjahre nur Lateinisch gesprochen und gelebt hatte – trotzdem beneidenswert. Der Italiener Antonio Tabucchi schreibt seinen Welt-Roman vom spontanen Heldenmut des Redakteurs Pereira in dem noch vom Diktator regierten Portugal *natürlich* auf Portugiesisch. Und George Steiner schreibt sowieso auf was? – auf was er gerade will, mehr oder weniger. Der Gleichklang von Sprache, Stil und Inhalt hat im Übrigen nicht nur ästhetische Bedeutung. Warum macht es Freude, die Geschichten von Sherlock Holmes nicht in modernem Deutsch, sondern im originalen Englisch der Zeit zu lesen. Es macht Freude, weil hier durch die Form auch Semantik transportiert wird.

Der Schluss des Kapitels sei in diesem Sinne Ernst Jandl gewidmet, und speziell seinem Gedicht über den Schützengraben. Wie Jimi Hendrix auf der Gitarre die amerikanische Hymne zum Kriegsgetöse mutieren ließ, führt Ernst Jandl Krieg allein mit den Konsonanten des Wortes *Schützengraben*. Semantik durch Phonetik. Unglaublich. Wäre Sprache so universell wie die Musik, könnte er dafür den Beinamen *Jimi Hendrix der Sprache* beanspruchen, wenn er es wollte. Auch sein Gedicht über Hitlers Rede 1938 auf dem Wiener Heldenplatz changiert zwischen Wort und Lautmalerei, aber näher am Wort.

Balzerig würmelte es im männechensee
und den weibern ward so pfingstig ums heil
zumahn: wenn ein knie-ender sie hirschelte,

endet es. Deutscher (oder in diesem Fall auch Österreicher) zu sein, ist eine Bürde. Manchmal jedoch ist es eine – wenn auch sehr zweischneidige – Freude, Deutsch dann wenigstens auch als Muttersprache zu besitzen.

Post scriptum: Leben im griechischen Medium!

Nachdem ich die Passage über das Medium niedergeschrieben hatte, hatte ich eine unruhige Nacht. Alle möglichen Gedanken wogten heran, um mir den Schlaf zu rauben. Als hätten sich alle Randalierer, mit denen ich je zu tun hatte, für diese Nacht verabredet. Mit Mühe gelang es mir, sie bis zum Morgen wegzuschicken – eigentlich kann ich das ja gut. Ganz zuletzt kam noch einer, eine große weiße Fahne schwenkend, und rief: Ich bin das Medium, lass mich rein! Ich vergaß alle Vorsicht und öffnete.

In dieser Nacht wurde für mich sichtbar, was genau das Medium leistet, wenn ich es an mich heranlasse. Nicht mehr nur die Alternative *Ich trete jemanden in den Hintern* oder *Ich werde in den Hintern getreten.* Medium bedeutet: Ich bin zugleich Akteur und Zielperson! ***Ich trete mich selbst in meinem eigenen Interesse in den Hintern***!

Wie konnte ich so nur lange ohne Medium leben! Schlagartig ging es mir durch den Kopf, wie dieses Buch wohl aussehen würde, wenn ich es auf

Griechisch geschrieben hätte. Klar, man könnte es ins Griechische übersetzen, abgesehen von bestimmten Anglizismen vielleicht. Unsinn, auch *Leader* geht. Jemand könnte das Buch übersetzen, wenn auch nicht ich. Aber trotzdem wäre es nichts weiter als ein deutsches Buch in anderer Verpackung! Nein, das meine ich nicht! Ich meine ein Buch, das gleich von der Quelle her griechisch **gedacht** ist! *Wachsen und wachsen lassen*, griechisch gedacht, wäre durch und durch Medium, wahrscheinlich auch immer wieder Dual! Nicht mehr bloß *Ich wachse*. Sondern einfach und prägnant im Medium. In meiner Sprache entspräche das, was das Medium mit einem Wort leistet, dem Bandwurm *Ich sorge dafür, mein eigenes Leben so zu führen, dass ich an und in ihm wachsen kann*! So habe ich heute Nacht erst plastisch begriffen, welchen Schatz der Regel-Pauker hinter seinen Regeln verborgen gehalten hat. Kannte er ihn selber?

Als meine Unterredung mit dem griechischen Medium beendet war, dämmerte draußen der Tag, und ich fiel zum ersten Mal in tiefen Schlaf. Der Wecker holte mich zurück, und, gottlob, das Medium war noch da. Ich werde es nicht mehr loslassen. Hätte/wäre: Wäre mir bei einem besseren Zugang zum Griechischen jene Unlust erspart geblieben, die mich nach der Schule zwei oder drei Jahrzehnte lang von der Sprache fernhielt? Wahrscheinlich, sage ich mir.

Nun muss ich doch noch die Geschichte erzählen, die ich im ersten Kasten weggelassen habe. Ich war damals 15. Nach einem Regel-Pauk-Diktat meldete ich mich artig und fragte den Lehrer, er war gefürchtet in der ganzen

Schule, *Bitte, was ist, wenn für einen Satz mal keine von den Regeln passt? Ist man dann besch...?* Ja, genau dieses Wort, 1960-er Jahre. Heute würde das keinen mehr interessieren. Der Lehrer damals war so perplex, dass er glatt vergaß, mir einen Verweis zu verpassen. Oder Arrest, den gab es auch noch. Nur gebrüllt hat er, aber das war normal. Auf die Form bin ich nicht mehr stolz, Freiheit lernen. Aber das Lernen war für mich nur so möglich. Glücklich bin ich bis heute über den Inhalt meiner Frage. Er traf ins Schwarze.

Allem Anschein nach habe ich mit diesem Kapitel einen Nerv getroffen, zumindest meinen eigenen. Darum muss ich noch etwas Weiteres berichten.

Ich erwähnte den Entwurf zu diesem Kapitel zufällig im Telefonat mit einer Kollegin, die nie in Berührung mit dem Griechischen kam, aber genügend Einblick in die Welt der Psychoanalyse besitzt. Es ging um Freud und die Wege seiner Intuition. Nach kurzem Zuhören stellte sie spontan die Frage: *Und wie hätte Freud denn dann sein Konstrukt des Über-Ich formuliert, wenn er Griechisch gedacht und gesprochen hätte? Wäre er da nicht folgerichtig im Medium gelandet?*

Die Assoziation finde ich toll, und mangels eigener Kompetenz gebe ich sie hiermit weiter, *to whom it may concern.*

Noch etwas riet sie mir. Ich möge doch mein Beispiel vom *Tritt in den Hintern* durch eines ersetzen, das nicht durch die scheinbare Unernsthaftigkeit alles konterkariert, was ich vorher gesagt hatte. Zum Beispiel, so schlug sie vor: *Ich mache mir einen Diät-Plan.* Recht hat sie ja, aber ich habe keine Lust, mich von meinem Beispiel zu trennen. Da ist wohl noch immer die emotionale Gegenbewegung zum genossenen Unterricht im Spiel? Wenn ich ihre Kritik und den Gegenvorschlag hier erwähne, erscheint mir das als angemessener Kompromiss.

Kapitel 10
Neun Bücher, eine Bibliothek und ein Verlag

Wer mitzählt, wird am Ende mehr als neun Bücher registriert haben. Das kommt daher, dass ich einigen ein zweites zur Seite stelle, als Aufpasser, damit das erste nicht zu rechthaberisch wird oder sich umgekehrt nicht zu verloren fühlt. Bevor ich aber beginne, über das erste zu sprechen, will ich weiter ausholen.

Bücher sind verschieden. Ich meine jetzt nicht den Unterschied zwischen einem Lexikon und einem Roman. Auch nicht den zwischen gut geschriebenen, gut recherchierten oder gut präsentierten Büchern und schlechten. Ich will darauf hinaus, dass es im Lauf der Jahrzehnte Bücher gibt, egal ob gute oder weniger gute, die einmal zur Hand genommen wurden, gründlich oder oberflächlich gelesen wurden, und danach keine Bedeutung mehr hatten bzw. haben. Andere wiederum bleiben im Kopf kleben. Und im Regal. Und ganz egal, ob der Kopf sie jemals erneut aufrufen und anfordern wird, sie sind präsent. Ihre bloße Existenz, ihr Standort, ihre Nachbarschaft sind sichtbare Zeichen. Meilensteine auf einem zurückgelegten Weg oder ständige Begleiter, oder auch Wegweiser, die noch Neues mit mir im Sinn haben. Mit der Zeit werden es mehr. Sie stapeln sich an verschiedenen Plätzen, werden umgeräumt, umgezogen – Stichwort Wachsen – und eines Tages bekommen sie ein dauerhaftes Zuhause. Zwischen ihnen entstehen Relationen, sie werden auffindbar. Sie spiegeln Schritte meines Lebens wider, vorwärts, seitwärts, ganz unterschiedliche. Es kommt nicht allein auf die Zahl an. Die Ordnung macht's, die Relationen. Das Gefühl, davor stehen zu können und sich zurechtzufinden. Heimat für den Kopf. Ab diesem Moment wird aus einem Haufen von Büchern eine Bibliothek, meine Bibliothek.

Eine solche Bibliothek muss kein Saal sein, nicht einmal ein komplettes Zimmer. Meine ist gerade eine Wand hoch und breit. Auf die Größe kommt es nicht an. Und sie ist, anders als eine öffentliche Bibliothek, meine ganz persönliche. Für niemand anderen wird sie in dieser Zusammensetzung je eine Bedeutung haben. Andere werden in ihr die einzelnen Bücher sehen, die sie interessant oder belanglos finden. Ich dagegen sehe die Einheit, den Zusammenhang. Meine Bibliothek als Leibwäsche der Seele, so habe ich mir das einmal erklärt. Sie wächst dort mit, wo die Seele einen Bauch ansetzt, und formt zugleich, indem sie die ungeordnetsten Auswüchse dezent glättet, wie ein Korsett. Und wenn die Seele irgendwo schlanker wird, kann die frühere Übergröße durch ein Teil in Normalmaß ersetzt werden. Das ist kein stetiges Wachstum, eher ein atmen. Denn das Wachstum ist begrenzt, auch und gerade in einem privaten Haushalt.

Die Bücher in der Bibliothek arbeiten das ganze Jahr für mich, auch wenn sie scheinbar nur herumstehen und faulenzen. Sie arbeiten, indem sie sich zeigen, mich erinnern, mir Themen zurufen, und insgesamt einfach mit mir mitdenken, wenn ich suchend und fragend vor ihnen stehe. Manchmal auch, indem sie mir einfach aus meinem Leben erzählen – Geschichten, von denen ich manche gern höre, andere fast schon vergessen. Manchmal bin ich verwundert, oder auch befremdet – *das* war einmal ich? Ich habe sie schließlich nicht dafür angestellt, mir nach dem Munde zu reden, obwohl das manchmal auch ganz schön ist.

Wie ich ein Buch lese, so kann ich auch meine Bibliothek lesen. Und das gelingt sogar, wenn sie gerade tausend Kilometer weit entfernt von mir ist, bzw. ich von ihr. Ihre Ordnung ist Teil meiner Ordnung, und wenn ich die Augen schließe, ist sie präsent.

Neun Bücher für neun Motive oder Blickwinkel. Und neun Motive, mit denen ich auf die Welt antworte, auf die Welt in der Verfassung, wie sie ist und wie sie täglich bewältigt – vielleicht sollte ich besser schreiben *beweltigt*?! – werden will. Keine Besten-Liste, und auch nicht als dringende Empfehlung zur Lektüre gedacht. Nur ein Ausschnitt aus meiner Bibliothek, entstanden beim Betrachten der Buchrücken und dem Spiel mit den Assoziationen, die sie auslösen. Im Sport kommt nach Gold-Silber-Bronze die „blecherne Medaille", vom Edelmetall vielleicht nur um eine tausendstel Sekunde getrennt. Gern würde ich am Ende einen ganzen Korb voll Blechmedaillen vergeben, oder einfach allen Gold, es ist ja kein Wettrennen. Die Kunst liegt in der Beschränkung. Nur drei dürfen sich am Ende des Buches noch zeigen, außer Konkurrenz und in einer Aufstellung, in der sie noch niemals angetreten sind und niemals wieder antreten werden.

Spielen wir vor den Büchern noch ein kurzes Spiel? Gedanke, Text, Buch und Bibliothek:

Informatiker, Physiker, Mathematiker, Psychologen, Philosophen und andere Verspielte haben vielleicht Freude daran und finden Namen dafür, wie Fraktal, Rekursion, Regress, zweite Stufe:

Im Text materialisiert sich der Gedanke.

Im Buch materialisiert sich der Text

In meiner Bibliothek materialisiert sich die Biographie meiner Gedanken.

Und weiter?

Was ist mit dem Gedanken, der sich auf diese zweite Stufe richtet, also auf das Nachdenken über die Gedanken, wie er sich genau jetzt und hier ereignet, und wie er sich an dieser Stelle in diesem Text materialisiert, der dadurch seinerseits Teil dieses Buches wird, das nach dem Druck auch in jener Bibliothek stehen wird, die gerade von ihm beschrieben wird, und was ...

Stoooopppp! Aufhören!

Ja, jeder Versuch, die Welt in ihren gesamten Bezügen zu erfassen, muss wohl mit einer Stopp-Regel enden.

Bücher I und II – Die Welt ertragen

Im Jahr 2000 hätte dieses Buch, wenn ich es damals geschrieben hätte, anders ausgesehen. Die Auswahl der Bücher, also eigentlich der Themen, wäre optimistischer gewesen. Optimistisch bin ich noch immer. Aber das Bedürfnis, zuerst bis auf den Grund abzusteigen, von dem weg der Optimismus wachsen kann, ist heute ausgeprägter. Der Grund zum Optimismus liegt, würde der Stoiker sagen, in mir selbst und bei den Dingen, die ich verändern kann. Davon ist hier viel die Rede, auch schon im Titel, *Wachsen und wachsen lassen*. Mehr Optimismus geht nicht.

Und so greife ich zum ersten Buch und finde die Briefe und Texte von Alamanno Rinuccini. Damit setze ich nochmals ein Ausrufezeichen hinter die Ankündigung, dass ich in diesem Kapitel kein einziges „muss man gelesen haben"-Buch präsentieren will. Rinuccini steht mir nahe, weil ich mit ihm mehr Zeit verbracht habe als mit irgendeinem anderen Buch. Ich denke daran, wie er sein Leben in einer sich immer weiter zuspitzenden und verschlimmernden Welt geführt und ertragen hat. Wir Heutigen sehen von dieser Welt nur noch die Paläste und den Prunk, und finden sie schön und beeindruckend. Rinuccini lebte in dieser Welt auf zweierlei Weise gleichzeitig. So hat er sie sich halbwegs erträglich gemacht. In seiner „lateinischen Welt" blieb er höflich und hielt die Konventionen der Zeit und der Gesellschaft ein – und auch aus. Im Italienisch geschriebenen Tagebuch dagegen, es ist ein politisches Tagebuch, lässt er seiner Bitterkeit immer wieder freien Lauf. Verbittert war er in der Tat, dazu am Ende dank der Gier von Lorenzo dem Prächtigen verarmt, oder sagen wir: Nach seinen Maßstäben verarmt, aber nicht zerbrochen. Er wusste, dass er diese Welt niemals würde ändern können, weder durch politische Arbeit, noch durch persönlichen Mut, noch durch Organisation eines Aufstandes oder die Teilnahme daran. So verblieb ihm nur der Rückzug in kleine innere Welten.

Franz Josef Degenhardt verspottet diesen Rückzug in die innere Emigration Ende der 1960er Jahre in einem seiner Lieder:

Die zwischen den Zeilen Widerstand übten damals,
die sich zurückzogen in das Reich Beethovens damals,
die heben jetzt mahnend den Finger:
Maß halten (….) usw.

Damals gefiel mir das maßlos gut. *Was wollen mir die, die damals …* – meine noch nie auf den Prüfstand gestellte und daher unermesslich große Tapferkeit hatte keine Mühe mit gnadenlosen Urteilen. Rinuccini hätte ich zu dieser Zeit auch verachtet. Heute ist er mir nahe, weil ich – obwohl selbst immer noch nie wirklich herausgefordert – gelernt habe, ihn zu verstehen.

Und ich lege daneben die letzten Briefe von Kurt Tucholsky aus dem Exil. *Es geht mich nichts mehr an,* war einer seiner letzten Sätze vor dem Suizid, krank und von der Erkenntnis zerschlagen, dass man diesen Wahnsinn als einsamer Exil-Literat nicht würde aufhalten können. Ach, hättest du doch noch zehn Jahre durchgehalten! Du hättest noch so viel zu sagen und zu erzählen gehabt.

Ja, lieber Christian, wie hättest du es nun gerne? Konsequenz oder doch keine oder was? Ich sage es nochmals, vor allem mir selber: Glücklich, wer in seinem Leben nie vor solchen Fragen steht!

Und ich finde mein zweites Buch. In der Rückschau ist es beinahe ein Zeitgenosse Rinuccinis, aber nicht ganz: Erasmus von Rotterdam. Seine Welt war anders, aber sicherlich nicht einfacher. Und was tut er: Er schreibt Satire, *Das*

Lob der Narrheit – ein Buch, in welchem er alles niedermacht, was ihm an Dünkel, Gier und Dummheit vors Rohr kommt, ohne Rücksicht auf den Rang, vom Mönchlein bis zum Papst, und so in allen Bereichen.
Wäre das vielleicht ein Weg? Einfach lachen? Ich glaube es nicht, und auch Erasmus war ja primär kein Satiriker. Dennoch tut es gut, die Dinge auch mal von dieser Seite zu sehen.

Buch III – die Mikro-Ethik

Dulce et decorum est pro patria mori – süß und ehrenvoll ist es, für die Heimat (wahlweise: das Vaterland) zu sterben.
Kleos – der Nachruhm als Triebfeder im archaischen Griechenland.
Zwanzig Jungfrauen – egal, was da wirklich versprochen wird, die *Jungfrauen* erklären, was gemeint ist, und die Wartelisten sind voll.
So schön kann der Tod sein, wenn er sich als Geschäftsmodell gestalten lässt. Das Christentum im 21. Jahrhundert bietet da, zumindest in meiner europäischen Welt, wenig. Gerade noch ein paar spektakuläre Selbstkasteiungen. Vorbei ist die Chance, alle Ethik in einem einzigen großen und attraktiven Entschluss (und zugleich En*d*schluss) zu bündeln bzw. alle früheren Verfehlungen darin zu ersäufen. Es bleibt nur der banale Alltag, und in ihm statt der spektakulären Helden-Ethik die stille, wirkungslose und je nach Wetterlage trotzdem riskante Mikro-Ethik.
Als drittes Buch lege ich wahlweise auf den Tisch *Kleinstadt unterm Hakenkreuz*, wo der Beginn der Nazi-Herrschaft in meiner eigenen Stadt beschrie-

ben wird, oder eine der Dokumentationen der örtlichen Judenverfolgung. Es ist der schleichend sich verschärfende Prozess. Für mich ist solche Lektüre kaum zu ertragen. So langsam zieht sich die Schraube fester, so langsam. Wo bitte ist der Punkt, an dem ich aufgestanden wäre? Ich misstraue mir zutiefst. Ich sehe mich an und sehe mich scheitern.

Beruf, Familie, Zukunft – alles in die Waagschale werfen, um eine bestimmte kleine Angelegenheit zu verweigern oder eine Handlung zu begehen, die zwar meiner Ethik nach geboten ist, die aber auf der anderen Seite nichts bessert. Das Problem ist so alt, so gewöhnlich, so verbreitet, so schwer lösbar, gar nicht lösbar vielleicht. Ein Kieselstein ist kein Haufen. Und wenn ich zu etwas, das kein Haufen ist, ein weiteres Steinchen dazu lege, werden die paar Steinchen deswegen auch nicht zu einem Haufen. Aber irgendwann sind sie doch einer. Wann also ist „das Maß voll?“

Um den verzweifelten Irrsinn der Naziherrschaft zu verstehen, ist es nötig, auf diese unterste Ebene zu steigen. *Hättest DU sechs Millionen in die Gaskammer geschickt? – Aber nein doch, natürlich NIEMALS – aber hättest du als Briefträger diesen behördlichen Räumungsbefehl zugestellt? – äh … ((Schweigen)).*

Zum Trost, falls das einer ist, stelle ich daneben die Geschichte des dreimaligen Verleugnens durch Petrus im Garten Gethsemane. Trotzdem wurde er ja zum Fels der Kirche befördert. Die kleine Verfehlung scheint demnach nicht so schlimm gewesen zu sein?

Mikro-Ethik ist immer noch zu abstrakt gedacht. Was riskiere ich, wenn ich tagsüber in der S-Bahn Partei ergreife? Was nachts? Was hätte ich in der Nazi-Zeit riskiert? Was heute in Russland?

Wo stehe ich? Wie bin ich wirklich? Bis jetzt hatte ich Glück. Mehr kann ich dazu nicht sagen.

Buch IV – Der sinkende Stern des Arguments

Wenigstens will ich mich in dieser Welt behaupten. Nicht mit den Fäusten. Ich meine intellektuell behaupten. Die Auseinandersetzung mit anderen bestehen.

Ich entnehme der Bibliothek dazu das vierte Buch: Schopenhauers *Eristische Dialektik*. Es wird mir dabei nicht helfen. Warum, erkläre ich gleich. Aber wenn schon nicht helfen, so fasziniert es mich doch. Es ist eine Sammlung von gut drei Dutzend rhetorischen Kunstgriffen, dem Inhalt und der Sprache nach ein Produkt des 19. Jahrhunderts, aber in der logischen Struktur weiter aktuell. Schopenhauer stellt dar, wie man, auch wenn keiner von beiden die Wahrheit kennt, die eigne Position argumentativ zur stärkeren macht, mit Logik und Tricks.

Es fasziniert, aber es wird nicht mehr helfen. Die *Disputation* als Form des Austauschs ist ausgestorben, und Regeln gelten ohnehin keine mehr. Setze statt einer von beiden anerkannten Prämisse eine Lüge, und alles geht. Auch logisch geht dann alles. Wenn der Mond ein grüner Käse ist, dann wird sich die Erde ganz von selbst um zwei Grad abkühlen. Logisch 1a. Denn aus etwas Falschem darf ich ableiten, was ich will. Nun aber ist der Mond ein grüner Käse, weil mich noch niemand vom Gegenteil überzeugt hat. Schopenhauer, geh wieder in deine Bibliothek, tut mir Leid für dich und deinen Scharfsinn. Oder bleib noch etwas bei uns sitzen. Zum Zeitvertreib magst du dich derweil mit Gorgias' Lobrede auf Helena beschäftigen. Die immerhin kann noch gebrauchen, wer als Anwalt argumentiert. Im geschützten Raum vor Gericht sind noch nicht alle Regeln außer Kraft – in Deutschland und den anderen verbliebenen freien Ländern jedenfalls. Also lass dich verzaubern von der Kunst, die schöne Helena unter allen beliebig denkbaren Konstellationen immer wieder von jeder Mitverantwortung für den Krieg um Troja freizusprechen. Und lächle mit mir über den dem Schlusssatz des Redners, der all seine vorherigen rhetorischen Konstrukte selbst wieder vom Tisch wischt mit einem nüchternen: ... *und für mich ein Spiel.*

Buch V – Die Unwiderstehlichkeit der Macht

Es gibt Namen, die sind wie Aussatz. Machiavelli. Igitt. Nein, gar nicht igitt. Komm heraus, Alter, aus der Bibliothek und sprich zu uns.

Machiavellis vermeintliche Verfehlung besteht ja nicht darin, dass er brutale Mechanismen beschreibt. Diese existieren unabhängig davon, ob sie benannt werden. Der Vorwurf kann sich nur gegen die Verbreitung richten. Und ob er dabei stilles Vergnügen genoss, weiß sowieso keiner. Wir haben den Text. Es ist ja auch scheinheilig oder naiv, den Mann für sein Werk zu tadeln. Die Realität hat ihn doch längst überholt, und das hatte sie selbst damals wohl schon.

Man lese bei Matteo Palmieri nach, mit welcher maßlosen Brutalität Anfang des 15. Jahrhunderts die Pisaner von den Florentinern ausgehungert wurden. Auch wenn die Schilderung möglicherweise in den Ausschmückungen erfunden ist, Text ist Text. Die Schrift ist aktuell praktisch nicht verfügbar, und vor allem nicht auf Deutsch. Aber man kann sich die Details vorstellen: Eben Brutalität pur. Also Machiavelli lesen ohne Tabu.

Selber anwenden oder nicht, das ist die einzig relevante ethische Frage. Sie kann sich ganz konkret im Berufsleben stellen, denn die Mechanismen ähneln sich. Aktiv habe ich keines der Rezepte je benutzt, auch nicht adaptiert an meine Welt. Auf jedem Fall kennen sollte sie jedoch jede*r, um auf unfaire Attacken gefasst sein.

An dieser Stelle wäre eigentlich eine der härtesten Geschichten aus meinem Berufsleben fällig. Aber sie kann nicht erzählt werden, weil berechtigte Interessen anderer dabei tangiert würden, nicht nur rechtlich, sondern auch nach den Regeln des Anstands. Niemals Gleiches mit Gleichem. Behauptet jedenfalls habe ich mich. Ich glaube, in diesen Stunden war es gut, dass ich vorher schon manches gelesen hatte, und eben auch den Machiavelli. Es macht stärker.

Ich lege für Machiavelli ein kleines Bändchen mit Zitaten von Mahatma Gandhi zurecht. Vielleicht kommen die beiden ja irgendwie ins Gespräch? Gandhi jedenfalls wird mit jedem sprechen.

Buch VI – Der erste Blick nach innen

Ich stehe in der Wüste, mein Flugzeug kaputt, und das Wasser wird nicht ewig reichen. *Zeichne mir ein Schaf,* höre ich den kleinen Prinzen sagen. Wenige Bücher vielleicht nur – ich selber kenne kein einziges außer diesem – vermitteln so viel Menschsein in einer so schlichten und doch so berührenden Bildersprache. Deswegen nehme ich das Meisterwerk von Antoine de Saint-Exupéry zur Hand: *Der kleine Prinz.* Es ist das sechste Buch, zu dem ich am wenigsten reden will und für das ich am meisten empfinde.

Buch VII – Der zweite Blick nach innen

Ich habe mir überlegt, ob ich die beiden Bücher nicht miteinander bekannt machen sollte, den einsamen Piloten in der Wüste und den einsamen Kaiser, der sein Leben pestkrank vor Wien beschließen musste. Sie sind zu verschieden, und ich habe keine Idee, was sie miteinander verhandeln könnten. Trotzdem nenne ich sie beide meine Freunde:

Marc Aurels *Ta eis heauton, Wege zu sich selbst,* ist mein siebtes Buch.

Über die Stärken und die weniger starken Seiten der Stoa habe ich in diesem Buch bereits gesprochen. Darum will ich mir jetzt etwas anderes vornehmen, nämlich aus 20 Jahren Umgang mit diesem Buch erzählen. Im Alter von Anfang bis Mitte 40 war bei mir die Zeit erreicht, wo ich davon ausgehen konnte/durfte/musste, nun beruflich so etwas wie die Endlagerstätte gefunden zu haben. Nicht bezüglich der Position, da war noch Bewegung, aber dass der Arbeitgeber bleiben würde, das war jetzt klar. Genau gesagt: bleiben *konn-*

te/durfte/musste – diese Mischung der Gefühle durchlebte ich quasi täglich. In dieser Zeit fing ich an, meinen Ausgleich zu suchen, indem ich die Reisezeiten nutzte, um Dinge „für mich" zu tun. Ich begann mit der Wiederentdeckung des Lateinischen. Zweisprachig zuerst, rechts den deutschen Text, mit gelegentlichem Seitenblick nach links. Später parallel und noch später links. Eigentlich war alles noch da. Die Schule hatte rein handwerklich ganz gute Arbeit geleistet. Schuldig geblieben war sie mir nur eine Erklärung des Wozu. In einigen Passagen weiter vorne habe ich das durchscheinen lassen. Dieses Wozu zu entdecken war jetzt mein Ziel. Und so schenkte ich von dieser Zeit an der Sprache genauso viel Beachtung wie dem Inhalt.
Auch die zweisprachige Tusculum-Ausgabe von Marc Aurel wurde in dieser Zeit angeschafft. Ein römischer Kaiser – also Latein, oder was? Ich fand: Griechisch. Zuvor hatte ich die Reclam-Ausgabe auf Deutsch durchgelesen. Ja, durchgelesen, was weniger ist als gelesen. Banal, uninteressant, ohne Spuren in mir zu hinterlassen. Dann der Vergleich mit der Tusculum-Ausgabe – „kein Vergleich", dieser Vergleich. Diese Erfahrung war für mich der Einstieg, mir das Buch über die pure Sprache zu erschließen. Und ich fand genau dies: Der Schreibstil ist Teil der Botschaft. Der Botschaft an die eigene Person! Marc Aurels Zettelkasten. Vielleicht resultiert daher der Gedanke, dieses Buch mit *Zettelkasten* zu betiteln.
So gab Marc Aurel mir damals den Impuls, bei nächster Gelegenheit die griechische Grammatik zu reaktivieren und nach damals auch schon 30 Jahren einen Selbst-Crash-Kurs für Griechisch zu beginnen. Seit damals kam eine

Handvoll weiterer Marc-Aurel-Übersetzungen dazu, auch englische und italienische. Bei allen beäuge ich als erstes und fast „zwanghaft" bestimmte Stellen, um danach meistens den Kopf zu schütteln und manchmal zu lächeln. Welch eine Passion, mag jemand sich denken.

Auf diese Weise verschaffte ich mir neben dem zunehmenden Verständnis des Inhalts ein wachsendes Gefühl für die Abhängigkeit der Leser*in von der jeweiligen Übersetzung. Ich lernte erkennen, dass die Vermutung, eine Übersetzung sei ein technischer Vorgang, bei dem das Original mehr oder weniger deterministisch in eine andere Sprache portiert wird, weit neben der Wirklichkeit liegt.

An dieser Stelle beschließe ich, dem Buch den Essay von George Steiner aus seinem Werk *Der Garten des Archimedes* als Gesprächspartner vorzustellen. Hier zeigt Steiner anhand einer Passage aus Vergils Aeneis das ganze Spektrum der Übersetzungen von strahlendem Glanz bis zum jämmerlichen Elend auf – alles gedruckte und verbreitete Übersetzungen, atemberaubend. Wenn der Kaiser sich je mit der Flut seiner Übersetzungen beschäftigt hat, Zeit genug hatte er ja, dann wird er Steiners Essay auf jedem Fall mögen.

Buch VIII – Der dritte Blick nach innen

Der nun folgende Text wird es zwischen einigen der anderen eher schwer haben. Buch acht, eigentlich ist es nur eine Erzählung, gehört zwar auch zu einem großen Namen, Bert Brecht, scheint mir aber eher unbekannt zu sein: *Der verwundete Sokrates.*

In einer Zeit des Suchens und Sammelns mit vielleicht 17 habe ich die Geschichte vom Radio auf Tonband (das gab es damals ...) aufgenommen, ohne auf den Autor geachtet zu haben. Wie gerne hätte ich es danach auch gedruckt besessen. Nun gut, mit etwas Systematik hätte ich Indizien finden können, die mich zu Brecht geführt hätten, habe ich aber nicht. Bis ich den Text fast fünf Jahrzehnte später beim Stöbern in einer Buchhandlung wiederfand. Ohne diese Wiedersehensfreude, wenn ich das Buch seit damals immer besessen hätte, hätte ich es heute nicht aufgerufen.

Aber es ist schon auch der Inhalt. Sokrates tritt sich auf dem Schlachtfeld, als er das einzig Vernünftige im Begriff war zu tun, also abzuhauen, einen Dorn in den Fuß. Von da weg wird er dank seines Gebrülls zum unfreiwilligen Schlachtengewinner, wird im Triumph in seine Hütte getragen, in seiner Hängematte abgelegt und spielt dort alle Varianten durch, wie er der unabwendbar auf ihn zukommenden Blamage vielleicht doch noch entgehen könnte. Aber er wäre ja nicht der große Sokrates, wenn er sich vor sich selbst und den immer hochrangigeren Besuchern, die ihn zur Ehrung abholen wollten, so klein gemacht hätte. Nein, er ist bei der Wahrheit geblieben.

Und nun der Schluss. Der Wind hat sich gelegt, und Sokrates sitzt mit Xantippe, seiner Frau, in der Hütte. Sie zieht ihm den Dorn aus dem Fuß und meint *Es hätte Blutvergiftung werden können.*

Und dann der Satz, auf den die ganze Geschichte zuläuft, und für den sie geschrieben werden musste:

***Mindestens**, sagte der **Philosoph**.*

Buch IX – Homer

Es geht nicht anders. Kommt heraus, Ilias und Odyssee!

Die anekdotischen Beigaben habe ich schon vorher präsentiert, mich bezüglich meiner naiven Zuneigung zu den von Voss'schen Übersetzungen schon hinreichend geoutet, was also wäre noch zu tun? Auf jedem Fall keinen Essay zu Homer – ich leide nicht an Größenwahn.

Und zum Kitsch verspüre ich auch keine besondere Affinität – jedenfalls nicht, dass ich wüsste … Natürlich, es hat schon was. Es fühlt sich manchmal schon irgendwie gut an, die ersten Zeilen der Odyssee im O-Ton! Aber das ist Minderheiten-Programm, denn wer ist in der Schule schon mit Altgriechisch in Kontakt gekommen, zumal in der jüngeren Zeit. Unter den wenigen „Eingeweihten" ist es wie ein Sport, die ersten Zeilen oder meistens nur Worte der Odyssee zu rezitieren, auch wenn sonst fast nichts mehr „da" ist. Unsinnig ist das und zugleich schön, sagen wir: furchtbar-schön. *Nostalgie*! Wobei wir damit schon wieder mitten drin sind in der Odyssee: Nostalgie, der Schmerz um der Heimkehr – *nostos* – willen. Ein antik gebildeter Medizin-Doktorand des 17. Jahrhunderts war es, der das Wort geprägt und unsterblich gemacht hat. Nostos! Zurück in jene gymnasiale Heimat, die sich für mich, als ich noch dort war, überhaupt nicht heimatlich angefühlt hat.

Kurz und gut: Ilias und Odyssee passen für alles, also auch hier. Was nehmen wir denn gleich mal her?! Von den homerischen Vergleichen könnte ich erzählen? So zwischendurch? Ok.

Priamos, der gebrochene alte Mann, verlässt Troja, sucht das Zelt von Achill auf, umfasst seine Knie – das war ein Ritual der Unterwürfigkeit – und fleht ihn an *wie ein Mörder*, ihm den Leichnam von Hektor, seinem Sohn zu übergeben. Ihn hatte Achill, nachdem er Hektor gnadenlos getötet hatte, unter Verletzung aller Anständigkeit und allen Respekts umhergeschleift, unsäglich. Und nun fleht der Vater des Ermordeten den Mörder und Leichenschänder an *wie ein Mörder?*
Zuhören, die Kultur kennen und suchen, was gemeint war. Gemeint war die totale Rechtlosigkeit, in der sich ein wegen Mordes Verbannter befand. So rechtlos war Priamos. Nur das war der Inhalt des Vergleichs.
Als einer, der selber gern Vergleiche und Metaphern benutzt, habe ich mir das zu Herzen genommen: Niemals sicher sein, dass mein Gegenüber den Punkt erkennt, den ich gemeint hatte. Leider ist das Missverstehen – einmal darauf achten! – im Umfeld von kontroverser Politik und gieriger Schlagzeilenpresse längst zum Geschäftsmodell geworden.
Machen wir etwas anderes. Ilias und Odyssee fußen, als selbstverständliche Grundlage, auf den Mythen der Götter, die rachsüchtig, intrigant, eitel, verlogen und was weiß ich wie noch zwischen Olymp und Erde oszillieren, immer auf der Jagd nach Ehrungen und Opfern, dabei ihre halbgöttlichen und doch irdisch-sterblichen Nachkommen protegierend, einzig in höchster Not dem Zeus noch gehorsam leistend, wenn sie untereinander nicht mehr klarkommen. Das ist archaisch, skurril und belustigend. Man braucht sich dazu keine tieferen Gedanken machen. Braucht man wirklich nicht, frage ich?

Mich hat diese Sicht auf die Götter immer fasziniert. Sie enthält so viel lebenspraktische Weisheit! Ich will dazu aus einer Sicht sprechen, die sich theologisch auf keinen Glauben festgelegt hat und nur vergleicht. Ob oder wie weit ich das als reale Person ebenso so halte, habe ich vorher besprochen. Für diesen Zweck hier wähle ich jedenfalls den neutralen Zugang.

Was haben wir denn im Angebot. Da ist zunächst der Gott der Juden. Ihn und sein Volk sehe ich mit liebevoller Bewunderung. Ein Gott, wirklich nur einer, und ein Volk, ebenfalls wirklich nur eines. Mir erscheint das als der einzige, wahre und wirkliche Monotheismus. Hell, klar und irgendwie widerspruchsfrei.

Daneben der christliche Gott, in unklarer Ausprägung zugleich dreifaltig und eins, gestützt auf eine jedem Außenstehenden lächerlich anmuten müssende Wortklauberei über Jahrhunderte, mit zeitweise kapitaler Bestrafung für alle, die der aktuellen Linie nicht zu folgen bereit waren – vielleicht einfach, weil kein geradlinig denkender Mensch ihr noch folgen konnte? Und dann, und dort will ich hin, die allseitige Vereinnahmung dieses Gottes für jeden irdischen Streit, für Krieg und Gewalt, ein Mono-Gott für verfeindete Völker – Gott kann sich ja nicht wehren. Kann er nicht? Vielleicht will er nicht.

Ich will das nicht als Religionskritik verstanden haben, dazu ist es zu trivial aufgemacht. Ich versuche durch das Plakative nur, den Kontrast zur antiken Götterwelt herauszustellen. Ein einziges Mono-Volk mit nur einem Mono-Gott war dort nicht zu machen, es gab ja die Konflikte überall, siehe Troja, und immer auch im griechischen Stammland.

Hat vor diesem Hintergrund nicht die Vorstellung, alle miesen Dinge, die auf Erden geschehen, einfach in den Olymp zu spiegeln, etwas unglaublich Tröstendes und Entlastendes? Wir Menschen können doch gar nicht anders, wenn die Götter es uns so vorleben? Seit ich die antiken Götter von dieser Seite sehe, kann ich nicht mehr über sie lächeln. Homer hat mir zu dieser Sicht verholfen.

Und an diesem Punkt noch die unverhoffte Belohnung. Während ich an diesen Texten arbeite, geht die amerikanische Präsidentenwahl 2020 gerade in die Nachspielzeit. Wir sehen zwei Sieger, keinen Verlierer und eine gespaltene, ruinierte Nation. Aber halt – war da nicht was? Kennen wir solche Spaltung nicht schon aus Ithaka? Odysseus, zurück nach zwanzig Jahren, hat soeben seinen Palast „gesäubert", archaische Brutalität, nachdem er sich zuerst seiner klugen Penelopeia – ich lasse mir die Schönheit der alten Übersetzung einfach nicht abgewöhnen! – auf so anrührende Weise zu erkennen gegeben hat, und nun – genau! Und nun? Ithaka, ein Scherbenhaufen? Ein für immer gespaltenes Volk? Wie soll es weitergehen? So viele sind tot, jede Familie hat mindestens einen Toten zu beklagen!

Auf tritt Athene. Und was tut sie: sie versöhnt. Mehr noch! Sie tilgt die Erinnerung an das Gemetzel einfach aus den Köpfen und Herzen und begründet so eine neue Gemeinsamkeit. Wer hätte das von diesem vermeintlich ungezügelten, egoistischen Götter-Haufen erwartet!

Oh Amerika, möge doch Athene noch ein letztes Mal zur Erde kommen, um dir aus deiner tiefen Not herauszuhelfen! Der Gott der Evangelikalen wird es sicher nicht tun.

Anstatt eines zehnten Buches

Es sollten keine zehn sein. Zehn Bücher sind nicht wie zehn Gebote. Die Liste kann bei jeder Zahl X enden, und immer gibt es einen x plus ersten Aspekt, dazu ein x plus erstes Buch. Trotzdem soll mein Text ein halbwegs rundes Ende finden, denn neun ist nun eben einmal unrund.

Und zwar:

Ein wirklich angemessenes Denkmal zu erdenken, stelle ich mir schwer vor. Für ein Ereignis, eine Person, egal, immer schwer. Manchmal jedoch ist eine Denkmalsidee einfach richtig zwingend, quasi „alternativlos" – hinterher. Wenn sie nämlich so gut gelang, dass die Betrachtenden, wenn sie am fertigen Denkmal vorübergehen, sagen *Natürlich, ganz klar, nur so konnte es sein!*

Friedl Brehm hat ein solches bekommen. Von weitem ist es ein einfacher, länglicher, aber hochkant aufgestellter Steinquader, so hoch etwa, wie man einen Stapel aus fünf Millimeter schmalen Büchlein gerade noch stapeln kann, bevor er kippt. Aus der Nähe wird die Substanz auch sichtbar: Es sind tatsächlich leicht verrutschte Bücher, fein gestapelt.

Es war die Gleichung 1 Stapel = 1 Titel. Friedl Brehms Verlag jonglierte mit vielen Titeln, sonst wäre es ja keiner gewesen. 1 Titel = 1 Stapel, und das Fassungsvermögen seines Hauses war zugleich die Kapazitätsgrenze des Verlags. 1 Treppenstufe = 1 Stapel = 1 Titel, und so im ganzen Haus.

Friedl Brehm war glücklich, wenn es abends klingelte und jemand für ein paar Mark einen oder zwei Titel kaufen wollte. Feinstes Sortiment aus den bayerisch-österreichischen Graswurzeln. Grass roots, das ist es. Wie ein amerikanischer Blues Gitarrist, schon damals aus der Zeit gefallen, konnte er daherkommen, oder wie ein Ostermarschierer der Nachkriegszeit, jedenfalls irgendwie „anders". Als wollte er selbst der Gegenentwurf zu der von ihm geliebten, verlegten und geförderten Mundartliteratur, die sich oft so bieder kleidet, sein. Als wollte er zwischen sich und sein Programm eine gewisse Distanz legen, ich weiß es nicht. Dazu kannte ich ihn zu oberflächlich. Vielleicht meinte er das genaue Gegenteil von Gegenentwurf, und sah sich und seine Bücher als völlig harmonische Einheit. Denn in der Tat, bieder war seine Literatur nie.

Grass roots. Auf seiner Wiese durften viele Gräser wachsen, feinste Kräuter neben rauem Unkraut, auch wenn es solches, rein ökologisch betrachtet, gar nicht gibt. Auf seiner Wiese gab es auch keines. Für ihn jedenfalls. Vielleicht auch schon, denn ich weiß nicht, wie kritisch er sein Lektorat betrieben hat.

Die kommerzielle Frage stellte sich dabei ohnehin nicht wirklich, denn der Verlag lebte wohl mindestens ebenso sehr vom Salär des Verlegers aus seinem „Brotberuf" als Lokalredakteur der Süddeutschen Zeitung wie von den Umsätzen.

Welches Œuvre! Allein 49 Ausgaben der Zeitschrift *Schmankerl* mit Gedichten aus allen „süddeutschen" Regionen, das ist sprachlich zu verstehen, nicht politisch. Warum nicht 50 ? – weil er nach 49 sterben musste (Die fünfzigste wurde zu seinen Ehren noch gemacht, diese eine noch). Dazu das andere Sortiment, Stapel neben Stapel aus Jahrzehnten! Einiges davon kann man noch antiquarisch finden, heute sogar mehr als vor einigen Jahren. Nach dem Verleger sterben auch die Leser weg? Die unverkauften Bestände des Verlags wurden damals, wie ich erfuhr, makuliert. Das Wort kannte ich bis dato nicht, und in meinen Ohren klang es fast so wie *verbrannt*. Inzwischen habe ich gelernt, dass *makulieren* zur gängigen Branchenterminologie gehört.

Ossi Sölderer. Aus Österreich nach Bayern gezogen, gelandet (oder gestrandet?) bei Friedl Brehm, gewesener Handwerker, jung noch, sehr jung, traurig, genial, verloren, ein verzauberter Poet. Posthum hat Friedl Brehm für ihn einen Ossi-Sölderer-Preis gestiftet. Wie oft er vergeben wurde, weiß ich nicht.

Und heute? Friedl Brehm hatte sein Leben, Ossi Sölderer seines, ein viel zu kurzes, das er nicht mehr haben wolle, oder es ihn? Und auch der Verlag, seiner jedenfalls, der ursprüngliche, denn unter dem gleichen Namen gab es danach oder evtl. gibt noch immer einen, ist ausradiert.

Haschen nach dem Wind

sagt das Buch Prediger im Alten Testament.

Und doch ist es schön, in diesem Wind zu leben.

Literatur

Soweit ich im Text wörtliche Zitate benutze, habe ich die Quelle jeweils als Fußnote dokumentiert. Manche der Bücher, von denen ich erzähle, verlangen keine weitere Spezifikation, wie zum Beispiel *Der Kleine Prinz* von Antoine de Saint-Exupéry. Von diesem Werk werden auf einer großen Plattform für antiquarische Bücher derzeit weit über 2000 Exemplare angeboten, das genügt offensichtlich. Soweit jedoch sinnvoll, gebe ich im Folgenden, geordnet nach Kapiteln, einige Literatur-Hinweise.

Erster Kasten, Kapitel 1

- MARCUSE, LUDWIG, *Philosophie des Glücks*, verschiedene Ausgaben, u.a. Diogenes, 1971
- MCGRAW, PHIL, *Life Strategies*. Ich habe unter diesem Titel verschiedene Fassungen gesehen. Mein eigenes Exemplar ist erschienen bei Hyperion, New York, 1999.

Erster Kasten, Kapitel 2

- GROSS, GÜNTHER F., *Beruflich Profi, privat Amateur?*, Verlag moderne Industrie, diverse Auflagen.

Erster Kasten, Kapitel 5

- MACHIAVELLI, NICCOLOÒ, *Il Principe – Der Fürst*. Es sind verschiedene Ausgaben im Umlauf. Ich selbst verwende die zweisprachige Ausgabe von Philipp Reclam.

Erster Kasten, Kapitel 7

- BEHLING, HEINZ, *NILS WERNER, Teddy Brumm.* Ursprünglich bei Dr. Herbert Schulze Buch- und Kunstverlag Nachf., 1957. Neuauflagen bei Eulenspiegel Verlag.
- KRÜSS, JAMES, *Timm Thaler oder das verkaufte Lachen.* Aktuellere Auflagen beim Verlag Friedrich Oetinger GmbH – mir gefällt am besten die Ausgabe vom Kinderbuchverlag Berlin (DDR) von 1969.

Erster Kasten, Kapitel 8

- MARC AUREL. Die deutschen Ausgaben seines Werks sind unterschiedlich betitelt. Häufig ist *Selbstbetrachtungen.* Am besten gefällt mir die zweisprachige Tusculum Studienausgabe mit dem Titel *Wege zu sich selbst,* herausgegeben von Rainer Nickel, Artemis & Winkler, Düsseldorf. Zwar wird der griechische Text nur wenigen weiterhelfen, aber die Übersetzung scheint mir dort gut gelungen. Der Titel *Selbstbetrachtungen* scheint mir Marc Aurels Absicht nicht zutreffend wiederzugeben, weil diesem Wort das Dynamische fehlt. Ich Text schrieb ich dazu: *Er brüllt sich selbst manchmal an.* Auch das Abgehackte, fast fragmentarische des Originals kommt selten zum Vorschein, weil manche Übersetzungen dazu neigen, zu glätten, um den Text „schön“ aussehen zu lassen. Das aber verfälscht.

- LUKREZ, *De rerum natura. Welt aus Atomen,* Reclam-Verlag Leipzig/Stuttgart, diverse Auflagen
- RINUCCINI, ALAMANNO, *Schriften, Briefe und Reden, Texte zum politischen Leben im Florenz der Medici.* Lateinisch-Deutsch und Italienisch-Deutsch, Herausgegeben und übersetzt von Christian Thieme, LIT Verlag, Münster
- PLATON, *Kriton,* diverse Ausgaben, häufig als Teil der Apologie. In diesem Dialog erläutert Sokrates die Position, über die ich im Text schrieb.

- SENECA, *De ira, Über den Zorn*. Ich bevorzuge die zweisprachige, 5-bändige Werksausgabe: SENECA, *Philosophische Schriften*, herausgegeben von Manfred Rosenbach, Darmstadt, Wissenschaftliche Buchgesellschaft, Band 1, S. 95 ff, 1995
  In anderen Ausgaben steht im Titel anstelle von *Zorn* das Wort *Wut*. Das lateinische *ira* steht tatsächlich für beides, für *Zorn* und für *Wut*. Wut ist die Spitze eines Eisbergs, der aus Zorn gemacht ist, und Seneca beschreibt das ganze Gebilde, nicht nur die Spitze. Das ist der Grund, weshalb ich mich für den Zorn entscheide. Wobei andererseits die Passage, auf die ich im Text abstelle, typisch zur Wut gehört, also zu dem Zustand, in dem der Zorn außer Kontrolle geraten ist.

Erster Kasten, Anhang 1

- LUKREZ, *De rerum natura. Welt aus Atomen*, Reclam-Verlag Leipzig/Stuttgart, diverse Auflagen

Zweiter Kasten, Kapitel 6

- TABUCCHI, ANTONIO, *Erklärt Pereira*, dtv, 1999

Zweiter Kasten, Kapitel 9

- MARCOLONGO, ANDREA, *Warum Altgriechisch genial ist. Eine Liebeserklärung an die Sprache, mit der alles begann*, Piper. Italienische Ausgabe: *La lingua geniale*, Economica Laterza

Zweiter Kasten, Kapitel 10

- BRECHT, BERTOLT, *Der verwundete Sokrates*, in: DERS.: *Kalendergeschichten*. Es sind diverse Ausgaben im Umlauf
- *GORGIAS, Helena*, Reclam 2046 (/2/), Neuauflage 1989
- JANDL, ERNST, *Laut und Luise*, Walter, Olten 1966, S. 47

- KNAB, OTTO, *Kleinstadt unterm Hakenkreuz*. Reprint mit Kommentierung im Eigenverlag von Benno C. Gantner, Starnberg. Otto Knab (1905-1990), Starnberger Journalist, flüchtete bereits 1934 in die Schweiz; unter den Nazis war der Besitz seines Buches verboten.

MIX
Papier aus verantwortungsvollen Quellen
Paper from responsible sources
FSC® C105338

FSC
www.fsc.org

Printed by Books on Demand GmbH, Norderstedt / Germany